# NOUVELLES
# NOUVELLES

TYPOGRAPHIE DE CH. LAHURE
Imprimeur du Sénat et de la Cour de Cassation
rue de Vaugirard, 9

# NOUVELLES

# NOUVELLES

## PAR MÉRY

---

PARIS
LIBRAIRIE DE L. HACHETTE ET Cie
RUE PIERRE-SARRAZIN, N° 14
—
1858
Droit de traduction réservé

# A ALEXANDRE DUMAS FILS.

Mon cher Alexandre, vous avez oublié peut-être, sous les frais ombrages de Saint-Germain, les tamaris brûlants du Château-Vert. Cela se conçoit. Quand on redoute comme vous les excès ascendants de Réaumur, la lune fait oublier le soleil. Alors, je veux vous remettre en mémoire cette plage de la Méditerranée, immense miroir des étoiles, où nous allions si souvent improviser des tragédies et des chansons, loin du public, loin des coulisses, loin des acteurs. Au moment où votre avenir commence, je tiens à vous faire enregistrer dans les fraîches archives de votre cerveau les premières pages de votre passé qui s'éloigne, surtout parce que ce passé se lie à des rivages que vous avez chéris et qui vous ont aimé.

Quand votre glorieux père, notre meilleur ami, faisait périodiquement, toutes les années, une halte dans notre Provence, nous ne manquions jamais de donner deux convives de plus aux hôtelleries maritimes et champêtres de Courty et du Château-Vert. Nos repas s'élevaient souvent à la hauteur d'un festin que Balthazar aurait signé; nous les prolongions jusqu'aux heures suspectes qui épuisent les bougies; nous nous racontions des histoires vraies comme des romans, dont le succès ne dépassait pas la nappe du festin.

Votre père, ce prince des historiens, peut employer mille et une nuits à se donner ces amusements, et, après ce nombre, il renouvellerait son bail, au grand désespoir de M. Galland, qu'on trouverait fort stérile à Paris, comme à Bagdad.

Puis, tout à coup, notre Dumas nous a été enlevé par le Génie royal de Saint-Germain; les Néréides de la Méditerranée ont été vaincues par les Nymphes de la Seine, et nous avons attaché un crêpe de douleur aux tables de Courty et du Château-Vert.

Enfin, vous êtes venu à votre tour vous asseoir à ces tables, tentes parfumées d'algue vive et de coquillages, et nous avons recommencé ensemble les mêmes causeries avec accompagnement de vagues marines et de mistral. Nous nous sommes dit cent fois, en guise de dessert, tout ce que nous savions et surtout ce que nous ne savions pas, comme de véritables historiens. Nous n'avions d'autre sténographe que notre mémoire, laquelle pourrait épargner à Clio l'achat d'une plume de fer.

Aussi ne soyez pas étonné de me voir arriver un de ces matins chez vous avec des histoires que vous connaissez déjà, mais qui, cette fois, vous sont dédiées sous le titre de *Nouvelles nouvelles*. Elles ne le sont pas pour vous; mais qu'importe? Elles vous parleront encore du *Prado*, de la *Réserve* et du *Château-Vert*. Maintenant, vous n'aurez plus de prétexte pour oublier notre Midi; je vous impose le souvenir comme un devoir.

A vous de cœur,

MÉRY.

Novembre 1845.

# LES DEUX BATAILLES.

« Monsieur, lui dis-je, l'antiquité n'a pas de plus grands philosophes que vous ! »

M. Thomas Paulus, à cette parole, la première depuis notre sortie du club où j'avais fait fortuitement sa connaissance, s'inclina avec une modestie sans orgueil et me serra énergiquement la main.

« Maintenant, ajoutai-je, savez-vous ce qui vous arrivera ?

— Oh ! qui le sait ? dit M. Paulus.

— Je le sais, moi. Il est si aisé d'être prophète ! Isaïe, Jérémie et David ont fait le plus facile des métiers.... Tenez, monsieur Paulus, prenez la peine de regarder le ciel du côté des tours de Westminster.... »

Nous étions sur le pont des *Frères-Noirs*; à Londres, on cause mieux sur les ponts que partout ailleurs.

M. Paulus suivit l'indication de mon doigt et regarda le ciel. Les nuages du couchant, dessinés en lignes horizontales, ressemblaient à une collection d'aiguilles de Cléopatre renversées sur un sable d'or.

« Demain, dis-je à M. Paulus, le vent du nord-ouest soufflera très-violemment, je vous le prédis.

— Eh bien ? remarqua M. Paulus en se courbant en point interrogatif.

— Eh bien ! repris-je, je vous prédis aussi aisément, et sur des données certaines, que, malgré votre merveilleuse science philosophique, la postérité ne saura pas si vous avez existé en Allemagne et ne connaîtra pas votre nom. Pourtant nous connaissons, nous, en 1852, le philosophe Bias, lequel florissait six cent neuf ans avant Jésus-Christ, du temps de l'astronome Thalès de Milet. Or, ce Bias n'a jamais rien écrit; il s'est contenté de dire : *Omnia mecum porto* (je porte toutes mes richesses avec moi); et encore je suis sûr qu'il n'a pas plus dit ce mot que Cambronne n'a dit le sien. Enfin, nous connaissons Bias, et personne ne vous connaîtra jamais, vous qui avez découvert une si haute vérité philosophique.

— Ce sera ma faute peut-être, dit M. Paulus, si je ne suis pas connu. Ce sera ma faute, répéta-t-il avec abattement. Pourquoi n'ai-je pas eu le courage de lire mon discours hier, à la dernière séance du congrès de la paix?

— Ce n'est pas le courage qui vous a manqué.

— Oui, vous avez raison, ce n'est pas le courage, me dit M. Paulus; j'ai craint de me voir demander la clôture au bout de dix minutes; et puis d'ailleurs ma découverte philosophique aurait contrarié trop de préjugés nationaux et belliqueux; je n'aurais été soutenu que par M. Victor Hugo et M. Émile de Girardin à la séance du congrès.

— Mais, lui dis-je, cela était suffisant. Ces deux grandes unités sont une majorité partout lorsqu'il s'agit de haute philosophie. Ensuite, je pense que tout le congrès vous eût écouté jusqu'au bout. Vos batailles auraient fait une vive sensation, et vous êtes si convaincu de votre droit que.... »

M. Paulus m'interrompit vivement et me dit :

« Oui, souverainement convaincu, et je le redirai sans cesse : les hommes n'ont jamais livré que deux batailles raisonnables. Toutes les autres n'ont pas l'ombre du sens commun, et se ressemblent toutes, dans l'histoire moderne principalement. C'est d'une monotonie accablante. C'est toujours un général qui monte à cheval à cinq heures du matin, passe un ruisseau et engage une vive fusillade avec l'ennemi. Ensuite le canon s'en mêle; une fumée épaisse comme un brouillard de Londres en décembre couvre les deux armées, si bien que tout le monde tire au hasard jusqu'à l'épuisement des munitions. Ceux qui n'ont plus ni poudre, ni balles, ni boulets, prennent la fuite.

On a tiré deux millions de coups de fusil, douze cent mille coups de canon, et on a tué treize cents hommes. La nuit tombe, c'est fini. On recommence le lendemain, et toujours ainsi jusqu'à la paix ; alors, on s'embrasse, on s'accorde quatre pouces de mauvais terrain au bord d'un fleuve, et chacun des deux peuples s'élève un arc de triomphe où il se proclame le peuple le plus brave de l'univers ; il ne reste de tout cela dans les deux pays qu'une foule de pauvres femmes, mères ou épouses, qui pleurent avec des robes de deuil. Voilà la moralité de tout ce bruit. Les batailles tuent beaucoup de femmes surtout ; ce qui est très-honorable pour le genre qui se dit humain.

— Je regrette infiniment pour la cause de l'humanité, dis-je à M. Paulus, que votre discours soit resté dans votre poche ; n'en parlons plus.

— Je pars ce soir pour Munich, reprit M. Paulus ; avez-vous quelque commission à me donner ?

— Oui, faites imprimer votre discours à Munich.

— Impossible.

— Pourquoi impossible, monsieur Paulus ?

— Ah ! c'est ainsi. Est-ce qu'on peut écrire ce qu'on veut, en ce monde ? Il y a toujours une broussaille du chapitre des considérations qui vous enchevêtre la plume et les doigts. J'ai un oncle riche qui a servi comme général, et qui a fait peindre chez lui une galerie de tableaux représentant toutes les batailles enfumées où il a passé un ruisseau à cinq heures du matin. Cet oncle me déshériterait.

— Mais après la mort de votre oncle....

— Oh ! c'est un oncle qui menace de devenir éternel, et je compte encore beaucoup plus sur les générosités de sa vie que sur les éventualités de sa mort. C'est lui qui a fait les frais de mon voyage à Londres. Je puis me permettre de prononcer un discours contre la manie des guerres ; mais si je l'imprimais, malheur à moi !

— Ce n'est pas, lui dis-je, votre discours que je regrette : un discours peut toujours se refaire ; dans l'intérêt du genre inhumain, je regrette vos deux batailles.

— Eh bien, me dit Paulus, nous pouvons peut-être arranger tout cela. Vous voulez mes deux batailles, je tiens mon discours à votre disposition. Faites-en ce qu'il vous plaira, si vous n'avez point d'oncle général.

— J'ai eu, m'a-t-on dit, deux oncles natifs de la Ciotat ; ils seraient aujourd'hui conseillers municipaux et pères d'une nombreuse famille, comme tous les pères ichthyophages de la Ciotat ; mais ils se sont fait tuer étourdiment, à la fleur de l'âge, en 1813, sur le vaisseau *le Romulus*, devant le cap Brun.

— Alors vous êtes entièrement libre, vous n'avez point de considérations à garder ?

— Aucune.

— Promenons-nous encore un instant, et je vous donnerai mes deux batailles en rentrant à l'hôtel. »

M. Paulus a tenu parole, et, d'après son histoire, j'ai écrit la mienne. Il n'y a de changé que la forme du récit.

## PREMIÈRE BATAILLE.

L'île de Jesso est peu connue, quoique fort grande ; elle est située vers le quarantième degré de latitude, entre la mer du Japon et la mer Tarrakaï.

Cette île était soumise autrefois à la domination de deux princes que nous désignerons par le titre d'émirs, car ce titre est plus connu que celui de *saïb* ou *saëb*. Il est inutile d'ajouter qu'une inimitié perpétuelle régnait entre ces deux émirs. La paix est une chose fort ennuyeuse dans l'île de Jesso. Nous ne connaissons qu'un roi, habitant une île, qui n'ait jamais songé à guerroyer : c'est Robinson, et encore devons-nous ajouter *quand il était seul.*

Les deux émirs s'accordaient pourtant de longues trêves,

lorsque la guerre les avait trop amusé. Une convention, perdue dans la nuit de l'Inde, fixait une manière toute simple de recommencer les hostilités. Il y avait deux statues de faux dieux sur le rivage de la baie des Volcans; l'émir que la paix fatiguait donnait des ordres pour jeter à l'eau la statue de son voisin, et tout de suite on reprenait les armes des deux côtés. L'histoire nous cite un fait analogue à la seconde guerre punique. On sait que Sagonte, placée sous la protection romaine, ne pouvait être attaquée sans allumer les torches de la discorde. Annibal, cherchant un prétexte de guerre, attaqua Sagonte, et rompit ainsi la paix des Romains et des Carthaginois.

L'émir qui gouvernait la partie sud de l'île de Jesso se nommait Bouen-Naz-Bouen-Dabaz; c'était un Hercule indien de trente-deux ans, avec un visage carré, des joues sèches d'un métal brun, des yeux d'ébène en ébullition, un nez d'un aquilin formidable, une bouche féline, un menton rond comme un pommeau de pistolet. Quand ce terrible émir courait nu et à cheval sur le sable du rivage, il ressemblait au dernier Centaure cherchant le dernier Lapithe pour l'inviter à dîner.

Le sérail actif de Bouen-Naz-Bouen-Dabaz se composait de vingt jeunes femmes; quarante-cinq sultanes validés, ou maîtresses en retraite, formaient son sérail inactif. Tout ce beau sexe était laid, en général; mais on y rencontrait quelques ravissantes exceptions, venues de l'île Sagalin, de la Mongolie et des rives de la mer d'Okhotzk. Ces femmes avaient toutes les exquises délicatesses de nos plus belles Européennes; quand elles s'asseyaient sur les nattes pour jouer avec le *bin* une marche tartare, on aurait cru voir un musée de statues ciselées, d'après le plus beau modèle grec, sur des blocs d'ivoire mat. L'émir les aimait toutes à égal degré, comme un barbare que nos vaudevilles et nos romances n'ont pas encore amené à la *monoérotie* de la civilisation. Aussi, lorsque l'infortuné La Peyrouse fit une relâche dans le détroit qui porte son nom, à la pointe de l'île de Jesso, choqué de ces puissantes mœurs indiennes, il déposa dans les archives du cap Spanberg un exem plaire relié de la *Nouvelle Héloïse*, pour corriger les mœurs *pangamines* des barbares de Jesso et les rallier au culte de Saint-Preux. C'est le navigateur d'Entrecasteaux qui constate ce fait.

A l'heure où le soleil éclairait les tuiles d'or du palais de l'émir, les femmes se rendaient au lac voisin, et jouaient comme des néréides dans le saphir des eaux pures, à l'ombre des tamarins épais. Cent hommes d'armes, échelonnés sur les rives, avaient ordre de tenir à distance les profanes et les Actéons. Tout œil indiscret était puni d'aveuglement. L'émir seul s'accordait le droit de contempler le jeu folâtre des jeunes sultanes de Jesso, et il consacrait ordinairement deux pipes d'opium à ce spectacle, inconnu des sages européens.

Tout à coup, un fléau plus terrible que la peste, le choléra, voyageant à travers le Japon, s'abattit sur la partie sud de l'île de Jesso. Un matin, les jeunes filles du sérail, sortant tout humides des eaux fraîches du lac, furent saisies par les griffes sèches du choléra, et le soir même l'émir se trouva généralement veuf; il ne lui restait plus que des sultanes sexagénaires, affranchies des périls du bain. Comment dépeindre le désespoir de Bouen-Naz-Bouen-Dabaz? Il brisa ses pipes, ses porcelaines du Japon, ses magots de la Chine, ses pendules anglaises de Cox, qui sonnaient midi pendant trois heures, et voulut se briser lui-même avec ses poings d'airain. Il ressemblait à Auguste priant Varus de lui rendre ses légions, ou à un coq superbe demandant à un cuisinier dévastateur de lui rendre son sérail passé au riz et au safran.

A cette époque, florissait dans la cour de l'émir un mandarin lettré, nommé Leutz-zi; il avait été chassé de Pékin pour crime de lèse-Chine : il essaya un jour de prouver à l'empereur que le soleil était éclipsé par le disque de la lune, et que le dragon noir ne se mêlait jamais de cette opération céleste. Tous les savants s'ameutèrent contre le novateur; l'Académie de Zhéhol, surnommée la *lumière du monde*, se réunit en émoi, et, sans écouter les explications de Leutz-zi, condamna au feu le livre du mandarin et son auteur aussi. L'empereur commua la peine en exil. On fit des prières au dragon noir pour le supplier d'être propice à la Chine et de ne pas étrangler le soleil.

L'émir Bouen-Naz-Bouen-Dabaz fit venir auprès de lui le mandarin et le consulta.

« Seigneur, lui dit le mandarin après avoir réfléchi, je comprends votre désespoir; je n'avais, moi, qu'une femme, née à Chonk-foo, la ville des belles Chinoises : je l'ai perdue, ma divine Kia-ni, ce qui signifie *sans pieds*. La mort a failli m'enlever. Que ne devez-vous pas souffrir, vous qui venez de perdre seize filles belles comme seize lunes dans toute leur rondeur ! Écoutez-moi, prince; il y a des remèdes à votre catastrophe. La nature a mis partout le remède à côté du mal. Je vous demande trois nuits pour découvrir un conseil.

— C'est beaucoup, trois nuits, dit l'émir; que ferai-je en attendant?

— Vous lirez mon livre sur les éclipses, et vous fumerez de l'opium que je vous apporte, reprit le mandarin; je vous promets un facile sommeil. »

Cependant les vieilles sultanes honoraires, membres du sérail inactif, et respectées par le choléra, se hasardèrent à se baigner dans le lac, au risque d'être saisies par le fléau, tant est grande l'ambition chez les femmes de Jesso; même elles soudoyèrent les gardes et les corrompirent avec des sacs de *coris*, monnaie de cailloux battue par la mer sur le rivage des Maldives : les gardes, séduits par ces prodigalités folles, firent le semblant de veiller sur la pudeur des sultanes sexagénaires et d'écarter les profanes qui s'acharnaient à ne pas se montrer sur les bords du lac. L'émir ne donna pas dans le piége; il s'assit au kiosque du lac, et ne montra que des épaules dédaigneuses à cette collection de pudeurs de soixante ans.

Au jour convenu, le mandarin lettré se rendit auprès de l'émir et lui dit :

« J'ai votre affaire.

— Voyons, dit l'émir.

— Un missionnaire m'a laissé une histoire romaine en vingt

volumes, écrite par les révérends pères Catrou et Rouille; c'est là, glorieux émir, que j'ai trouvé un remède à vos maux. Il y avait en Italie, sept cent cinquante-trois ans avant l'ère chrétienne, un chef de brigands nommé Romulus, qui prenait le titre de *rex* ou *gouverneur*. Or, ce gouverneur n'avait point de femmes, ni pour lui ni pour sa troupe ; ce qui le gênait beaucoup, car il voulait fonder une ville. Que fit ce chef rusé ? il invita un gouverneur voisin, nommé Tatius, à des jeux....

— Quels jeux? demanda brusquement l'émir.

— Ah ! reprit le mandarin, l'histoire n'entre pas dans le détail de ces jeux ; probablement, disent les commentateurs, ce sont des jeux de boules. Au reste, peu importe. Les jeux ne sont qu'accessoires. Tous les peuples ont des jeux auxquels ils s'adonnent avec passion. Tatius donna dans le piége ; il gouvernait les Sabins, et il conduisit chez Romulus toutes les jeunes Sabines. Pendant qu'on jouait aux boules sur le sable du Tibéris, que l'histoire appelle sourdement Tibre, dans sa manie d'estropier tous les noms, Romulus donna un signal, et toutes les jeunes vierges sabines furent enlevées par les brigands. C'est ainsi que Rome fut fondée, disent les historiens. Glorieux émir, vous vous trouvez dans une position analogue, avec cette différence que vous êtes le prince le plus puissant de l'Asie, et que Romulus n'était qu'un aventurier. Vous avez pour voisin l'émir Mouz-Abi, qui a un sérail très-bien approvisionné : invitez Mouz-Abi à des jeux quelconques ; dites-lui d'amener les femmes de sa capitale, et, au signal que vous donnerez, vos soldats enlèveront tout le beau sexe de Mouz-Abi.

— Mandarin, dit l'émir, qui avait écouté son hôte avec une attention bienveillante, votre histoire est un conte bleu et n'a pas l'ombre du sens commun. Comment voulez-vous que ce Tatius, qui connaissait la détresse féminine de son voisin Romulus, chef de bandits, ait commis la sottise de conduire ses femmes à un jeu de boules ? Il faut être naïf comme un lecteur européen pour ajouter foi à de pareils billevesées. Si j'osais faire la même proposition au Tatius Mouz-Abi, mon voisin, il me répondrait en mettant l'ongle de son pouce droit sur le bout de son nez et en agitant les quatre autres droits dans la direction de mon harem désert. Mouz-Abi connaît ma détresse; il sait que le choléra-morbus a tué non-seulement mes jeunes odalisques, mais encore toutes les jeunes et jolies femmes de mes États. Il sentirait le piége d'une lieue, et j'en serais pour mes frais d'invitation.

— En ce cas, dit le mandarin, je chercherai un autre expédient.

— Eh bien, j'en ai trouvé un meilleur, moi, reprit l'émir, et tu le connaîtras demain. »

Et le lendemain, l'Annibal de Jesso détruisait Sagonte, ou, pour être plus clair, il précipitait dans la mer la statue d'idole adorée par les sujets de Mouz-Abi.

C'était la guerre, une guerre à mort !

A la nouvelle du sacrilége, Mouz-Abi monta à cheval et prêcha la guerre sainte à ses soldats. Cet émir, dont le portrait figure dans la collection de Solwins, était un homme de trente-sept ans. Il avait tous les signes extérieurs de la puissance amoureuse : une carrure de reins métalliques ; un énorme développement osseux dans les régions du cervelet, et cette robuste laideur de créancier auvergnat qui annonce des passions volcaniques inconnues de nos Arthurs, de nos Oscars et de toutes les têtes de cire animale échappées des étalages d'un coiffeur parisien. Donc, Mouz-Abi était digne d'avoir aux ordres de ses passions un sérail opulent ; et, dès qu'il apprit le sacrilége de l'émir son rival, dont il connaissait la perplexité domestique, il devina la pensée secrète de cette nouvelle guerre et jura de s'ensevelir sous le *sari* soyeux de sa dernière sultane, ou de rallumer le bûcher de Sardanapale, avant de conclure un nouveau traité de paix.

L'armée de l'émir Bouen-Naz-Bouen-Dabaz se mit bientôt en marche avec une ardeur très-facile à comprendre. C'était une armée de veufs affamés par un jeûne intolérable ; il ne s'agissait plus de se battre pour ses autels et ses foyers, chose qu'on trouve partout en Asie, sous un arbre : il s'agissait d'un but bien plus sérieux, et le seul raisonnable dans la vie. Le soleil, qui a éclairé depuis la création tant de stupides batailles, souriait à cette armée de veufs et les excitait de sa flamme, quoiqu'ils n'en eussent pas besoin.

Les deux armées se rencontrèrent dans un vallon charmant, couvert de fleurs agrestes, arrosé d'eaux vives et formé pour toutes les charmantes choses de l'amour. A la vue de cet Éden, où manquaient toutes les Èves, l'armée de l'émir veuf entonna le chant de guerre, composé pour la circonstance, avec un terrible accompagnement de *los* et de *gongs* chinois. Auprès de cet hymne du veuvage irrité, notre *Marseillaise* est un vaudeville pastoral, une romance de Florian, un *six-huit* de Rameau. Voici la traduction affaiblie du refrain :

> Rougissons les eaux de nos fleuves,
> Les femmes aiment les plus forts ;
> A nous les veuves
> De tous les morts !

Il faudrait citer en entier ce chant de guerre ; mais les analogies des mots nous manquent. Hélas ! comment exprimer, dans notre idiome sourd et indigent, la poésie des langues orientales ? C'est traduire le soleil avec la lune, Homère avec les vers d'un confiseur, Virgile avec la prose d'un huissier ! Un torrent d'échos emporta cette harmonie de volcans vers l'armée de Mouz-Abi, et tous les soldats jetèrent dans les broussailles leurs armes à feu, comme inutiles aux braves. La poudre a été inventée par un moine, c'est-à-dire par un poltron.

On se heurta corps à corps avec les armes forgées dans les arsenaux de la Malaisie ; poignards courts, droits, solides, qui servent si bien les formidables exterminations des *Amocks*. On entendait craquer des dents de mandrilles ; on voyait couler des laves d'écume sur les lèvres ; tous les bras se tordaient comme des tronçons de serpent, et les poitrines se lézardaient toutes rougies sous les morsures léonines et les pointes glacées des cricks malaisiens. Un tonnerre de sons gutturaux, d'aspirations fauves, de rires stridents, de colères épileptiques, roulait comme une solfatare vivante sur toute la ligne des Indiens, et semblait faire de cette bataille un duel de volcans. Les fleurs du vallon broyées en fange rouge, les eaux vives des sources mêlées au sang humain, les arbustes déracinés comme par un ouragan de feu; les haleines embrasées de tant de poitrines à cratères; les cris joyeux des oiseaux de proie conviés à un festin inépuisable, tout concourait à former un tableau de désolation qu'aucun peintre n'a jamais rêvé. Un incident manquait encore; il éclata, et la bataille prit alors un caractère plus effrayant. Les deux émirs rivaux se rencontrèrent : deux titans, deux centaures se disputant un sérail de Déjanires sans robes. Autour d'eux, les poignards se croisaient comme les losanges de la foudre, et leurs éclairs couraient avec les rayons du soleil; les espaces étaient si étroits, qu'il fallait les conquérir en ajoutant des cadavres sur la fange écarlate des fleurs. Tout à coup un cri lugubre de deuil domina le murmure sourd de la bataille : l'émir veuf avait porté un coup mortel à son rival. Des cris de victoire répondirent à ce cri funèbre. Un découragement mortel s'empara tout à coup des soldats de l'émir vaincu; on les vit se précipiter en désordre dans les eaux rapides du torrent, et gagner les cimes du vallon, couronnées d'arbres sombres, où ils disparurent comme un vol sinistre d'orfraies épouvantées par le soleil.

La ville de Néoulah, résidence de l'émir infortuné Mouz-Abi, est admirablement située au bord d'un lac délicieux. Ce voisinage d'un immense bain public et gratuit paraît d'une nécessité absolue chez les peuples barbares. La pointe du sérail de l'émir s'avance comme un cap sur le lac, et les kiosques des femmes ouvrent leurs persiennes dans la solitude des eaux et des grands arbres. Ainsi la campagne et le lac envoient tous leurs parfums, toute leur fraîcheur délicieuse, dans les appartements des femmes de l'émir. Un belvédère d'une hauteur prodigieuse domine le sérail, et du haut de sa plate-forme on découvre la plaine et les derniers horizons de l'île de Jesso, qui se confondent avec la mer.

Les nombreuses veuves de l'émir Mouz-Abi, poussées par une curiosité fort naturelle chez des femmes barbares, étaient montées sur le point culminant du belvédère pour voir arriver de plus loin un messager de victoire, car elles ne doutaient pas du triomphe de leur indomptable mari. L'historien ose pourtant insinuer, les historiens sont capables de tout, que certaines de ces odalisques faisaient des vœux secrets pour un changement d'émir. Calomnie bien hasardée! car quel philosophe peut sonder le cœur des femmes de l'île de Jesso?

Une épaisse poussière se leva comme un nuage à l'horizon ennemi, et l'armée victorieuse se montra bientôt aux télescopes du sérail avec ses bannières jaunes, chargées d'un lion rouge en pal. En avant de tous, l'émir Bouen-Naz-Bouen-Dabaz se faisait distinguer par la vélocité de sa course : on aurait cru voir un capitaine de navire naufragé courant à un festin de Balthazar. A cet aspect désolant, les femmes veuves firent leur devoir : elles poussèrent le hurlement d'usage, et s'évanouirent sur les tapis moelleux tissus dans la vallée de Kachmir. Cet hommage rendu aux mânes du défunt, elles se levèrent, et descendirent dans leurs chambres pour se parer de leurs plus riches étoffes et attendre les événements.

Ici l'historien allemand, enhardi par les libertés de sa langue, fait une description babylonienne des scènes inouïes qui suivirent la victoire de l'émir. La délicatesse française ne nous permet pas de suivre le narrateur germain dans la dernière phase de son récit. Il nous suffira de voiler la statue de la Pudeur, à l'exemple du poëte latin, et de nous écrier avec lui : *Qualis nox! dii deæque!* Le latin, dans les mots, brave tout, comme l'allemand. Faisons des vœux pour que le courage de ces deux langues excite un jour le timide français.

## SECONDE BATAILLE.

Désireux de faire entrer profondément le lecteur dans l'esprit philosophique de cette histoire, nous avons donné à la première bataille un développement qui doit manquer à la seconde : il pourrait suffire de l'indiquer en quelques lignes ; nous tâcherons pourtant d'être moins concis, car ces grandes leçons ne se donnent pas deux fois. Tant pis pour le genre inhumain s'il n'en profite pas.

On sait que la Nouvelle-Zélande est divisée en deux îles par le détroit de Cook : l'une se nomme *Ika-Namawi*, l'autre *Tavaï-Poennamoo*. Il y a peut-être quelques fautes dans l'orthographe de ces deux noms barbares ; mais je cite de mémoire, comme toujours, et je n'ai pas le temps de me promener sur une carte géographique pour relever mes erreurs. Au reste, je ne possède jamais chez moi un atlas ni un livre : les loyers sont très-chers rue Lamartine ; il serait trop coûteux d'y ajouter aux meubles indispensables un livre ou un atlas, choses fort inutiles d'ailleurs. La mémoire ne paye pas de terme et loge tout gratis ; si elle commet une erreur, la faute en est aux propriétaires, qui demandent des prix fous de leurs appartements aux écrivains. Mon historien allemand est plus adroit ; il ne cite pas le nom des deux îles et renvoie le lecteur au capitaine Cook, en indiquant le volume et la page, comme si chacun logeait en garni, chez soi, tous les in-quarto des voyageurs anglais.

Cook, prenant le chemin du pôle pour aller conquérir un coup de poignard à l'île Haway ou Owihée, et s'arrêtant à Ika-Namawi (dénomination française), rencontra une espèce de vieux sachem qui lui dit :

« Les blancs se livrent-ils des batailles entre eux ?

— Oui, répondit le capitaine Cook, ils en livrent assez. »

Le sachem fit un geste d'étonnement qui étonna l'illustre voyageur anglais.

« Ah ! vous vous entre-tuez aussi ? ajouta le sauvage dans cette merveilleuse langue muette, qui n'est plus parlée malheureusement en Europe que dans les ballets délicieux de Théophile Gautier.

— Nous nous massacrons aussi, reprit Cook.

— Et pourquoi ? » demanda le sauvage en se tortillant comme un point interrogatif.

Ce *pourquoi* embarrassa Cook, lui qui sortait des broussailles rocailleuses de l'archipel des Malouines et que rien n'embarrassait. Il regarda le ciel, la mer, les montagnes d'Ika-Namawi, et répondit, pour se tirer d'affaire, par un bourdonnement de consonnes sans voyelles.

Le sachem ne se paya pas de cette réponse et insista sur son premier *pourquoi*.

Cook cherchait des mots dans le dictionnaire pantomimique de l'Océanie, et ne trouvait rien pour expliquer d'une façon honorable les causes qui forçaient les blancs civilisés à s'égorger entre eux : quelle satire il faisait contre la guerre à son insu !

Alors le sachem donna une nouvelle tournure à sa demande ; car il était fort entêté, comme l'est tout insulaire :

« Que faites-vous de vos morts après une bataille ? demanda-t-il en style fort clair.

— Nous les enterrons, reprit Cook.

— Voilà tout ? reprit le sachem.

— Oui ! » dit Cook en riant sérieusement comme un marin anglais, et même un Anglais terrestre.

Le sachem redressa vivement son torse et ouvrit des yeux énormes et vitrifiés par la surprise. Ce mouvement, difficile à comprendre, signifiait en style sauvage et philosophique : « Comment ! ô blancs que vous êtes ! vous tuez des hommes uniquement pour avoir le plaisir de les enterrer ! Quelle atroce barbarie de la civilisation ! »

Ce ne fut qu'à son second voyage à la Nouvelle-Zélande que le capitaine Cook comprit le sens de la dernière pantomime du sachem.

Or, dans l'intervalle, voici ce qui était arrivé.

La tribu de l'Albatros, qui habitait l'île d'Ika-Namawi, subit un hiver affreux ; le pôle voisin l'accabla de toutes ses horreurs. Une famine affreuse se répandit sur cette terre désolée ; les rivages, toujours balayés par des ouragans formidables, ne permettaient plus aux pirogues des pêcheurs de tenter la mer, et les poissons avaient aussi disparu dans les petits golfes bouleversés. On en était réduit pour vivre aux dernières arêtes desséchées par les rayons d'un soleil depuis longtemps éteint.

Tous ceux qui sont nés tiennent à vivre ; c'est le défaut général de l'espèce humaine sous toutes les latitudes. Un sauvage de la Nouvelle-Zélande trouve que la vie a ses douceurs, comme un millionnaire de la place Vendôme. C'est ainsi. Dieu l'a voulu. Le chef de la tribu de l'Albatros, voyant ses sujets périr de famine et se voyant périr lui-même, eut pitié des autres et de lui, et il prit une suprême résolution.

Il déclara la guerre au roi de la tribu de la Phoque, qui habitait l'île de Tavaï-Poennamoo, séparée d'Ika-Namawi par le détroit de Cook.

Cette pauvre tribu voisine mourait de faim aussi, et son roi se disposait à déclarer la guerre, lorsque l'initiative partit du roi de l'Albatros. Cette inspiration simultanée honore le génie de ces deux guerriers du quarantième degré du Sud, vingt fois plus glacé que son équivalent du Nord. Les géologues expliquent cela très-bien.

Il n'y avait pas de temps à perdre des deux côtés : les dernières provisions d'arêtes venaient de s'épuiser dans un festin suprême; sans un miracle, deux peuples honnêtes et vertueux allaient mourir de faim !

La tribu de l'Albatros passa le détroit à la nage et les massues aux dents, pour trouver une table d'hôte sur la rive étrangère. Ainsi de nombreux étudiants, descendus des hauteurs du Panthéon, traversent la Seine pour venir célébrer une fête universitaire aux tables d'un restaurant du Palais-Royal. Chaque pays a ses mœurs. Il n'est pas plus difficile à des sauvages de traverser un détroit pour chercher un dîner économique, qu'à des Parisiens de traverser la Seine, surtout depuis l'abolition du péage sur le pont des Arts.

La tribu de la Phoque, rassemblée en armes sur le rivage, attendait l'Albatros avec des dents convulsives. La bataille s'engagea, absolument comme celle d'Alexandre au passage du

Granique. Pour s'en faire une idée exacte, il faut aller au Louvre et regarder le tableau de Lebrun.

Je voudrais bien savoir pourquoi se battaient les Macédoniens. Alexandre, lui, se battait pour sa gloire, tous les historiens le disent, et la postérité connaît son nom ; mais quel savant pourrait nous citer un seul nom d'un soldat tué au passage du Granique ? Combien donc est supérieure la sagesse des soldats de la Phoque et de l'Albatros ! Ils savaient, eux, pourquoi ils se battaient après le passage du détroit, et nul peintre n'a consacré une toile à cette logique extermination.

La bataille ne dura qu'une heure, tant les soldats étaient affamés. Cent trente-cinq guerriers de la tribu de la Phoque restèrent sur le champ de mort. Les vainqueurs allumèrent un grand feu de bruyères et firent rôtir le gibier de la bataille, comme cela se pratique à la fête des Loges, près de Saint-Germain en Laye. Le festin fut ample, et l'immense superflu des provisions salées repassa le détroit pour satisfaire les justes appétits des femmes et des enfants de la tribu de l'Albatros. Cette sage expédition, si heureusement accomplie, leur permit d'attendre de retour de la pêche et de la belle saison.

Ainsi, depuis six mille ans, il n'y a eu que deux batailles raisonnables ; l'une livrée à Jesso, l'autre à la Nouvelle-Zélande. Cela ne doit pas prouver que la France ne doit plus se battre, mais qu'elle doit attendre d'avoir vingt fois raison contre son futur ennemi ; dix-neuf ne suffisent pas.

# HISTOIRE D'UNE VILLE ALTÉRÉE.

Il y a une infinité de gens qui se promènent, de dix heures à trois, dans la rue de Bellechasse, et qui sont très-malheureux, bien qu'ils aient des habits noirs, du linge blanc et des montres d'or.

Ces infortunés sont des pétitionnaires qui attendent que le jour de la justice se lève sur les indemnités de Saint-Domingue, sur l'emprunt d'Haïti, sur une foule de dettes arriérées et de réclamations dédaignées par une vingtaine de gouvernements depuis 1789. La rue de Bellechasse a épuisé les poitrines de tous ses échos pour raconter à l'arcade de la rue de Grenelle le long désespoir de ces pétitionnaires : deux d'entre eux se sont suicidés à coups de promenades. La dernière de ces victimes de la pétition fut M. *Trois-Étoiles*, de la ville d'Orgon; elle expira le 31 juillet 1830. Depuis 1815, cette victime assiégeait le ministère de l'intérieur en demandant une pension ou un bureau de tabac. *Trois-Étoiles* n'avait qu'un titre, mais il était solide : c'est lui qui avait jeté la première pierre à Napoléon, en 1815, dans la grande rue d'Orgon. Après cet exploit, il ramassa la pierre, la fit enregistrer et partit pour Paris, pour faire valoir ses droits à la faveur du pouvoir. Le pouvoir fut sourd. A chaque changement de ministère, *Trois-Étoiles* se présentait, sa pierre à la main, à l'Excellence de l'intérieur, et réclamait. On examinait la pierre, on la classait parmi les *lithos* de première formation ; mais on refusait le bureau de tabac. Souvent, dans ses accès de désespoir, le pétitionnaire a failli lapider un ministre ou se lapider lui-même. C'est ainsi qu'il a traversé les quinze ans de la Restauration, usant ses bottes et sa pierre, et ne réussissant pas. A la révolution de 1830, il fut pétrifié; il jeta sa pierre dans le jardin du ministère de l'intérieur, et mourut le lendemain.

L'espèce de ces solliciteurs n'est pas éteinte : elle couvre toujours les rives de la Seine, comme les ombres pétitionnaires du Styx. Elle lève ses mille bras aux corniches du palais anonyme du quai d'Orsay, aux têtes de granit qui lui servent de gouttières; ces têtes ont pour les pétitions des oreilles de ministres; rien n'arrive aux mains qui réclament : c'est la seule erreur qui soit dans l'Évangile : *Petite, et accipietis;* à moins qu'on ne traduise ainsi : *Demandez, et vous ne recevrez pas.*

J'ai un fait consolant à donner aux infortunés pétitionnaires. Hélas! je ne puis que leur donner cela. Ce fait a passé inaperçu ces jours derniers, parce qu'au fond il n'intéressait qu'une ville. Une population excite moins d'intérêt qu'une seule personne; c'est admis en théorie dramatique. Herculanum a eu le tort de mourir complétement; on ne pourra jamais en faire une tragédie; s'il n'y avait eu que Pline d'étouffé, oh! alors, quel beau sujet! *Pline,* tragédie en cinq actes et en vers!

NARBAS.

Eh quoi! seigneur, quel sort aujourd'hui vous ramène
De l'autre bord des flots?

PLINE.

Je viens du cap Misène.

Et, au dénoûment, un récit sur les vapeurs homicides du volcan. Par malheur pour cette tragédie qui n'existe pas, Pline est mort en trop nombreuse compagnie. Les rhéteurs disent que, lorsque tout le monde meurt, c'est comme si tout le monde vivait : l'intérêt s'éparpille et s'annule. Les *Vêpres siciliennes* n'ont pas trouvé un poëte pendant deux siècles. Il est vrai que de nos jours M. Casimir Delavigne a fait une tragédie et M. Scribe un opéra! S'il n'y avait eu qu'un seul Français tué à Palerme, le dix-septième et le dix-huitième siècle se seraient jetés sur ce cadavre, et l'auraient enrichi de plusieurs mille alexandrins. Mais quel intérêt voulez-vous, disaient ces siècles, qu'on prenne à un peuple de Français qu'on égorge? Il n'y a rien à répondre à cela. Aussi, je crois avoir raison de dire que le fait consolant que je donne aux pétitionnaires n'a produit aucune sensation. Voici ce fait :

Il existe en France une ville qui a connu les Tarquins ; une ville qui est morte et ressuscitée vingt fois en vingt-cinq siècles, qui a subi vingt pestes et autant d'incendies, qui a parlé latin à Jules César et chassé à coups de quenouilles le connétable de Bourbon ; une ville qui est, en France, le caravansérail du monde, qui entretient le commerce avec les deux Indes, qui couvre l'eau de son port avec quinze cents navires, et paye, par la main de sa douane, trente millions tous les ans au trésor public. Cette ville se nomme Marseille ; l'univers commerçant la cite après Liverpool. Eh bien, cette ville meurt de soif depuis les Tarquins !

Elle meurt de soif ! Écoutez, pétitionnaires ! elle meurt de soif, et, comme le mauvais riche de l'Évangile, elle demande depuis une éternité une goutte d'eau pour rafraîchir sa langue. L'estafette qui vint au mois d'août annoncer aux Marseillais que Lucrèce avait été outragée par Tarquin ne trouva pas un verre d'eau potable pour étancher sa soif. Aussi les pétitions commencèrent pour obtenir de l'eau à cette époque, et les générations continuèrent de mourir de soif avec une patience évangélique ; on eût dit que Marseille n'était peuplée que de Jobs.

Les Marseillais, résignés depuis Tarquin l'*Ancien*, plus ancien pour eux que pour personne, entrevirent quelque lueur d'espoir et d'eau sous Louis XIV : on fit un projet de canal qui devait saigner la Durance et abreuver Marseille. Malheureusement, les Marseillais se brouillèrent avec Louis XIV, qui leur donna, au lieu de canal, une citadelle avec cinquante pièces de canon braquées sur la ville expirante de soif : cependant on poursuivit le cours des réclamations.

De jour en jour, l'eau devenait plus rare ; tous les ans une naïade donnait sa démission. Le ciel se bronzait comme en Égypte ; mais le Nil manquait, le Nil avec sa pluie horizontale ! Quelquefois le ciel se couvrait dérisoirement de nuages, et la ville Tantale suspendait ses lèvres à l'air : le ciel se découvrait en riant, et un soleil ironique laissait pleuvoir des torrents de feu. Le déboisement des collines acheva cette misère. Les grands réservoirs prirent en horreur l'hydrogène. Dans les ardeurs du solstice d'été, les Marseillais répandus sur les plaines ressemblaient aux croisés du Tasse : ils aspiraient l'air et buvaient l'eau absente pour calmer leur soif à force d'imagination. Non loin de Marseille coulaient autrefois deux rivières qui tenaient autant de place sur le pays que sur la carte. Ces deux rivières hydrophobes avaient pourtant des noms comme la Seine et la Loire ; elles ont même gardé leurs noms plus soigneusement que leurs eaux : on les appelle le Jarret et l'Huveaune. On poussa le respect envers ces deux naïades jusqu'à leur donner des ponts ; c'était faire preuve de bonne volonté. On espérait, au moyen de ces ponts, obliger les rivières à donner de l'eau : les naïades répondirent fort sèchement à ces avances. Quelques-uns de ces ponts honoraires furent démolis par le flot des promeneurs qui passaient dessus.

Un jour, la disette d'eau fut si extraordinaire, que la ville en masse songea sérieusement à une émigration. Le Jarret et l'Huveaune n'étaient plus que deux méandres de mousse jaune où folâtraient les lézards et les sauterelles. Les citernes montraient leurs entrailles de briques rouges hérissées de touffes de saxifrages. Les puits n'avaient conservé que des poulies rouillées, où pendait un tronçon de corde inflammable. C'était un véritable fléau : c'était la famine de la soif. En ces graves conjonctures, les échevins et les notables s'assemblèrent et firent de longs discours. Les orateurs altérés ne pouvaient pas boire ; ils n'avaient que du sucre pour faire de l'eau sucrée. On décida unanimement qu'il fallait continuer le canal de Craponne, et creuser quinze lieues de roc pour désaltérer une ville qui devait mourir de soif le lendemain. Un auditeur, qui n'avait pas le droit de parler, se permit de dire que ce remède, tout admirable qu'il était, ne donnerait pas un verre d'eau pour les repas de la semaine. On reconnut la justesse de l'observation, et il fut décidé, par supplément, qu'un convoi de charrettes et de futailles serait expédié sur-le-champ au Rhône, et que ce service public serait continué jusqu'au 31 août, époque où saint Lazare, évêque de Marseille, accorde une pluie périodique à sa ville épiscopale. En effet, le Rhône désaltéra Marseille, dans cet état désastreux : il fallut donc une main longue de vingt lieues pour puiser à ce fleuve quelques verres d'eau.

Depuis le demi-siècle qui vient de s'écouler, Marseille n'a pas perdu de vue son canal, et elle a fait des plans. Mais on ne se désaltère pas avec des plans. Il y a six ou sept ans, je crois, un de ces terribles étés jeta tant d'épouvante et de soif au cœur des Marseillais, qu'on s'occupa plus sérieusement que jamais d'avoir de l'eau à tout prix. Ce fut encore un été de bronze. La terre et le ciel se liguèrent pour supprimer les pluies et les sources. L'Huveaune et le Jarret roulaient du sable; et comme, à de longs intervalles, ces deux ex-rivières donnaient quelques signes de transpiration, et que ces gouttes de sueur étaient humées au passage par des jardiniers égoïstes, le préfet fit échelonner un régiment dans le lit de l'Huveaune pour épouvanter ces jardiniers. Alors de nouveaux plans surgirent; ils furent envoyés aux conseils généraux et débattus au milieu des rivalités de villes et de villages. Les villes et les villages qui avaient de bonnes et larges rivières sous la main trouvaient étrange que Marseille fît tant de bruit pour quelques gouttes d'eau. « Marseille a la mer, disait-on; que veut-elle de plus? » C'était la mer à boire. De toutes parts les réclamations pleuvaient sur Marseille. Un noble pair, qui a des propriétés sur la Durance et qui regarde la Durance comme un cadeau que Dieu lui a fait, se jeta comme une digue devant les prétentions des Marseillais. Ceux-ci avaient beau dire : « Nous ne voulons faire qu'une légère saignée au bras gauche de la Durance, » le noble pair redoutait de voir sa Durance avalée par les Marseillais dans une orgie hydraulique; et il formait opposition. Autrefois il y avait un proverbe qui disait :

> Le parlement et la Durance
> Sont les fléaux de la Provence.

Depuis ce proverbe, la Durance a gardé son naturel. C'est une rivière qui change de lit chaque saison, comme une épouse adultère. C'est une rivière folle qui demandait impérieusement une saignée. A peine les Marseillais ont-ils tourné leurs lèvres vers cette Durance vagabonde, que les riverains ont entonné un chœur d'éloges à son honneur. Jamais on n'avait vu rivière plus calme, plus sociable : on la calomniait, cette pauvre Durance ; Aréthuse n'était pas plus douce ; l'Eurotas ne coulait pas plus mollement qu'elle dans son lit de lauriers-roses. Complète réhabilitation. Le proverbe mentait de moitié ; le parlement seul était un fléau : or, le parlement étant détruit, la Provence n'avait plus de fléaux.

La ville d'Aix, qui a de l'eau, puisqu'elle se nomme Aix, s'est jetée aussi au travers du canal de Marseille. Une foule de bourgs et de hameaux, dont les maires sont de vénérables bergers, ont protesté contre le canal. Le préfet du département et le maire de Marseille ont été appelés à Paris pour justifier les prétentions d'une malheureuse ville altérée et fournir le meilleur plan de canalisation. Les débats ne finissaient que pour recommencer. Enfin, la cause de la justice a triomphé, la semaine dernière, à la Chambre. Les députés ont, par un vote unanime, accordé à Marseille la permission de boire en été. Enfin Marseille, sœur de cette Rome qui envoyait à ses naïades lointaines dix lieues d'arcs de triomphe pour leur demander une fontaine de plus, Marseille, à la deux mille quatre cent trente-huitième année de son âge, vient d'obtenir un verre d'eau.

Et maintenant, osez vous plaindre, ô vous qui faites des pétitions et qui ne réussissez pas au bout de six mois !

# UNE CHINOISERIE.

Si l'univers connaissait la délicieuse ville de San-tchou-foo, il s'abandonnerait lui-même et viendrait s'y établir [1]. Le Céleste-Empire n'a rien à comparer à Tong-tchou-fou : ni Canton, la cité commerçante; ni Pékin, la cité sainte; ni Zhé-hol, la cité tartare; ni Lin-sin-chou, la cité religieuse, qui a une pagode à neuf étages et qui se baigne sur les deux rives de Yun-leang-ho. Les Chinois ont fait ce proverbe : *Le paradis est dans les cieux, mais Han-tchou-fo est sur la terre.* Cela dit tout. Un proverbe est partout une vérité humaine; en Chine, c'est une parole de Dieu. Quand vous arrivez à Tsong-choo-foo, soit par le Wang-ho ou fleuve Jaune, soit par le Pei-ho, soit par le grand canal impérial, la terre ne peut rien vous offrir de plus merveilleux que cette ville; mais, hélas! personne n'est jamais arrivé à San-tchou-fou, excepté lord Macartney, le missionnaire Lecomte, M. Huttner et lord Amhurst.

Ce paradis chinois est situé au trentième degré de latitude; aussi les mandarins en retraite, les kolaos ou ministres destitués ou démissionnaires, les négociants arrivés à la fortune, quittent Pékin et Zhé-hol pour la tiède et voluptueuse résidence de San-tchou-fou. La campagne ressemble à une immense tapisserie chinoise, dont les bordures seraient les deux horizons. Vues de loin, les montagnes mêmes paraissent brodées à l'aiguille par les plus habiles ouvrières du palais impérial de Yuen-min; elles sont veloutées de gazon et de verdure, et sur les gradins de leur amphithéâtre s'élèvent les pagodes, les

---

[1]. Les voyageurs, selon leur usage, donnent une foule de noms à cette ville chinoise. Au milieu de tant de noms, ne pouvant deviner le véritable, je les donnerai tous, bien persuadé que je n'écrirai jamais le nom donné par les Chinois.

miaos, les couvents de lamas, les maisons de plaisance, dont les toits et les dômes ont des panaches de cotonniers rouges, de palmiers et d'aloès. Dans la plaine et sur les rivières, les ponts de granit ont prévu tous les caprices des torrents, toutes les fuites du grand canal. On compte leurs arches par le nombre de lions assis sur les piles. Ces animaux fantastiquement sculptés réjouissent le paysage ; ils laissent percer un sourire humain sur leurs faces railleuses, et l'on dirait que leur crinière, élégamment bouclée, a subi le fer du coiffeur. C'est ainsi que les Chinois insultent à la majesté des lions. Sur la lisière des faubourgs, on aperçoit de charmantes maisons, telles que les paravents seuls nous en montrent en Europe : ce sont des amas de kiosques légers comme des cages d'oiseaux et liés ensemble par des galeries à treillis d'or, ou des aqueducs de bambou ; les portes s'ouvrent sur des ponts aériens jetés à travers des lacs en miniature, dont les eaux calmes se recouvrent d'une nappe de *lien-whas*, la fleur sainte aimée des indigents. Une foule de petits arbres, destinés par leur nature à grandir, et que l'art du jardinier chinois condamne à rester à l'état de nains végétaux, croissent et se mêlent capricieusement aux bords des pièces d'eau, et s'abritent à midi, avec délices, à l'ombre du parasol de leurs maîtres. Ces tranquilles jardins n'entendent d'autre bruit que le chant aigu du *leu-tsé*, l'oiseau pêcheur qui rase les étangs de son aile et découvre sa proie même sous les tapis flottants de nénufar.

Après ce préambule frivole, abordons une triste réalité ; histoire véritable, qui est aussi une leçon !

Le 22 septembre 182...., une foule immense était accourue devant le temple de *Tshinn-ta-kouann-min* (la vraiment grande et éblouissante lumière). Toutes les pendules organisées du célèbre Cox sonnaient midi, pendant une heure, sur la longueur de la rue Wham-ho ; les danseurs de corde, les joueurs de gobelets, les jongleurs, les marchands de chats, les musiciens enragés, mêlaient leurs cris aiguisés en *i* aux sonneries extravagantes des horloges ; on brisait des faisceaux de baguettes sur le *lo* national; on écorchait des feuilles de cuivre avec des griffes d'acier; on secouait des vitres brisées dans les boules d'airain; on tirait des feux d'artifice en plein soleil; la ville enfin de Tsan-chou-fou était plus folle que de coutume; elle assistait à un événement : lord Witmore débarquait devant le palais du kolào Tsin. Depuis lord Macartney et lord Amhurst, le fleuve Jaune n'avait pas amené un seul Européen dans la grande ville, paradis des Chinois.

Lord Witmore était âgé de cinquante-deux ans; il avait à Foreign-Office une grande réputation d'expérience et d'habileté diplomatiques; lord Bathurst disait de lui : « Si je n'étais pas moi, je voudrais être lord Witmore, » et l'on sait quelle tête à intrigues lord Bathurst porte sur ses épaules! Quelle était la mission de lord Witmore? Elle était double, comme toutes les missions de diplomate : en apparence, il allait complimenter l'heureux successeur de Tsien-long; en réalité, il allait sonder ce lac immense où croupissent trois cents millions de Chinois. Il allait faire un trou dans cette planète parasite attachée à ce globe, et tâter ses zones vulnérables pour les éventualités de quelque guerre à venir.

Le nouvel empereur avait appris de la bouche même de Tsienlong que le Céleste-Empire n'avait pas eu trop à se féliciter de la visite de Macartney et d'Amhurst : il s'alarma donc de l'arrivée de lord Witmore; mais, trop rusé ou trop Chinois pour s'opposer violemment aux explorations d'un agent anglais, il organisa, en conseil secret de kolaos, une trame ténébreuse, d'une réussite infaillible, comme tous les plans sortis du palais de Zhé-hol.

Il y a dans le monde des pays où l'on se débarrasse d'un espion officiel par des procédés révoltants : on cite des ambassadeurs tombés dans des embuscades et dont la mort a été imputée à des voleurs de grand chemin; d'autres ont été atteints, dans des chasses royales, par un coup mortel destiné à un cerf ou à un sanglier; d'autres n'ont pu survivre à l'intempérance d'un festin dont un alchimiste avait dirigé la cuisine. Les Chinois ne connaissent pas ces méthodes; d'ailleurs, les lois de Li-ki et de Menou leur prescrivent de respecter la vie des hommes, de ne pas verser et de ne pas faire verser le sang humain : les Chinois sont esclaves de leurs codes religieux.

Lord Witmore était parfaitement tranquille de ce côté : il connaissait le Li-ki, il savait Menou par cœur; il avait médité Confucius dans l'original. Jamais la moindre appréhension ne venait l'assaillir lorsqu'il mangeait un plat de lien-whas ou une entrée de bourgeons de frêne, ou qu'il buvait un bol de la fleur de thé nommée *cha-ouaw*. Aussi, arrivé au centre de la Chine, lord Witmore se croyait en plein Londres : le palais du kolao Tsin lui offrait autant de garanties de sécurité que son *office* du mélancolique jardin de Whitehall.

C'était la première nuit de repos de lord Witmore. Depuis l'embouchure du Whang-ho ou fleuve Jaune, il n'avait pas connu les douceurs d'un édredon au repos; il ne s'était pas arrêté dans la province de Shang-tung, ni sur les rives du lac Éming, bordé par les montagnes Bleues, ni dans la belle ville de Nan-pin-shien, si pittoresquement assise sur la rive gauche du canal impérial. Le kolao qui lui donnait, dans son palais de Tong-chou-fou, la plus douce des hospitalités, lui dit quatre vers du poëte Kang-hi. On peut traduire ainsi ce quatrain, en lui conservant sa concision originale :

>Première.
>Sommeil.
>Lumière.
>Soleil.

Traduction qu'il faut encore traduire de cette manière : « Voici votre première nuit, dormez bien jusqu'à demain. » Honteuse paraphrase française, indigne du génie de la langue chinoise, toujours sobre dans ses mots. Les Chinois aiment mieux être obscurs que bavards !

Lord Witmore se mit au lit après avoir avalé une pinte de décoction de nénufar, et il se serra mollement dans ses bras, à l'idée consolante qu'il allait enfin dormir dix heures sur la terre ferme. Le doux sommeil descendait sur ses paupières, lorsque le prélude d'une sérénade se fit entendre à la porte du palais hospitalier. En Chine, lorsqu'une sérénade est donnée à un grand seigneur, il est du devoir de celui qui la reçoit de paraître au balcon et d'applaudir de quart d'heure en quart d'heure, en élevant ses deux doigts indicateurs à la hauteur des oreilles et en secouant nonchalamment la tête de droite à gauche. Lord Witmore était l'esclave du cérémonial étranger, comme tout bon diplomate doit l'être. Il se leva, s'habilla, mit ses gants, et parut au balcon de sa chambre. L'orchestre chinois inondait la rue comme un fleuve d'harmonie folle. Jamais aux *meetings* de Jordan-Street, à Liverpool, les musiciens de la tempérance n'avaient improvisé une pareille *fugue* dans l'ivresse de l'orgie d'un festin. Le conservatoire de Tong-chou-fou avait ramassé dans les pagodes tous ses instruments de dévastation auriculaire : le *samm jinn* à basse octave; le *yut-komm* à deux cordes, à l'archet de crin ; le *r'jenn* toujours enroué ; les aigres flûtes de bambou ; le *tsou-kou*, qui s'agite sous une baguette de bois; le *bin* et le *sitar*, empruntés par la Chine aux Indiens. Cette infernale explosion, ce volcan de notes aiguës, accompagnaient un chœur de miaulements enfantins ; et ce déluge de limes d'acier invisibles perçait le gilet de flanelle anglaise de lord Witmore, et déchirait son épiderme d'ambassadeur avec une joyeuse cruauté.

Une recommandation expresse de lord Bathurst était celle-ci : « Witmore, mon très-cher, en Chine, ne vous étonnez de rien ; prenez la devise de votre parent Bolingbroke : *Nil admirari ;* acceptez tout comme choses naturelles ; écoutez tout, entendez tout ; ne vous plaignez de rien. »

Lord Witmore, soldat obéissant de la grande armée diplomatique, avait résolu de suivre la consigne donnée jusqu'à toute extrémité.

Il écouta la sérénade jusqu'à la dernière note, et, comme il allait se retirer, on planta devant son balcon cinquante pièces d'artifice sortant des ateliers de Pché-li, le premier artificier tartare de Zhé-hol.

« Au fond, se disait lord Witmore à lui-même, on me reçoit comme un ambassadeur ; je suis traité selon ma dignité ; pourquoi me plaindre des honneurs qu'on me rend ? Il est vrai que je serais beaucoup plus sensible à ces flatteuses démonstrations si j'avais dormi une bonne nuit. »

Le feu d'artifice dura deux heures et fut terminé par une pièce magnifique, représentant l'éclipse de la lune attaquée par un dragon bleu. Un bouquet de mille fusées honora la victoire de la lune sur son éternel ennemi.

Le silence, c'est-à-dire un tumulte raisonnable, régna dans la rue après la sérénade et le feu d'artifice ; lord Witmore ferma sa croisée, éteignit les cartouches de serpenteaux qui avaient été envoyés dans sa chambre par insigne faveur, et se remit au lit pour guérir par le sommeil les blessures de son épiderme et calmer l'agitation de son sang.

L'horloger Cox est, à son insu, un des fléaux de la Chine ; on ne trouve point un palais sans une pendule organisée de Cox. Un Chinois donnerait toutes ses femmes pour ce trésor. La pendule du kolao était célèbre à Tong-chou-fou ; un hasard plein de malignité chinoise avait placé la pendule de Cox dans la chambre de lord Witmore ; elle se mit donc à sonner minuit. Cox n'est pas seulement un mécanicien incomparable ; c'est un poëte, un philosophe, un penseur. Il a donné une physionomie à toutes les heures, et il se serait bien gardé de faire parler minuit comme midi. Rien n'est gai comme la symphonie de son milieu du jour : le timbre envoie au soleil à son zénith une gerbe mélodieuse de notes d'or ; mais pour minuit, oh ! c'est autre chose, au point de vue de Cox !...

Lord Witmore l'apprit aux dépens de son sommeil. D'abord, la pendule organisée sonna douze coups lugubres et lents, accompagnés de soupirs de nuits d'Young et de râles d'orfraies ; à chaque coup, la pendule semblait rendre l'âme comme un être humain, et le coup suivant arrivait si tard, qu'on aurait dit que le mécanisme venait de se briser dans un dernier effort de ses poumons de cuivre, et que le douzième glas ne serait pas sonné.

Il était une heure du matin lorsque la pendule cessa d'annoncer qu'il était minuit; lord Witmore avait tenté douze fois de se lever et de briser l'œuvre de Cox ; mais la consigne de lord Bathurst arrêta son poing anglais levé sur le cadran. L'écho répéta quelque temps dans l'alcôve le dernier coup sur un *trémolo* plaintif et métallique. « Enfin ! dit lord Witmore, je vais dormir, tout est fait. »

Dans les pendules de Cox, les douze coups de minuit ne sont qu'accessoires ; on peut au besoin les regarder comme la préface ou l'ouverture en douze temps du grand drame lyrique organisé dans de merveilleux ressorts. Cox n'envisage pas les heures en horloger ordinaire, tout Londres le sait. Lord Witmore devait le savoir au palais du kolao Tsin. Des notes stridentes, pleines de gémissements et de larmes, rebondirent de la pendule sur les laques, les porcelaines et les émaux de cette chambre sonore. La pendule entonnait l'hymne de Luther, de Hændel : *Great god, what doo I see and hear?* Luther, dans ses hymnes, et Hændel, dans sa musique, ne péchaient pas par la brièveté : Cox s'est bien gardé de leur enlever, par la voix de ses pendules, une syllabe et une note. Lord Witmore bondit involontairement au cri déchirant que poussa la poitrine d'acier de Cox, après ce premier vers : « Grand Dieu ! que vois-je et qu'entends-je ? » Ce vers terrible est répété six fois par sa pendule, et le cri retentit plus lamentable encore à chaque répétition. C'est un beau travail d'orchestre, et que lord Witmore lui-même aurait admiré à midi ; mais, à cette heure matinale, le noble voyageur grinça des dents et déchira l'une après l'autre toutes les lettres du plus énergique des jurons anglais. Levé sur son séant, il allongea ses deux poings vers la pendule, et cette fois l'œuvre de Cox périssait ; mais la crainte de déplaire à lord Bathurst et de violer le droit des gens retint encore Witmore et lui fit remettre ses poings sous le linceul;

comme des armes dans leur fourreau. La pendule allait toujours son train, comme si elle n'avait pas été menacée de dislocation violente ; elle modulait sur tous les tons la complainte éternelle de Hændel : *Sine fine dicentem*, comme l'hymne de l'*Hosanna*; elle semblait se complaire mélancoliquement dans ses *andante* funèbres, puis elle sortait de la léthargie d'une mélopée distillée goutte à goutte, et elle éclatait dans de formidables unissons de trompettes de cuivre, comme si le conservatoire de la vallée de Josaphat faisait une répétition générale dans la chambre du ministre chinois. Il était trois heures du matin lorsque minuit cessa de sonner ; alors, la pendule radoucit son organe, et célébra la venue prochaine de l'aurore ; elle chanta une pastorale charmante ; elle simula les combats de flûte des bergers, les concerts aériens des oiseaux, les chants des laboureurs et des coqs, les murmures des ruisseaux, les frémissements des arbres, les bêlements des brebis, toutes les harmonies humaines et célestes qui précèdent et accompagnent le lever du soleil.

Cette musique prolongée est parfaitement en harmonie avec les mœurs des Chinois, peuple laborieux qui se lève à l'aube pour suivre l'exemple de son empereur, dont les audiences commencent toujours avant les premières lueurs du crépuscule matinal. On sait que les kolaos ou ministres d'État, les hauts mandarins attachés à la cour, les ambassadeurs qui ont sollicité une audience, sont obligés de passer la nuit dans les jardins impériaux et d'attendre le lever du souverain. Lord Macartney lui-même fut soumis à cette loi, et il se promena toute la nuit sur les ponts chinois de Zhé-hol avec M. Stauton, en discutant la question de savoir si devant l'empereur il fléchirait le genoux droit ou le gauche, ou s'il ne fléchirait rien du tout pour sauver la dignité de l'Angleterre. A l'imitation de l'empereur, les kolaos reçoivent à la même heure et dans leurs jardins ; cet usage est la plus noble glorification de l'agriculture, chez un peuple dont le chef est un laboureur couronné. Quand l'aube se lève, trois cents millions d'hommes et de femmes sont censés à la charrue, y compris l'empereur. Il faut donc que les affaires publiques soient terminées avant l'aube. La charrue attend à la porte des palais comme à la porte des fermes. C'est pourquoi lord Witmore entendit sous ses croisées un roulement de lo national, lorsque la pendule eut terminé la bucolique harmonieuse de trois heures du matin. L'audience du kolao Tsin allait commencer : il était du devoir de lord Witmore de s'y rendre, au moins le lendemain de son arrivée à Tong-chou-fou.

Lord Witmore fit sa toilette de visite devant la pendule, qui gardait un silence ironique, et descendit d'un pas de somnambule dans le jardin de réception. Les étoiles luisaient encore en se couchant sur des collines artificielles; à cette clarté soporifique, on pouvait distinguer les ombres errantes des solliciteurs sur les rives d'un lac en miniature, et un amas confus d'arbres nains et de statues grotesques sur la terrasse du kolao. Lord Witmore eut l'honneur d'être reçu le premier; le kolao Tsin lui fit signe de s'asseoir à côté de lui, et, comme ils n'avaient rien à se dire l'un à l'autre, un lecteur du palais, mandarin de haute littérature, ouvrit les œuvres de l'illustre King-ting-tsi-tching, et déclama d'une voix lente et cadencée le livre XIX$^e$ de l'admirable poëme du laboureur :

« Ce n'est point chez le laboureur qu'on entend les soupirs et les larmes. On ne voit pas sur sa table les vins parfumés des rives du Kiang, mais il ne craint pas le poison dans celui qu'il boit. Le fumet du gibier de Tartarie vaut-il la joie de manger au milieu de ses enfants? Chacun de ses jours se ressemble, et la veille ne prend jamais rien sur le lendemain, etc., etc. »

Lord Witmore essayait de dormir les yeux ouverts, mais il ne réussissait pas : d'ailleurs, à chaque verset du poëme, le kolao poussait des cris d'admiration avec une voix si aigre et si perçante, que Witmore se réveillait en sursaut même avant de s'endormir. Après deux heures de lecture, il fut permis à Witmore de se retirer; les autres solliciteurs furent renvoyés au lendemain, « afin, dit le kolao, que nul aujourd'hui n'ait l'hon-

neur d'occuper la place du noble représentant de l'Angleterre. »
Cette faveur insigne et inouïe fut à l'instant célébrée par un
chœur de mandarins, qui entourèrent Witmore et lui chantèrent, avec accompagnement de lo, l'hymne national des ancêtres, dont le refrain est répété treize fois :

> Lorsque je songe à vous, ô mes sages ancêtres !
> Je me sens élevé jusqu'aux cieux.
> *See hoang sien tsou*
> *You ling yn tien.*

Lord Witmore s'était endormi au troisième refrain ; un de ses
yeux pourtant restait ouvert par politesse. Quand l'hymne national fut terminé, un madarin de la domesticité ministérielle
le réveilla de l'œil endormi pour lui annoncer que le kolao l'attendait à déjeuner. Cette moitié de sommeil soulagea un peu
Witmore, et lui permit de se souvenir qu'il avait faim. On ne
supporte pas aisément vingt-quatre heures de jeûne avec un
estomac anglais. La salle à manger du kolao charmait l'œil d'un
convive ; il y régnait un parfum irritant de cannelle, qui donnait
l'appétit comme un verre d'absinthe. La tapisserie était couverte
d'oiseaux qu'on aurait dévorés en broderie, tant ils étaient savou-
reux. La table, chargée de plats, avait une physionomie de
propreté anglaise qui excluait toute répugnance. Lord Witmore
s'assit en face du kolao, en menaçant les plats d'un regard
affamé.

Le kolao, fervent sectateur de Fo, exilait de sa table la chair
des animaux, la chair du bœuf surtout ; car le bœuf est sacré
en Chine, comme il le fut en Égypte, comme il l'a été dans tous
les pays où l'agriculture est une religion et la charrue une chose
sainte. Tout cela est admirable en théorie religieuse ; mais, à
table, l'appétit anglais doit en gémir. Le dîner s'ouvrit par une
entrée de choux chinois nommés *pe-tsay*, à feuilles blanches,
fines et tendres, et une crème de *nison-tou*, autre chou à feuilles crêpées, dont Loris fait mention dans son *Droguier*. Witmore accueillit froidement ce début gastronomique, et son pa-

lais carnivore ne confiait qu'avec un regret visible ces deux légumes à son estomac insurgé. Ensuite parurent deux espèces de champignons à moitié cuits, le *mo-kou-zin* et le *lin-tchee*, chantés tous deux par l'empereur Kang-hi, honneur qui n'a pas été accordé aux autres cryptogames chinois.

Witmore, qui se méfiait de tous les champignons, célébrés ou non par les empereurs de Rome ou de Pékin, escamota les deux plats perfides avec beaucoup d'adresse; il se repentit bientôt de sa méfiance diplomatique, en voyant le kolao épuisant les deux plats suspects à la pointe de ses aiguilles d'or. Deux domestiques apportèrent ensuite, en grande pompe, une immense jatte de porcelaine qui excita la joie des deux fils du kolao : c'était une entrée de jujubes nommées *king-kouang-tsée*; on les sert saupoudrées au piment, pour corriger un peu leur fadeur. Les dents de lord Witmore frissonnaient jusqu'à leurs racines devant cette glaciale cuisine, que toute la porcelaine de l'empire ne pouvait réhabiliter. Pour comble de malheur, soit hasard, soit cruauté chinoise, les persiennes de la salle à manger se soulevèrent, et le premier regard que le convive anglais lança sur la pelouse extérieure rencontra un troupeau de bœufs superbes et même succulents dans leur crudité vivante; le Devonshire n'en envoie pas de plus beaux sur les marchés de Londres. Ces quadrupèdes, radieux d'embonpoint, se pavanaient à travers la prairie, pleins de confiance dans l'inviolabilité de leur sacerdoce. Lord Witmore, expirant de faim à la table d'un ministre chinois, contemplait ces collines ambulantes de chair exquise, ces mobiles collections de *rump-steaks*, si savoureuses au jambon; le Tantale diplomate suivait tous les mouvements de ces bœufs provocateurs, les dépeçait en imagination, les suspendait par livraisons devant les flammes du foyer domestique, se les servait odorants et couverts d'une fumée onctueuse, entre deux plats de *patates*; puis un muet désespoir éclatait en lui lorsque les quadrupèdes regardaient obliquement leur impuissant ennemi du haut de leur réalité vivante, et broutaient les hautes herbes en narguant la hache et le couteau.

Comme il était assailli de ces pensées, lord Witmore reçut de la main même du kolao un bol de thé noir, en guise de dessert. La figure du ministre chinois exprimait le contentement de l'amphitryon qui a la conscience de son devoir, et qui s'applaudit d'avoir traité son convive avec un soin irréprochable. Un doute injurieux, éclair de la réflexion, traversa le cerveau du lord diplomate, mais il ne put y séjourner. Lord Witmore s'imagina un instant qu'il était dupe de son hôte. Deux raisons lui firent rejeter cette idée hostile : d'abord le sentiment de britannique fierté, qui ne permettait pas de croire deux instants qu'un stupide Chinois pouvait mystifier un diplomate du Foreing-Office ; ensuite la physionomie du kolao avait un éclat de niaiserie si prononcé, que tout complot insultant était inadmissible. D'ailleurs, lord Witmore se rappelait à propos cette phrase d'Addison : « Méfiez-vous des hommes qui ont le nez pointu et la bouche sans lèvres : *Trust no man with pointed nose and mouth without lips.* » Cet adage du grand observateur anglais, qui a étudié le cœur humain sur le pont de Rochester, acheva de rassurer lord Witmor. Le kolao Tsin n'appartenait donc pas à la catégorie prévue par Addison : son nez, mollement arrondi, descendait sur deux lèvres pourprées, larges et flottantes. Allez vous méfier d'un pareil homme, quand on a lu Addison !

« Ah ! si lord Bathurst était ici, se dit Witmore, je le prierais de modifier ses instructions ; je sens que je péris à l'œuvre. »

Le kolao dit à Witmore :

« Milord, toujours manger là, vous. »

Et le rayonnement d'une bonté toute paternelle éclata sur son calme et frais visage. Witmore était donc invité à perpétuité aux repas domestiques du kolao : un refus pouvait le compromettre, et irriter son hôte et lord Bathurst ; il n'eut pas la force de refuser, il accepta.

En ce moment, quatre domestiques entrèrent et déposèrent aux pieds de Witmore un énorme présent offert par Tsin : c'était un fragment de rocher grossièrement sculpté, ayant la prétention de figurer le Neptune chinois. Le Dieu est assis à l'orientale sur le bord de douze cannelures représentant la mer; il est coiffé d'une espèce de mitre, et tient d'une main un poisson et de l'autre un aimant.

Witmore se trouva fort embarrassé de ce présent; quatre hommes vigoureux avaient à peine suffi pour le porter sur un brancard de bois de mélèze. Le malheureux diplomate se promena quelque temps autour du cadeau ministériel, et ordonna aux domestiques de le déposer dans sa chambre, où il resterait jusqu'à son départ. Comme il donnait cet ordre, on annonça la grande députation des lettrés de *Tchinn-ta-quânn-min*, flambeaux de la science historique : c'est la plus antique et la plus éclairée des académies de l'univers ; elle a inventé l'usage du fer avant Tubalcaïn, la charrue avant Triptolème, la boussole avant Flavio di Gioia, la poudre à canon avant Berthold Schwartz. Cette illustre société a souvent eu l'honneur d'être présidée par des *agos* ou fils de l'empereur; c'est elle qui a le pouvoir de faire cesser les éclipses lorsqu'elles se prolongent d'une manière alarmante : il est vrai qu'elle use rarement de ce droit.

Lord Witmore ne pouvait, sans manquer aux convenances les plus remarquables, fermer sa porte à des lettrés si fiers de leur science et de leur histoire; il demanda le cérémonial de réception, et on lui dit que l'orateur de la société parlait assis, et qu'on l'écoutait debout. Witmore aurait mieux aimé le cérémonial contraire; car son corps, épuisé par l'insomnie et le jeûne, avait horreur de la position verticale et implorait l'auxiliaire voluptueux d'un coussin.

La fierté d'un hidalgo ou d'un prince tartare est de la modestie auprès de l'orgueil du président de l'illustre société. Il porte une calotte orange, une plume blanche et une queue infinie ; trois choses qui gonflent prodigieusement le cœur d'un Chinois. Il ne salua pas lord Witmore; il s'assit sur le plus moelleux des coussins, ordonna aux lettrés de s'asseoir, et, tirant d'un sac de sa dalmatique un énorme manuscrit, il se mit à le lire avec un ton nasillard et lent qui semblait assurer à cette lecture un échantillon de l'éternité.

Le sujet de ce discours n'était rien moins que l'histoire de la Chine. L'orateur raconta la naissance de Pouan-kou, le premier homme; la première race des empereurs, celle des Tien-hoang, empereurs du ciel; la seconde, celle des Ty-hoang, ou empereurs de la terre; la troisième, celle des Jin-hoang, ou empereurs des hommes. Puis il dit la dynastie des cinq frères Loung et des soixante-quatre Chéty; les trois Ho-io, remplacés par les six empereurs Lien-toung; quatre Su-ming, vingt San-fei, treize Yü-ti, dix-huit Chan-toung; puis arrivèrent dans le discours, selon l'ordre chronologique, les empereurs Li-king-thé, Kay-yug-ché, Yang-ché, Tay-y-ché, auteur d'une histoire naturelle; Koung-san-ché, Chen-min, Y-ty-ché, Houn-toun-ché, glorieux règnes suivis des règnes plus glorieux encore de soixante et onze familles; après arriva l'immortel Ki, le plus grand musicien du monde et inventeur de la politesse chinoise; au nom de Fou-hi, l'orateur s'inclina, et tous les lettrés chantèrent l'hymne de ce grand homme, considéré comme le véritable fondateur de l'empire chinois, après tant de races nébuleuses; Fou-hi a inventé l'astronomie, et il n'y a pas de souverain plus vénéré dans les soixante-seize dynasties qui lient son règne au dernier empereur Tsien-long. L'orateur lettré fit une biographie consciencieuse des empereurs de ces soixante-seize dynasties, et s'appliqua surtout à mentionner les innombrables découvertes que chaque règne avait vu mettre au jour.

Ce discours ne dura que douze heures, et ne pouvait durer moins; car il contenait l'abrégé succinct et rapide de la plus longue des histoires humaines. Lord Witmore avait failli s'évanouir à chaque dynastie; son cerveau, inondé de syllabes chinoises, était dans le délire de l'opium; son front, qui venait de supporter le poids des innombrables empereurs du Céleste-Empire, défilant un à un dans une procession de douze heures, était empourpré de fièvre comme après l'ivresse d'un festin. Un quart d'heure était écoulé depuis la clôture de l'éternel discours, et l'air de la salle semblait encore répéter aux oreilles de Witmore ce déluge de monosyllabes qui exigent chez l'auditeur une patience chinoise. Le président de la société attendait d'un air triomphant la réponse du voyageur; mais l'infortuné diplomate avait oublié le peu de chinois que Touang-ho lui enseigna en Europe; il avait même oublié l'anglais, il ne se sentait plus vivre. Dans cette extrémité agonisante, Witmore se souvint à peine qu'il avait un bras; il souleva ce bras lourdement et le plaça sur son cœur : pantomime universelle qui signifie un remerciment profond que la parole ne peut exprimer.

Les savants se retirèrent deux à deux, en se dandinant sur la pointe des pieds, et, à mesure qu'ils passaient devant la statue de Witmore, ils le saluaient obliquement avec de petits yeux malins. Cette infraction à la gravité de la science ne pouvait être remarquée par un diplomate aux abois.

Resté seul, Witmore tomba sur une pile de coussins et s'endormit. Ce sommeil d'une heure que le kolao lui accorda ne pouvait qu'augmenter sa fièvre au lieu de la calmer. Des rêves chinois, les plus fous de tous les rêves, éclatèrent dans le cerveau du malheureux voyageur : il vit danser devant lui les soixante-seize dynasties d'empereurs sur des rouleaux de tapisseries chinoises; il traversait à la nage un fleuve de monosyllabes, et l'immortel Fou-hi le sauvait par les cheveux au moment où il se noyait dans un tourbillon de *y-ki*; puis il s'asseyait à la table de *Star and garter*, à Richmond, et lord Bathurst lui servait un filet du bœuf Apis au madère, avec un verre de punch glacé.

Une salve de coups de canon le réveilla en sursaut; il fit des efforts prodigieux pour ramasser çà et là les diverses parties de son corps éparses dans les coussins, et il se leva automatiquement sur ses pieds. Le kolao était devant lui, et montrait une de ces faces de béatitude et de sérénité consolantes que la savante Pan-ho-pei compare à la pleine lune se levant sur le mont Ni-Kew.

Un signe, seule langue que Witmore pouvait parler en ce

moment, demanda au kolao ce que signifiait cette salve de coups de canon. Le kolao lui répondit, avec son organe le plus caressant, que la ville allait célébrer la plus grande des fêtes de l'année, la fête de la pleine lune, et qu'il était heureux de lui annoncer qu'elle serait célébrée, cette fois, devant sa maison, les lamas du temple de la *vraiment grande Lumière* l'ayant ainsi permis, par exception, et en l'honneur de l'illustre diplomate anglais.

La physionomie du kolao continuait d'exprimer la profonde satisfaction d'un bon père de famille qui cherche toutes les occasions de distraire, d'instruire et d'amuser un voyageur ami, et qui s'applaudit de les avoir trouvées.

A la seconde salve d'artillerie, le kiosque d'honneur s'ouvrit, et le kolao offrit le siége de droite au noble lord.

En traversant le jardin, lord Witmore avait cueilli furtivement deux oranges mandarines pour son dîner. Le jour de la fête de la pleine lune, on ne dîne pas chez les kolaos.

La place qui s'arrondit devant le palais du kolao est immense ; dix canaux y aboutissent comme des rayons : c'est la Venise de la Chine, dit Macartney.

On aurait dit que toute la ville était accourue sur cette place ; le désordre de la multitude se régularisait sous une prodigalité de coups de bambou distribués aveuglément par des escouades de soldats ; un escadron des *tigres* de la garde impériale stationnait devant une batterie de douze pièces de canons de fer et la protégeait contre la folle curiosité des Chinois, que le bruit enivre comme le vin. Des groupes de jeunes femmes circulaient lestement au milieu des hommes et leur prodiguaient des sourires. La ville de Tong-chou-fou est renommée pour la beauté de ses femmes; elle remplit les lacunes de tous les harems du Céleste-Empire ; les pères y vendent, comme esclaves, leurs filles à qui veut bien les payer ; le fleuve Jaune, le canal impérial et leurs innombrables ramifications, transportent chaque jour vers tous les points de l'empire cette vivante marchandise de sérail, dont le dépôt universel est à Tong-chou-fou.

Un cri aigu, un cri que les oreilles européennes ne connaissent pas, et qui semblait glisser sur un océan de lames de cuivre, un cri d'une ville chinoise, s'éleva tout à coup de cette place et monta vers la lune apparue sur la colline de Mingtan. L'artillerie et mille instruments accompagnèrent ce cri pour saluer l'astre adoré, soleil de la Chine. Des milliers de feux d'artifice jaillirent de tous les kiosques et firent étinceler dans la nuit les toits d'or des palais et des pagodes et la porcelaine des tours, qui semblaient alors recouvertes de lames d'argent. Aux lueurs de ce jour nocturne, les jeunes filles dansaient en agitant des grappes de grelots ; les bateleurs pirouettaient sur la cime des bambous ; les funambules couraient dans l'air ; les comédiens jouaient des pantomimes ; les lamas chantaient des hymnes à la lune, et à chaque nouvelle salve de canon le même cri furieux retentissait dans la ville ; des milliers de lanternes sillonnaient la rue comme des constellations d'étoiles folles, et tous les regards levés au ciel suivaient dans sa lente ascension la pleine lune, qui semblait accueillir ces hommages avec le sourire béat d'un ministre chinois.

Ce spectacle était merveilleux ; nos fêtes d'Europe sont bien mesquines auprès de celles de la pleine lune, quand toute une ville immense, hérissée de kiosques de toutes couleurs, couverte de tuiles, d'or et de plaques de porcelaine, illuminée de lanternes et de fusées, salue la pleine lune, cette tranquille reine de la nuit. Lord Witmore lui-même, malgré son épiderme de diplomate, aurait applaudi à cette fête, s'il se fût trouvé dans les conditions hygiéniques indispensables à l'enthousiasme. Hélas ! le noble lord, appuyé contre une colonnette du kiosque, n'était rappelé au sentiment de l'existence que par les détonations de l'artillerie ; tout autre bruit le laissait à son immobilité de cadavre. Dans un de ces moments de réveil et d'excitation nerveuse, il recueillit sur sa langue le peu de sons que pouvait lui fournir une dernière goutte de salive, et il demanda au kolao si la fête serait encore longue.

« Oh ! oui, répondit le Chinois, fort longue ; au jour. »

Et, par un signe du doigt qui décrivit la voûte du ciel d'orient en occident, le kolao indiqua que la fête durait tant que l'astre était sur l'horizon. Et la ronde face du ministre s'épanouit de joie en annonçant cette bonne nouvelle au diplomate anglais.

Enfin lord Witmore arriva à un degré d'anéantissement que la physiologie n'a pas numéroté dans ses observations, et qui n'appartient ni au sommeil, ni à la vie, ni à la mort : il ne fallait rien moins pour le ressusciter que le fracas épouvantable d'un million de voix, chœur final qui faisait ses adieux à la lune au lever du soleil.

Lord Witmore, appuyé sur les bras des deux fils du kolao, et marchant avec leurs pieds, descendit à sa chambre à coucher, escalada péniblement son lit, et retomba péniblement dans sa léthargie. Quelques heures de repos horizontal le soulagèrent un peu. Il fut réveillé en sursaut par un rêve qui le menaçait d'être éventré, en costume de toréador, par les cornes d'un bœuf. Comme il n'avait pas pris la peine de se déshabiller, il se trouva tout prêt à recevoir le kolao, qui entrait dans sa chambre avec une bonne nouvelle sur les lèvres.

Le kolao lui annonçait qu'il avait reçu une lettre de Zhé-hol, et que l'empereur permettait à lord Witmore de séjourner trois mois à Tong-chou-fou.

Le noble lord poussa un soupir et simula un geste d'actions de grâces.

Le kolao ajouta que le président de la Société historique attendait la visite de lord Witmore dans le temple de la *vraiment grande Lumière*, et que des préparatifs superbes avaient été faits pour le recevoir.

« J'irai faire ma visite au président, » dit lord Witmore avec un ton ressemblant assez au dernier soupir de la résignation.

Le kolao fit un long sourire de bonhomie, et prit l'air d'un homme qui se fait violence pour demander un service. Witmore ouvrit la moitié de ses yeux rouges et le regarda fixement, courbé en point d'interrogation.

Alors le kolao lui dit que tous les lettrés de la ville attendaient, comme réponse au discours du président, une histoire complète de l'Angleterre, traduite en chinois par lord Witmore.

« Et qui doit traduire cette histoire en chinois? demanda le diplomate avec une terreur visible.

— Vous, répondit le kolao avec un sourire délicieux.

— Mais comment veut-on que je leur traduise aujourd'hui dix volumes d'histoire? s'écria Witmore.

— Vous, trois mois ici, dit le kolao avec une bonhomie charmante.

— Ah! » dit Witmore. Et sa tête tomba sur sa poitrine après ce *ah!*

Les lettrés donnaient trois mois à lord Witmore pour traduire Hume en chinois. C'était, pour le traducteur, la muraille de la Chine à construire en manuscrit.

« Allez dire aux lettrés, dit Witmore au kolao, que je traduirai cette histoire. »

Le ton qui accompagna ces mots annonçait qu'une résolution énergique venait d'être prise par le voyageur agonisant.

Quand il fut seul, lord Witmore s'adressa ce monologue :

« Que le diable les caresse, ces maudits Chinois! Moi, passer trois mois ici! pas trois jours, pas trois heures! ils verront. »

Après une pause, il ajouta cette réflexion : «'Et lord Bathurst qui m'avait recommandé de sonder ce lac immense où croupissent trois cents millions d'hommes!!! Oh! qu'il vienne le sonder, lui, lord Bathurst!... Je sonde mon estomac, moi, et je n'y trouve rien. »

Cette plaisanterie anglaise amena un sourire sur la figure de Witmore; il essaya de faire quelques pas, et se trouva plus fort. Une ferme résolution agit toujours efficacement sur un corps affaibli. Le physique expirant se retrempe dans l'énergie du moral.

Witmore méditait une évasion.

Ce plan une fois arrêté, le noble lord accepta gaiement toutes les éventualités de son esclavage homicide. Il dîna courageusement à la table du kolao; il fit honneur à la cuisine végétale, et

risqua même ses dents sur une friture révoltante de *Ichoueouen.*
A l'issue du festin, il se rendit au temple de la *vraiment grande Lumière* pour faire sa visite aux lettrés.

Ce temple est une merveille de la Chine. La statue du dieu est placée sur un autel resplendissant d'or; une foule de dévots assiége toujours les marches du sanctuaire. Le reste du temple est abandonné aux plus profanes occupations. Des familles sans toit viennent y faire leurs repas et y dormir sur des nattes; des commerçants y traitent leurs affaires; des capitaines de jonques y fument l'opium; de jeunes filles y cherchent des maris; des lamas y jouent aux échecs. C'est un abrégé en action de la vie chinoise. Quand lord Witmore entra dans ce temple, il y trouva les savants assis sur des baguettes de naucléas et fumant la pipe, les yeux levés au ciel.

La visite fut très-courte; le noble lord ne prononça point de discours, mais il promit de traduire l'*Histoire d'Angleterre* en langue chinoise, et d'apporter aux lettrés son manuscrit après trois pleines lunes.

Les savants se balancèrent sur leurs siéges en secouant la tête, comme pour remercier le futur traducteur.

Le kolao feignait d'être au comble d'une extase; lord Witmore ne le surprenait jamais en défaut; ce rusé Chinois aurait fait rouler, du bout de sa griffe, Talleyrand et Metternich. Il se composait une bonhomie immuable de la pointe de ses pieds à la pointe de sa queue. Jamais un pli de ses étoffes ou de son visage ne trahissait la profonde noirceur de sa pensée, et sur l'incarnat perpétuel de ses joues sphériques il n'y avait d'expression que pour la bonté : figure d'un ange avec l'esprit et le corps d'un orang-outang.

Rentré au palais du kolao, lord Witmore affecta des airs d'insouciance ou de joyeuse étourderie, pour tromper ses espions et leur dissimuler, avec toute sa pauvre finesse européenne, ses projets d'évasion prochaine. Il prit toutes les poses et tous les tons que put lui fournir le vocabulaire de la diplomatie civilisée; il se montra très-affectueux envers la famille du kolao; il caressa les petits Chinois ; il demanda une livre de papier de Pékin et une fiole d'encre de Zhe-hol pour écrire sa traduction de l'*Histoire d'Angleterre ;* il fuma deux pipes d'opium pour se donner les airs d'un étranger qui veut s'acclimater et adopter les mœurs d'un pays qu'on se propose d'habiter longtemps. Le kolao, de son côté, avait mis sur ses joues et dans ses yeux l'étourderie et la distraction d'un enfant ; il traitait Witmore comme s'il eût voulu obtenir de lui une amitié de longue durée : il s'avança même jusqu'à promettre au noble lord un harem choisi tout exprès pour lui dans les marchés les plus aristocratiques de Tong-chou-fou.

Il est inutile de dire que le kolao avait compris le projet d'évasion avant même que Witmore l'eût formé. Ainsi, le diplomate d'Albion était joué de toutes les manières par le ministre chinois : il combinait les plus subtiles machinations d'un roué de Saint-James, pour faire réussir un plan qui était dans les intérêts de son ennemi. Il eût frémi de toute la hauteur de sa fierté nationale, s'il avait pu entendre le ricanement d'ironie intérieure dont l'accablait le quadrumane kolao.

L'offre du harem acheva la déroute morale de lord Witmore : il eût donné sa fortune pour être à bord d'un vaisseau voguant sur la mer Jaune. Il redoutait à chaque instant de voir entrer, au bruit des grelots et des éclats de rire, ce formidable paradis de jeunes femmes, avec leurs yeux obliques, leurs saris de crêpe léger et leurs pieds enfantins ; l'honneur de la Grande-Bretagne était perdu dans sa personne ; accepter ou refuser le harem, c'était se briser sur un double écueil. Il fallait donc partir en plus grande hâte que jamais.

Dès que le silence du sommeil général régna au palais du kolao, lord Witmore quitta sa chambre, et trouvant, non sans étonnement, toutes les portes ouvertes devant lui, il atteignit la place publique sans être dérangé dans son début d'évasion. Il était seul, et il s'applaudissait fort d'avoir laissé son domestique au village de Nien-sin, situé à la dernière écluse du canal impérial. Son déguisement chinois, volé au vestiaire du kolao ;

favorisait sa fuite, malheureusement éclairée par une lune de la plus chinoise dimension. De canaux en canaux, prodiguant l'or aux bateliers, il se trouva bientôt sur la grande route aquatique qui se lie au fleuve Jaune, et pourtant il ne crut devoir remercier la Providence qu'en découvrant les fertiles plaines de la province de Tche-kia.

Quinze jours après, lord Witmore voguait sur la mer Jaune, à bord du *Cilon*, frégate anglaise qui se promène devant la Chine pour lui montrer le pavillon britannique à demi-portée de canon.

Dans les loisirs de la traversée, lord Witmore écrivit un long mémoire adressé à lord Bathurst; ce curieux travail n'a jamais été imprimé; il est gardé précieusement dans les archives de l'office de Whitehall, et les diplomates le consultent lorsque le cabinet de Saint-James met les affaires de la Chine sur le tapis. Dans son manuscrit, lord Witmore a négligé la description des lieux, laissant, dit-il, ce frivole amusement aux voyageurs vulgaires. Il s'est contenté de sonder moralement ce lac immense où croupissent trois cents millions d'âmes; il a donné le résultat de ses études sur le caractère de ce peuple barbare, qui a une existence à part. Le travail de lord Witmore est terminé par ce portrait digne d'Addison :

« Le Chinois a l'esprit lourd et l'entendement grossier : il n'a que deux sens, trois de moins que nous; sa bonhomie n'a rien d'égal que son ignorance; il est si facile de le tromper qu'on regrette d'être rusé devant lui. Chez le Chinois, la matière est si épaisse, qu'elle repousse, comme une cuirasse, le trait d'esprit le plus aigu. Il travaille d'instinct; il fait aujourd'hui ce qu'il a fait hier. Otez-le de ces huttes de marécages, il meurt comme le poisson hors de son élément. C'est un peuple de castors; son pays est un lac, sa nourriture une racine bourbeuse, sa chevelure une queue, sa main une patte, sa langue un cri. J'ai connu intimement le premier ministre ou kolao de ces castors, je me suis servi de lui dans l'occasion, et, quand il a voulu me faire obstacle, je l'ai brisé comme un roseau. »

C'est ainsi que lord Witmore a étudié le caractère chinois.

Instruisez-vous avec cela, ô vous tous qui cinglez diplomatiquement vers l'embouchure du Whang-ho.

---

## MADEMOISELLE FINON.

Les romans, les comédies, les contes en vers et en prose, qu'on dévore au sortir du collége, donnent une singulière idée des femmes aux jeunes gens. Rien de curieux comme les propos des amoureux novices sur le beau sexe. La Fontaine, Boccace et Louvet leur ont démontré que le libertinage court les rues, et que toute jeune fille ne demande pas mieux que d'abdiquer sa vertu à la première occasion. Quant aux femmes mariées, on rit tout haut en prononçant leur nom : ce sont des places fortes ouvertes au premier assiégeant; sous l'influence même de la lune de miel, elles cherchent déjà de tous côtés l'amant qui les consolera du mari. Pauvres maris!!! c'est pour eux que Molière a inventé la comédie de mœurs, et le bonhomme La Fontaine ses contes antimatrimoniaux. L'hymen ne porte, comme autrefois, qu'une tunique de safran, *croceo velatus amictu*. C'est la couleur qui domine dans le blason des maris; voilà qui est bien convenu parmi les jeunes hommes de dix-sept à dix-huit ans. Pour n'attaquer sur ce fait aucun de mes contemporains et m'abstenir de toute personnalité, je me résigne à traiter cette matière pour mon propre compte, en tournant la satire contre moi.

J'entrai dans le monde avec ces étranges idées, comme tous mes condisciples; je venais d'achever ma philosophie, science qui augmente d'un an de prison la dure captivité du collége. J'étais un fort mauvais philosophe, mais un grand lecteur de romans. J'avais lu *Faublas*, livre corrupteur, qui vous inocule la manie de la séduction universelle, et ne vous montre partout que des vertus chancelantes, à l'âge ardent où l'impatience du désir s'irrite contre les résistances. Je ne rencontrais aux promenades que des marquises de B..., des Sophie, des comtesses de Lignolle, des Justine; je croyais n'avoir qu'une circulaire d'amour à écrire à toutes les femmes de ma ville de province, pour recevoir en réponse, chaque matin, trente capitulations de vertu à la fois. La rage des lectures romanesques me poussa dans un cabinet de lecture, véritable arsenal des Faublas modernes; chaque rayon était garni de livres incendiaires : il y avait cinq éditions de *Faublas*, avec des gravures à perruques, et neuf exemplaires des *Liaisons dangereuses*, autre roman où M. Laclos enseigne l'art d'ouvrir des lignes de circonvallation autour d'une femme, de saper les murailles de son boudoir, de faire brèche et de monter à l'assaut. C'est un poëme didactique et assassin, dont l'auteur n'a pas été pendu.

Un jour, je lisais dans un doux loisir, comme Paolo du Dante, le livre de ce M. Laclos. Le cabinet de lecture était désert; on lisait fort peu à cette époque. La porte de la rue s'ouvrit, et je vis entrer une jeune personne de quatorze à quinze ans, gracieuse et belle comme une héroïne imaginaire de *Faublas*. Elle venait rendre *Cœlina* ou *l'Enfant du mystère*, de Ducray-Duminil, honnête homme, celui-là, mais remarquablement niais, et venait demander *les Orphelins du hameau*, du même auteur.

Mes dix-sept ans s'émurent de convulsions nerveuses devant cette ravissante fille, le livre me tomba des mains; elle le ramassa et me le rendit. Je voulus la remercier, et la remerciai en latin. Elle ne remarqua nullement mon trouble. Pendant que la dame du comptoir cherchait *les Orphelins du hameau* dans sa boutique, la belle enfant lutinait autour de nous avec une étourderie charmante; elle fredonnait : *Partant pour la Syrie*, romance de l'époque, elle bouleversait la bibliothèque; elle lisait les titres des ouvrages à haute voix; elle s'asseyait, se levait, s'asseyait encore; l'œil avait peine à suivre cette délicieuse mobilité d'enfant.

Mme Boyer, c'était le nom de la maîtresse du cabinet de lecture, trouva, trop tôt pour moi, le roman demandé. Elle le donna à la jeune fille, qui nous salua de la voix, du geste et du sourire, et sortit en courant.

Je demandai tout de suite à Mme Boyer des renseignements sur son abonnée. Je voulus tout savoir. Elle se nommait Finon \*\*\*; sa famille était distinguée et honorablement connue à Marseille; elle demeurait dans le voisinage. Finon adorait la lecture et avait un esprit d'ange ou de démon, ou des deux à la fois.

J'ouvris les *Liaisons dangereuses*, et j'y cherchai le chapitre de la séduction. M. Laclos eut la bonté de m'apprendre dans son livre que le *cœur d'une belle* était une fleur aussi facile à cueillir qu'une rose dans un jardin qui vous appartient. J'aurais embrassé ce bon M. Laclos. En outre, le bon La Fontaine arrivait à l'appui avec sa morale :

> Qu'il n'est verrous ni grilles
> Qui soient les sûrs garants de la vertu des filles.

Le sage Montesquieu, homme grave, me confirmait aussi la chose dans ses *Lettres persanes*. Je ne voyais dans le sérail de M. de Montesquieu que d'ardentes femmes qui languissaient d'amour en l'absence de leurs maîtres, et qui, en leur absence, se repliaient, à défaut d'autres, sur les amants équivoques auxquels était confiée la garde du sérail. Ducray-Duminil me garantissait bien la vertu de ses femmes; mais je me moquais de Ducray-Duminil.

Ayant fait mes plans avec l'aide de Laclos, de La Fontaine et de Montesquieu, j'attendis Mlle Finon à la boutique, où elle venait tous les jours, car elle dévorait un roman en vingt-quatre heures. Je la revis donc le lendemain. La première minute fut consacrée à détailler les perfections de sa figure charmante; la veille, je n'avais eu le temps que d'admirer l'ensemble. Mlle Finon avait les plus beaux cheveux châtains du monde, un front large et pur, des yeux pleins de douceur, d'intelligence et d'esprit, des sourcils admirablement déliés, des dents de perles, et une bouche! une bouche inventée pour le premier baiser! La lèvre supérieure, arquée avec grâce, se découpait en cœur au milieu ; un sourire continuel donnait un charme angélique à ce visage rose et frais, comme le soleil en fait rarement éclore dans les gynécées de notre Midi.

Je cherchai longtemps une phrase pour entamer la séduction et ouvrir la campagne ; Laclos et Montesquieu ne m'en fournissaient aucune pour la circonstance. Il me fallait débuter avec éclat pour faire sensation. Tout ce qui me venait à l'esprit était du dernier trivial. Je relevais ma tête en arrière, je toussais légèrement, j'allongeais mon pied droit, je croisais mes bras, je fredonnais du *Jean de Paris*, mais je ne parlais pas. Enfin, je m'armai de ce courage qui animait les Valsain, les Valcour, les Valmont, et je me décidai à dire cette sottise :

« Il paraît que mademoiselle aime beaucoup les œuvres de Ducray-Duminil? »

Mlle Finon me répondit :

« Oui, monsieur. »

Me voilà dans le même embarras. Je me regardai au miroir, j'étais pourpre.

Après une sottise, je me lançai dans l'impertinence.

« Mademoiselle a-t-elle lu *Faublas*? lui dis-je en souriant, comme Valsain dans un conte moral de Marmontel.

— Non, monsieur, » me répondit-elle.

Je me réfugiai dans un coin de la boutique pour me donner un bon coup sur le front ; et, comme je me retournais pour réparer mon erreur, je vis la porte s'ouvrir, et la céleste enfant disparaître avec toute son aimable légèreté.

« Comment donc, monsieur, allez-vous parler avec cette légèreté de *Faublas* à une jeune personne ? » dit aigrement Mme Boyer.

Je feignis de ne pas entendre; je payai ma séance, et je sortis en chantant : *Tout à l'amour, tout à l'honneur*, de Boïeldieu.

Lorsque je me trouvai seul dans une rue écartée, j'échangeai ma figure riante contre une face de damné; mon teint s'anima de la teinte du désespoir. Si j'avais eu un pistolet dans la main ou une rivière sous les pieds, je terminais là le chapitre de mes séductions.

Je relus Laclos. Grand Dieu! que j'étais petit dans mon noviciat auprès de ce héros des boudoirs de Paris! Je relus les contes de La Fontaine et les nouvelles de Boccace. Combien je rougissais de ma gaucherie! combien j'étais éloigné de ces superbes amoureux, qui n'entraient jamais dans une hôtellerie sans immoler le triple honneur de l'hôtesse, de sa fille, de la servante; qui n'entraient jamais dans une maison sans ravager les étages sous leurs invincibles passions; qui avaient enlevé autant de chevelures au beau sexe que le dernier des Mohicans aux Mingos ses ennemis!

« Oui, m'écriai-je, il faut réparer mon premier échec; à quoi servent la lecture et l'instruction, si l'on tremble devant une jeune fille comme un écolier devant son magister? A demain. »

Au coup de midi, j'étais assis dans le cabinet de lecture, et je méditais sur un chapitre de *l'Ermite de la Chaussée-d'Antin*. Il est parlé dans ce chapitre d'un mari vieux et brutal, comme tous les maris, qui a donné à sa jeune femme une douzaine de chemises évaluées douze mille francs, laquelle femme a laissé soupirer un Sainval quinze grands jours! Ce Sainval ne soupirait ordinairement que quinze minutes. Quel chapitre et quel Sainval! Encore une pièce à l'appui.

Au milieu de mes réflexions, Mlle Finon entra; je me levai et la saluai avec respect, en renversant deux chaises. Elle ne fit attention qu'aux chaises renversées et se plaignit ensuite à Mme Boyer d'une lacune de trente pages qui avait été pratiquée dans un volume de son roman par un lecteur anonyme.

« Voilà une bonne occasion, » dis-je en moi-même. O Valcour ! ô Valsain ! ô Valmont ! Je pris la parole.

« Mademoiselle, c'est moi qui ai déchiré ces trente pages.

— Vous me payerez le volume, dit Mme Boyer en colère.

— Je vous le payerai, répliquai-je avec un sang-froid digne.

— Et pourquoi avez-vous déchiré ces feuillets ?

— Parce qu'ils auraient déplu à mademoiselle.

— Et qu'en savez-vous, monsieur ? dit la maîtresse de la maison.

— Si mademoiselle m'interroge, je répondrai. »

Mademoiselle ne m'interrogea pas ; elle prit un autre roman et sortit.

Un instant après je sortis aussi, mais furieux cette fois plutôt que désespéré.

En traversant le quai du pont, je rencontrai un de mes condisciples. Il était habillé au dernier goût ; il avait beaucoup de breloques à sa montre, un nœud prodigieux de cravate, et un cordon de cheveux en sautoir sur un gilet de satin ouvert à deux battants.

« Je suis brisé, me dit cet ami, brisé, anéanti ; je mène une vie de Faublas. Voilà une lettre encore que je viens de recevoir de deux sœurs.

— Deux sœurs ! m'écriai-je en me roidissant en point d'admiration.

— Deux sœurs. Elles me poursuivent partout ; deux demoiselles jolies comme des anges ! Seize à dix-sept ans. Elles me donnent un rendez-vous pour ce soir.

— Tu iras ?

— Non. Vois-tu, il faut se faire désirer, c'est mon principe. Je leur ai répondu que j'avais des affaires ce soir, et au fait c'est vrai. J'ai fait la connaissance, au dernier bal du receveur, d'une dame belle comme Vénus, et qui m'a appelé son Adonis ; une brune qui a des cheveux noirs comme mon chapeau et un pied comme mon petit doigt ; des yeux comme ça. Elle habite la campagne : je vais monter à cheval. Et toi, que fais-tu ? Comment vont les amours ?

— Je suis amoureux.

— Tiens, c'est drôle ! Moi, je ne suis pas amoureux. J'aime les femmes à la folie ; je les aime toutes, mais voilà. Et comment marches-tu avec ta passion ?

— Oh ! il n'y a que trois ou quatre jours....

— Trois ou quatre jours ! oh ! laisse-moi rire.... J'en ai fait huit en quatre jours. Les femmes, vois-tu, ne demandent pas mieux.... Tu sais ce qu'a dit Piron ?... Bien... Quel âge a-t-il, ton objet ?

— Quinze ans, je crois.

— Quinze ans ! c'est déjà roué, ça. Écoute, il faut écrire, il faut faire une déclaration.... *Je vous vis, mademoiselle, et je connus l'amour....* avec d'autres bêtises de ce genre.... Et tu signes Alfred, Eugène, Arthur....

— Sainval....

— Sainval, ce que tu veux ; et tu demandes un rendez-vous pour demain. C'est bâclé. Tiens, voilà un cordon de cheveux d'une petite blonde, Euphrasie, que j'ai lâchée la semaine dernière. A la première lettre, elle donna dans le panneau. Ordinairement, moi, je n'écris pas de lettres ; j'accoste une femme qui me plaît, à l'église, dans la rue, partout. Elle me dit : « Finissez, monsieur, passez votre chemin. » J'insiste. Elle me donne un coup sur le bras ; je vais toujours : elle sourit. Je lui montre un billet : elle prend le billet. C'est un rendez-vous : c'est fini. »

Je me prosternai devant mon ami, et je le quittai pour écrire ma déclaration.

Ma lettre fut transcrite cinq fois ; elle était conçue selon les règles du style épistolaire de la rhétorique de Domairon. Je la mis au net sur du papier vélin, avec encadrement de fleurs jaunes et une vignette rose représentant Cupidon décochant une flèche sur un cœur ailé. Je signai Sainval.

Il me fallut attendre deux jours une occasion favorable ; lorsqu'elle se présenta, je m'approchai de Mlle Finon, et je lui dis à voix basse :

« Voici un billet que vous avez laissé tomber. »

Laclos m'avait enseigné ce moyen.

« Je n'ai point laissé tomber de billet, » me dit la jeune personne.

Et elle jeta bien loin ma lettre avec dédain. Il y eut une éclipse de soleil en ce moment pour moi : la terre trembla ; le sang me tinta aux tempes. Mme Boyer ramassa la lettre et me la rendit en me disant que son cabinet de lecture était une maison honnête, et que je l'obligerais de n'y plus rentrer.

« Si vous n'étiez pas une ignorante, m'écriai-je dans une excitation de colère qui me sauva d'un évanouissement, vous sauriez que Laclos, que Boccace, que La Fontaine, que Louvet, que Montesquieu.... »

Mme Boyer, épouvantée, cria au secours ; je pris la fuite pour éviter les anathèmes des voisins.

A ma première entrevue avec mon condisciple, je lui contai l'aventure.

« Figure-toi, lui dis-je, qu'elle a jeté ma lettre à tous les diables.

— Très-bien !

— Comment, très-bien ?

— Sans doute ; elle a voulu te donner une leçon. Tu lui remets un billet, à la petite, devant la vieille ; la petite s'effarouche : c'est juste. La même chose m'est arrivée avec Zoé, l'autre jour. Elle se promenait avec sa tante ; je lui montre ma lettre, elle retire brusquement ses mains. Il faut savoir s'y prendre à propos, mon ami.

— Mais pourtant, j'ai lu dans Laclos....

— Il n'est pas question de Laclos ; tu es un enfant. Te voilà maintenant chassé du cabinet de lecture ; il faut aborder ta belle le soir, quand elle prend le frais, sur la porte de sa maison.. Attends la nuit surtout, et du courage, je te garantis le succès. »

Le soir, au tomber du crépuscule, je commençai ma promenade dans la rue de Mlle Finon. Elle brodait derrière la vitre, et regardait la rue à chaque échappée d'aiguille. Quatre fois nos yeux se croisèrent, et je crus remarquer sur son beau visage, sous vitre, une trace de repentir. « Cela va bien ! » dis-je en moi-même ; et le pavé devint plus doux à mes pieds que le velours.

La nuit venue, Mlle Finon se leva comme une brillante étoile sur l'horizon de sa porte.

— « Ah ! dis-je tout bas, elle attendait la nuit ! C'est égal, point de précipitation. Ne brusquons rien, l'affaire est en bon chemin. Oh ! quelle nuit ! *Qualis nox! Dii, Deæque!* O Tibulle, O Catulle ! *Cras amet qui nunquam amavit* : « Qu'il aime demain, « celui qui n'aima jamais ! » O Boccace ! Comme ils ont connu le cœur des femmes ! Quelle folie de remettre une lettre devant Mme Boyer ! Où donc avais-je la tête ?

« La voilà toujours ! qu'elle est belle ! et elle m'attend !

>Quand on attend sa belle,
>Que l'attente est cruelle !

*Joconde!* musique de Nicolo.

>Aussi qu'il sera doux
>L'instant du rendez-vous !

« Elle a souri : femme rendue ! Enfin en voilà une ! c'est la première, mais elle me coûte cher ! Avançons. »

J'interrompis brusquement la ligne droite de ma promenade, et je m'avançai avec audace vers la porte où rayonnait l'ange de mon amour. Ma lettre était roulée dans ma main.

Je m'inclinai respectueusement ; elle ne bougea pas ; elle me regardait.

« Mademoiselle, lui dis-je, excusez une indiscrétion qui prend sa source... »

Elle m'interrompit :

« Que demandez-vous, monsieur ? me dit-elle d'une voix douce, mais décidée.

— Vous voyez à vos pieds.... »

J'entendis un grand éclat de rire, et un bruit de porte qui se fermait sur mon front incliné de respect.

Je restai cinq minutes plus pétrifié que la pierre de cette porte. L'éclat de rire roulait dans ma tête, comme une vibration dans une cloche, et rien n'était horrible à mes yeux comme cette porte muette et désolante qui venait d'écraser dans l'air mon amoureuse déclaration. Pour m'achever, une rude voix d'homme me tomba perpendiculairement sur la tête avec cette brusque interpellation :

« Que faites-vous là, monsieur? »

C'était le propriétaire de la maison, qui, m'ayant vu rôder dans la rue depuis une heure, se tenait en garde contre moi, au milieu des embûches de la nuit.

Les larmes aux yeux, je m'éloignai du théâtre de mon infortune consommée, et je rentrai chez moi avec une de ces fièvres qui n'ont pas été classées par les médecins. En apercevant sur ma table Laclos, La Fontaine, Boccace, Montesquieu, Louvet, je fus saisi d'une atroce ébullition de colère :

« Scélérats, m'écriai-je, vous ne jouirez plus désormais du fruit de vos impostures ! »

Et je les déchirai avec une volupté de vengeance qui me faisait du bien. A mesure que je déchirais, je surprenais encore çà et là des phrases qui crispaient mes doigts : « Le marquis de Blanzé faisait la conquête d'une femme en prenant une prise de tabac ; — Valsain mesurait à boisseaux les anneaux de ses victimes, comme on fit pour les chevaliers romains après la bataille de Cannes ; — femme attaquée, femme séduite, telle était la devise de Valmont. » Je les foulais aux pieds, eux et leurs devises. J'en voulais surtout à Montesquieu ; j'avais son buste, je le décapitai.

Le lendemain, je partis pour un long voyage, où je ne trouvai que des hôtelleries habitées par la décence et la vertu ! Oh ! si j'avais tenu Boccace et La Fontaine sous mes pieds !

Dix-sept ans après, me trouvant dans un salon de Paris, l'été dernier, j'entendis annoncer une dame dont le nom et la figure me frappèrent. Je me glissai sur un fauteuil, à côté d'elle, et j'engageai la conversation. Je trouvai cette belle personne fort spirituelle et pleine de charme dans l'entretien. Quelques paroles négligemment tombées de sa bouche me plongèrent en rêverie, et me donnèrent des émotions inexplicables, de vagues souvenirs ; je me recueillis pour rentrer dans ma vie et fouiller mon passé. Je me hasardai à lui demander son prénom.

« Joséphine, me dit-elle.

— Joséphine.... ou....?

— Finon.

— Oui, c'est cela ; c'est vous. »

Et je me nommai ; et je lui rappelai le cabinet de lecture, le billet si mal reçu, la porte si bien fermée. Elle se souvint de tout. Je la considérai avec un plaisir extraordinaire. Dix-sept ans n'avaient pas dérangé les lignes de cette harmonieuse figure : c'était toujours cette bouche en cœur qui s'ouvrait sur deux arcs de perles fines, toujours ce sourire et cette fraîcheur du beau temps.

« Me permettez-vous, lui dis-je, de reprendre ma passion à la porte où je l'ai laissée, il y a dix-sept ans?

— Vous ne seriez pas plus heureux aujourd'hui, me dit-elle ; êtes-vous duc ou carmelin?

— Non, madame.

— Eh bien ! je veux mourir duchesse ou carmélite.

— Les femmes sont plus fortes qu'on ne croit.

— Oh! certainement, monsieur ; elles ne sont faibles que dans les romans et les contes.

— Et Boccace, madame?

— Boccace est mort vierge et martyr. »

# LE RHONE.

## LA CHRONIQUE DE GABRIELLE DE VERGY.

### I

Le Rhône est aujourd'hui une grande route qui se précipite de Lyon à la mer, emportant dans ses profondes ornières les roues des diligences à vapeur. En douze heures, le voyageur passe de l'île Perrache à la tour papale d'Avignon. Il faut remercier le Rhône d'avoir destitué les messageries du Midi. On ne rencontre plus, sur les poudreux et ennuyeux chemins de Valence et de Montélimart, que de rares voyageurs, ceux qui redoutent par tradition le formidable passage du pont du Saint-Esprit.

Le Rhône, après avoir avalé la Saône aux portes de Lyon, fait lever à chaque instant une toile sur un nouveau décor. Le paquebot vole comme la flèche fluviale des cartes de géographie. On dit bientôt adieu aux belles campagnes cultivées, joie des laboureurs, deuil des artistes. Voici les grèves empanachées de roseaux, les alluvions mobiles, les archipels flottants, les collines écartelées de verdure et d'aridité. Voici la nature bouleversée du Midi : la terre des passions ardentes, des soleils qui brûlent, des vents qui déracinent, des montagnes qui secouent toute végétation pour recevoir, à flanc nu, les pluies, la foudre, l'ouragan. A droite et à gauche, c'est une histoire qui se déroule, histoire que les livres n'ont pas écrite, et dont les pages sont sculptées avec des ruines sur le sommet des roches. A tous les contours d'horizon, c'est un nouveau paysage qui se révèle environné d'un passé mystérieux. Ce sont des châteaux forts, des donjons, des remparts qui n'ont plus rien à garder, des créneaux qui n'ont plus rien à défendre ; une tour isolée parmi les ruines, comme une dernière pièce sur un échiquier dévasté.

D'où nous viennent ces débris ? Chacun d'eux a sans doute une histoire à nous dire ; il faudrait gravir toutes ces montagnes et leur demander à toutes le récit de tant de scènes de deuil, de sang, d'incendie, dont ils furent les acteurs. Mais le Rhône vous emporte ; on passe devant ces hiéroglyphes percés à jour et noircis par les torches, sans qu'une voix sortie de ces vallons vous en ait donné le sens. À peine si la tradition de ces contrées ose vous faire remonter aux guerres de religion pour vous expliquer confusément les désastres qui ont amoncelé tant de ruines. De ces terribles drames qui ont couru échevelés sur ces crêtes volcaniques, on ne devine que la péripétie ; elle est clairement écrite dans son caractère de désolation : cela suffit d'ailleurs. Que peut ajouter le nom des victimes à l'intérêt des tombeaux ? En est-il moins imposant, ce cours d'histoire et de philosophie que le Rhône professe en douze heures et en soixante lieues ? Ont-ils été tourmentés, les habitants de ces malheureuses contrées baignées par le fleuve ! En ont-ils subi, des déplacements et des révolutions !... D'abord, ces villages se sont établis sur les rives pour boire l'eau du Rhône, avec la foi dans un tranquille avenir ; puis ils se sont réfugiés sur les crêtes, à la voix des guerres religieuses ; aujourd'hui les voilà redescendus, à la voix de la tolérance et de la civilisation. Le fleuve paternel bénit de ses deux bras la rive catholique et la rive luthérienne, et leur donne à toutes deux une égale part des vins généreux qui portent son nom.

Un jour quelque chroniqueur recueillera ces pages de ruines éparses dans la vallée du Rhône, et il fera un beau livre, un livre à défrayer le répertoire futur des drames de la nouvelle école. Je voudrais que Victor Hugo et Alexandre Dumas vinssent fouiller dans ces débris, pour en exhumer toute une galerie nationale de héros, de chevaliers et de martyrs.

C'étaient de terribles acteurs d'épopée, ces hommes à la tête brûlée par les vins du Rhône, brûlée par le soleil du Midi ou par la bise qui souffle du mont Ventoux; ces hommes idoines au vice comme à la vertu; fanatiques de religion, de gloire, de chevalerie, d'amour; entretenant toutes les passions à la fois; ne faisant de leur vie qu'une longue bataille; ne vivant que pour la gloire de mourir.

De ce nombre étaient les Roquemore, qui bâtissaient un château à sept tours sur le piédestal d'un rocher; ou ce formidable baron des Adrets, qui, du haut de son manoir du Rhône, donnait au pape de cruelles insomnies et des déplaisirs mortels.

Je voudrais que Victor Hugo vînt recueillir ces mélancoliques entretiens que se font la dernière tour de Roquemore et le dernier bastion des Adrets, la nuit, aux étoiles, lorsque l'impétueux vent d'Avignon, héritier des haines pontificales, secoue, comme un bélier romain, ces vieilles murailles des enfants de Calvin et de Luthur. C'est là que *la pensée est mêlée au granit*, ainsi que l'a dit le poëte.

Le pied des ravageurs s'est profondément appuyé sur ces rocs. Les vengeances s'y accomplirent sans pitié. Pas un grain de cette poussière qui n'ait passé au crible du vainqueur; pas une de ces pierrres qui ne garde encore l'empreinte des ongles et des dents. Rien ne fut fait à demi : après l'épée, le poignard; après le poignard, l'incendie. Le sang sur la pierre, la flamme sur le sang. Oh! le Midi a toujours admirablement consommé les dévastations.

C'est un bien douloureux plaisir de suivre ainsi, dans toutes ses sinuosités, ce musée de ruines, sans prendre la moindre fatigue, comme si l'on feuilletait un album dans son cabinet, et qu'une main officieuse en tournât les pages. On s'abandonne avec mélancolie à l'étude de cet étrange paysage qui finit et recommence à tous les horizons. Le Rhône semble couler dans le vallon d'un cimetière sans fin, et il coule gaiement; il agite ses vagues joyeuses; il n'a rien changé, lui, dans son métier de fleuve. Il porte à la Méditerranée les larmes tombées des paupières du mont Saint-Gothard; chemin faisant, il jette, comme le Nil, son limon nourricier aux campagnes arides : c'est toujours le Rhône d'Annibal, de César et de Constantin.

Beaucoup de voyageurs partagent avec le fleuve son heureuse insouciance : ils causent, rient et fument; ils parlent des vins du Rhône, des chemins de fer, de la guerre d'Espagne, de la cuisine au beurre, des soieries de Lyon, de la pluie et du mistral. Les grandes ruines passent..... c'était bien la peine de se faire ruines pour ne pas obtenir un regard de pitié! Quelquefois pourtant la dévastation est si large sur la montagne voisine, qu'elle impose le silence et attire l'attention. Une voix s'adresse au marinier provençal qui traverse le pont.

« Comment appelez-vous ce village?

— Cruas, » répond le marinier.

Et il va reprendre son poste à la proue.

« Cruas! répète-t-on dans les groupes. Quel diable de nom! »

Un monsieur prend la parole et dit gravement :

« Je crois avoir entendu Gruas.

— Non, monsieur, Cru, Cruas.

— Je ne connaissais pas ce village.

— Il est joliment démoli!

— Voilà les forteresses que l'on construisait du temps où l'on se battait avec les flèches.

— Avec deux coups de canon, aujourd'hui!

— Ah! la poudre!

— Cruas.

— Gruas. »

Et la grande ruine a passé.

Toutes les conversations cessent lorsque l'on entre dans ce magnifique détroit bordé sur les deux rives par les ruines élégantes du château de Beaucaire et par la masse imposante du château de Tarascon. C'est un site hors de ligne, il y a du paysage pour tous les goûts. Le négociant y retrouve le pré de la foire européenne de juillet, les fraîches allées si vivantes pendant un mois, si taciturnes le reste de l'année; l'industriel y admire le plus beau pont de fer que les Séguin aient suspendu; l'artiste se met en rêverie devant cet admirable ensemble, où tout est grand et lumineux; le Rhône, les châteaux, la campagne, l'horizon.

Alors les érudits racontent leurs histoires, filles légitimes ou non de la localité.

La tour de Tarascon est un trésor de chroniques ; hélas! elles sont toutes sanglantes, et la dernière, et malheureusement la plus incontestable, est contemporaine de la Terreur de 93! La tour de Tarascon est la sœur criminelle de la glacière d'Avignon. Ce n'est qu'avec peine que l'on se décide à admettre tant de vérités désolantes, au pied de ce château doré par le soleil, si calme dans son cadre d'azur, si voluptueusement endormi au bord du fleuve. Ce n'est qu'en se retournant de l'autre côté du Rhône, où sont les ruines, que l'on peut se convaincre de la fécondité de cette terre, qui a produit de terribles et d'inexorables passions.

Le nom du roi René jette quelques souvenirs de joie autour de ce manoir.

En Provence, on rencontre à chaque pas le roi René; c'était un prince qui avait peu d'argent, mais beaucoup de châteaux; je lui en ai compté cinquante. Il aimait ces résidences de sa gaieté proverbiale; c'est avec un profond chagrin que je me suis prouvé qu'un roi si bon était fou; il faisait des rêves de malade, et mettait ses rêves en procession. Aix a conservé longtemps ce drame, moitié sacré, moitié profane, complétement fou dans ses deux parties, et que la capitale de Provence devait au génie délirant de René. J'ai vu cette procession dans mon enfance, et j'éprouvai un sentiment pénible à cette saturnale baptisée; sentiment qui ne s'est plus effacé. Les commentateurs se sont mis à l'œuvre, et ont expliqué, de la manière la plus édifiante le *jeu du chat* et les *traîneurs de ruisseaux;* ils ont dit que le chat était l'image du diable, ce qui est une calomnie gratuite contre les chats, et que les *tirassouns* étaient aussi l'image des pécheurs endurcis : cela prouve seulement que les commentateurs ont besoin d'être commentés.

Le roi René faisait des vers assez mauvais, même pour un roi ; il peignait aussi. Sa peinture était comme sa poésie ; c'est pour lui qu'Horace a fait son vers : *Ut pictura, poesis*. Il travaillait même pour le théâtre ; il composait des mystères en vers et les faisait jouer dans ses châteaux, où il s'applaudissait. C'est à Tarascon qu'il a donné ses meilleures pièces ; les chroniqueurs en ont conservé des fragments.

Telle qu'elle est enfin, cette vie du petit roi provençal a servi d'intermède bouffon à des drames qui ont ensanglanté le Rhône. Il en est un surtout qui caractérise l'esprit de ces contrées ; qui explique les ruines, qui donne le mot de ces énigmes de vengeance que le fleuve a gardées sur les pics de ses montagnes. C'est une épouvantable histoire, qu'on voudrait révoquer en doute, si elle n'était attestée par tous les auteurs contemporains : on la raconte devant le château de Tarascon.

## II

*Amour, tu perdis Troie !* s'écrie La Fontaine dans sa bonhomie ; l'amour a bien perdu d'autres choses ! Sans remonter au paradis terrestre, on rencontre le doigt d'une femme à toutes les révolutions. Les administrateurs des empires, qui voient toujours les choses de haut, font du machiavélisme gouvernemental à pure perte : arrive une petite intrigue de boudoir, et tout craque sous les pieds des rois et des empereurs. Lucrèce fait tomber la monarchie romaine ; Virginie abat la tyrannie des décemvirs ; une blonde Campanienne arrête Annibal ; Cléopâtre tue la liberté à Actium. Ensuite nous trouvons Irène à Byzance, Clotilde à Tolbiac, Agnès Sorel qui perd la France, Jeanne d'Arc qui la sauve : des femmes partout. Puisque le monde est condamné à la fièvre intermittente des révolutions, mieux vaut encore les devoir aux femmes qu'aux avocats. J'aime mieux

Cléopâtre que Démosthène : la liberté romaine a fait une plus belle mort que sa sœur grecque ; la plus chaude philippique ne vaut pas la galère triomphante du Cydnus. L'amour est donc le père des ruines : voici une nouvelle preuve à l'appui.

Vers la fin du XIIe siècle, le roi d'Aragon et le comte de Toulouse étaient en guerre, ce qui contrariait vivement Henri II, roi d'Angleterre, prince médiateur s'il en fut. Henri résolut donc de concilier les deux ennemis, et il fit les frais d'une cour plénière qui se tint à Beaucaire, et à laquelle il se fit représenter. Les fêtes furent splendides. Pour en donner une idée, il suffira de dire que le sire Bertrand de Simiane enfouit dans de longs et larges sillons une prodigieuse quantité de monnaies d'or, et que le sire de Venous ne trouva rien de mieux à faire, pour éclipser cette action généreuse, que de brûler vifs trente de ses plus beaux chevaux. Beaucaire a eu le bonheur de voir cela.

Les seigneurs abondaient. On remarquait entre tous, non pas à cause de lui, mais à cause de sa femme, le sire Raymond de Roussillon. Rien n'était doux à voir, dans cette fête, comme Mme Marguerite, dont la vive jeunesse se détachait si bien sur le fond sombre de la laideur et des soixante ans de son mari.

Raymond n'avait pas de largesses à faire, point d'hécatombe équestre à sacrifier ; il montrait sa femme avec cette complaisance d'ostentation que les vieux maris affectaient à l'époque singulière dont nous parlons. Les jeunes chevaliers qui ardaient au soleil de Beaucaire félicitaient le mari sur sa bonne mine et l'opulence de ses vêtements seigneuriaux ; puis ils perçaient de leurs yeux noirs le voile de Flandre de Mme Marguerite, et s'offraient pour tenir la bride du palefroi à la rentrée au castel.

Perdu au milieu de tous ces chevaliers amoureux, marchait un jeune page de dix-huit ans, qui ne disait rien, mais qui échangeait un regard de flamme avec Mme Marguerite toutes les fois que la belle châtelaine se retournait pour secouer la poussière de sa robe ; et elle se retournait souvent.

Ce page était de la suite de Raymond de Roussillon : il se nommait Cabestaing.

Cabestaing avait de beaux cheveux blonds, comme tous les pages ; ses joues étaient roses et ses yeux bleus ; mais son amour était brun. Il avait le malheur d'être poëte. Les poëtes ont la manie de faire des vers à leurs maîtresses et le défaut de les égarer. Les vers une fois perdus, c'est toujours le mari intéressé qui les trouve. Cabestaing laissa tomber un *sirvente* qu'il venait de composer. Un autre page jaloux ramassa l'amoureuse poésie et la remit au sire de Roussillon. Les marchands forains qui plantent leur tente sur le *pré* de Beaucaire occupent aujourd'hui la place où ces choses se passaient six cents ans avant eux.

Le sire de Roussillon, la nuit venue, rentra au manoir, peu éloigné de Beaucaire. Il s'enferma dans son oratoire, et lut et relut les vers de Cabestaing. Ces vers s'adressaient évidemment à Marguerite, bien que le nom de la dame ne fût pas cité. D'ailleurs, le jaloux mari avait déjà conçu des soupçons, et le sirvente achevait de les confirmer.

Au point du jour il appela Cabestaing dans son oratoire, et, d'une voix brusque :

« Ces vers sont de toi ? » lui dit-il en lui lançant au visage les éclairs de ses yeux gris.

Le pauvre Cabestaing se troubla. Comment dissimuler à dix-huit ans, et dans l'état de page ?

« Oui, répondit-il, ces vers sont de moi.

— Et à quelle belle dame les as-tu adressés ? » dit Raymond.

Ici le page éprouva des frissons sur la langue ; il connaissait la férocité de Raymond. Il trembla, non pour lui, mais pour sa noble maîtresse ; il essaya de composer des mots, il ne rendit que des sons rauques et inarticulés.

Une voix de tonnerre répéta l'écrasante interrogation :

« A quelle belle dame les as-tu adressés ?

— Grande sainte Marthe, dit Cabestaing au fond du cœur, inspirez-moi !

— Veux-tu répondre? s'écria Raymond en secouant avec brutalité le bras convulsif du page.

— Eh bien, répondit Cabestaing les yeux baissés; j'ai fait ces vers pour Mme Agnès de Tarascon, votre belle-sœur. »

Sainte Marthe avait exaucé Cabestaing. Mme Agnès n'était pas en pouvoir de mari : ces vers ne la compromettaient que faiblement.

Raymond respira comme un homme qui échappe à un péril de mort. Pourtant il voulut poursuivre l'affaire et mettre sa conscience de mari tout à fait en repos.

« A Mme Agnès! » dit-il.

Le page affirma d'un signe de tête.

« Eh bien, suis-moi au château de Tarascon; je veux montrer tes vers, devant toi, à ma belle-sœur. »

Le page retomba en convulsion.

Raymond, ayant renouvelé son ordre par un signe brusque, sortit de son oratoire et descendit dans la cour, suivi de Cabestaing. Ils montèrent à cheval et galopèrent jusqu'au Rhône. Le page fut tenté de se précipiter dans le fleuve; mais la pensée de Marguerite le retint.

« Elle est morte si je meurs, se dit-il; ayons le courage de vivre pour la sauver. »

Le seigneur et le page montaient l'escalier du château de Tarascon, et ils étaient vivement émus tous deux. On les introduisit aussitôt dans l'appartement de Mme Agnès. La noble demoiselle travaillait à une tapisserie représentant la procession de la *Tarasque*. Elle se leva devant son beau-frère : elle était aussi belle que sa sœur.

« Madame, dit Raymond, savez-vous à qui ces vers sont adressés? reconnaissez-vous cette main? »

Mme Agnès regarda Raymond, regarda le page, prit les vers et les lut avec lenteur, pour se donner le temps de réfléchir. A la dérobée, elle lançait un coup d'œil sur Cabestaing, dont la contenance était digne de pitié.

Oh! il faut tomber à genoux devant l'intelligence sublime des femmes ! Mettez un homme, un diplomate, à la place de Mme Agnès, et tout sera perdu. La noble demoiselle de Tarascon reçut d'en haut la soudaine illumination qui ne manque jamais à son sexe; elle se tourna vers Cabestaing, lui lança un regard habilement composé de reproche, et lui dit en secouant la tête :

« Ah! Cabestaing, les amants du temps de Mme Béatrix étaient plus discrets que ceux de notre temps! »

Cabestaing se jeta aux pieds de Mme Agnès en criant : « Pardon ! » Le sire Raymond était le seul de cette scène qui se méprenait sur la nature du pardon sollicité.

Raymond fut au comble de la joie; il demanda une copie des vers, promit le secret; et ramena Cabestaing au manoir, en lui promettant de l'envoyer en Palestine; pour le marier, à son retour, avec Mme Agnès.

Hélas! la noble dame de Tarascon habitait un pays où les passions éclatent au cœur à l'improviste, et avec une violence qu'aucune prière à sainte Marthe ne peut comprimer ; elle avait vu Cabestaing si beau dans l'éclat de ses larmes et le délire de son désespoir, qu'elle conçut pour lui, sur l'heure même, un amour effréné. La jeune fille ne recula pas même devant l'idée de se faire la rivale de sa sœur Marguerite; elle foula sa tapisserie aux pieds, apprit par cœur les vers du page, et écrivit avec un diamant le nom adoré sur tous les vitraux du castel.

Cabestaing gardait fièrement sa foi à Mme Marguerite; mais la reconnaissance le poussait quelquefois; et trop souvent même, sous les murs du château de Tarascon. Il faisait des visites de politesse à la belle Agnès, et lui improvisait de petits madrigaux pleins de respect et de dévouement. Agnès prenait les mains du page dans les siennes par pure amitié; lui parlait de la Palestine; lui demandait quelles couleurs il adopterait à son premier tournoi; ensuite elle lui servait des dattes et des limons sucrés sur un plateau d'argent.

Les absences de Cabestaing furent remarquées au château du

sire de Roussillon. Un soir, à souper, Mme Marguerite laissa tomber nonchalamment quelques paroles à ce sujet.

« Ah! dit Raymond en riant et d'une voix mystérieuse; notre beau page veut entrer dans la famille; il a suivi mes conseils. »

Marguerite ne comprit pas ces paroles, mais elle pâlit.

Se rassurant un peu, elle demanda l'explication de cette phrase mystérieuse.

« Elle n'est plus mystérieuse pour nous, dit Raymond : Cabestaing veut épouser Mme Agnès, votre sœur.

— Cabestaing est l'amant de ma sœur! dit Marguerite.

— Vous êtes la seule à l'ignorer, » répondit l'époux.

Marguerite ne demanda plus rien; mais, à sa première entrevue avec Cabestaing, elle lui ordonna de faire une chanson contre Mme Agnès, qui serait en même temps un hymne d'amour adressé à Marguerite. Le timide Cabestaing obéit, et donna sa poésie à double face à Mme Agnès.

Marguerite, décidée à mourir, fit remettre cette pièce de vers au sire de Roussillon.

Le mari outragé résolut de tirer une horrible vengeance de l'affront reçu. Il appela Cabestaing, le conduisit dans un lieu écarté et l'assassina. Il lui coupa la tête, lui arracha le cœur, et déposa ces horribles trophées dans son *carvaïol*. Après cette expédition, il rentra au château et donna le cœur au cuisinier, en lui recommandant de l'apprêter comme un morceau de venaison.

Au repas, le dialogue suivant, que j'extrais textuellement de la longue chronique, s'établit entre la dame et l'époux :

« Madame, savez-vous de quelle viande vous venez de faire si bonne chère?

— Je n'en sais rien, sinon qu'elle m'a paru exquise.

— Vraiment, je le crois volontiers; aussi est-ce bien chose que vous avez le plus chérie, et c'était raison que vous aimassiez mort ce que vous aimâtes vivant.

— Que voulez-vous dire? » s'écria la dame Marguerite.

Alors Raymond, ouvrant son *carvaïol*, en tira la tête sanglante de Cabestaing.

Marguerite, à cet affreux spectacle, perdit la vue et l'ouïe, *lo veser et lauzir*, puis, reprenant ses sens, elle s'écria :

« Oui, je l'ai trouvé tellement délicieux, ce mets, que je n'en mangerai jamais d'autre : à bon droit m'avez rendu ce qui fut toujours mien. »

Et elle s'élança par la croisée sur le pavé de la cour.

Le récit de ce terrible événement mit la contrée en émoi. Les parents de Marguerite et de Cabestaing se liguèrent contre Raymond. Alphonse, roi d'Aragon, parut lui-même sur les terres du chevalier assassin ; on s'empara de sa personne, on incendia son château, et les dépouilles mortelles du page et de sa dame furent ensevelies dans la même tombe.

Dubelloy s'est emparé de cette chronique provençale et en a composé sa *Gabrielle de Vergy*. Rendons au Midi ce qui est au Midi, et au Nord ce qui est au Nord.

## UN CHINOIS A PARIS.

Paris, le 16ᵉ jour du 9ᵉ mois de la lune.

### MOI I-SIANG-SENG (LE DOCTEUR I), A TCHING-BIT-KÉ-KI (SECRÉTAIRE DE SEPTIÈME CLASSE).

En recevant cette lettre, vous irez à Houang-Szu, le temple jaune de Fo, et vous brûlerez un bâton de camphrier pour moi ; car je suis arrivé à Paris vivant. J'ai fait cinq mille trois cent vingt *li*, depuis l'embouchure du Hoang-ho, avec un péril de mort à chaque *li* sous mes pieds ; et Dieu m'a toujours sauvé !

Que mes ancêtres daignent veiller sur moi plus que jamais

en ce moment! Paris est un champ de bataille où les boulets sont remplacés par des roues et des chevaux. Ceux qui n'ont pas de roues et de chevaux périssent misérablement à la fleur de l'âge. Il y a dix-sept hôpitaux pour les blessés. J'ai vu un hôpital avec cette inscription en lettres énormes ♦ Hospice des Incurables ; les blessés que l'on y porte savent ainsi, en entrant, qu'ils n'en sortiront que morts. Ils sont avertis. C'est très-charitable de la part des docteurs. Voilà comme les barbares comprennent la civilisation !

Malgré le sage précepte du Li-ki et la loi de Menou, j'ai pris une voiture à quatre roues, en pleurant d'avance sur le sort de tant de malheureux que j'allais envoyer à l'hospice des Incurables. Mais il n'y a que deux manières de vivre à Paris : il faut écraser les autres ou en être écrasé. J'ai choisi le plus prudent.

Je me suis fait conduire à la rivière pour mes premières ablutions. J'étais sur le point d'accomplir cet acte sacré, lorsqu'un homme de police m'a menacé de son bâton. En regardant la rivière, je me suis facilement consolé. Elle n'a pas la transparence et le vert limpide de notre charmante Yu-ho, qui coule à Péking sous le pont de marbre Pekhiao. La Seine est bourbeuse et jaunâtre ; aussi elle descend à la mer pour y prendre des bains. Je l'attends à son retour.

On m'a dit que les chrétiens se font apporter des ablutions à domicile, au prix de deux *fuen* : j'en ai demandé une. C'est une boîte de fer-blanc assez semblable aux bières du cimetière de Ming-tan-y. On s'y couche, les mains sur la poitrine, comme un cadavre endormi dans la croyance de Fo.

J'ai payé l'ablution, et je l'ai renvoyée à son domicile, sans y toucher du bout du doigt, de peur de me souiller.

A Paris, chaque maison est gouvernée par un tyran, nommé portier ou concierge. Il y a vingt mille portiers qui désolent un million d'habitants et leur font passer une vie bien dure. De temps en temps, Paris fait une révolution pour renverser quelque bon diable qu'on nomme un roi ; mais Paris n'a jamais renversé les vingt mille portiers.

Mon portier accueille mes demandes par de longs éclats de rire, et, lorsque je le menace, il me dit :

« Vous êtes un Chinois ! »

Puisqu'il croit m'insulter en me criant le nom de mon pays, je lui ai rendu la pareille en lui criant :

« Vous êtes un Français ! »

*Rendez insulte pour insulte*, a dit le sage Menou.

Ces choses sont celles qui m'ont frappé en arrivant à Paris.

Mon premier devoir, en ma qualité de lettré du Ming-tang, la première société savante de l'univers, a été de visiter la Bibliothèque royale, surnommée ici *vaste dépôt de toutes les connaissances humaines*. Cet asile de méditation, de recueillement et d'étude, est situé dans la rue la plus bruyante de Paris ; les millions de livres qu'il renferme tremblent continuellement avec le pavé qui les soutient. C'est comme si nous allions nous recueillir, pour nous instruire, entre le pont Tchoung-yu-Ho-Khiao, où l'on vend tous les chats de Péking, et la rue Toung-Kiang-mi-Kiang, où l'on tire des feux d'artifice nuit et jour.

Un savant de l'endroit m'a reçu avec une grande politesse et m'a présenté un fauteuil.

« Monsieur, lui ai-je dit en français assez intelligible, je vous serais bien obligé si vous vouliez me prêter un instant l'histoire des dynasties des cinq frères Loung, et des soixante-quatre Ché-ty ; vous savez que ces glorieux règnes commencent immédiatement après la troisième race des premiers empereurs, celle des Jin-hoang, ou empereurs des hommes, pour la distinguer de la seconde, les Ty-hoang, empereurs de la terre. »

Le savant n'avait pas l'air de savoir cela. Il mit dans son nez des grains d'opium noirci, et, après avoir un peu réfléchi, il me dit :

« Lao-yé, nous n'avons pas cela. »

Il paraissait fort content de savoir que *lao-yé* est l'équivalent de *monsieur*, et il me l'a répété mille fois dans notre conversation.

« Vous savez, monsieur, lui ai-je dit ensuite, qu'après les

glorieux règnes de Koung-san-ché, de Tchen-min, de Y-ty-ché et de Houx-toun-ché, arrivèrent les règnes plus glorieux encore de soixante et onze familles, et que tant de gloire fut effacée par l'avénement de l'immortel empereur Ki, le plus grand musicien du monde et l'inventeur de la politesse chinoise. Je voudrais consulter, dans ce vaste dépôt de toutes les connaissances humaines, l'histoire de l'immortel Ki. »

Le nez du savant s'allongea une seconde fois sur la boîte d'opium noirci; il ouvrit ensuite une immense mouchoir de Madras, et fit, en secouant la tête, la main et le coude, un grand fracas assez semblable à un accord prolongé de *bin*. Quand cette tempête de cerveau fut calmée, il replia son madras, le fit passer cinq fois sous son nez, et me dit :

« Nous n'avons pas l'histoire de l'immortel Ki, votre empereur.

— Vous n'avez donc rien ! » lui dis-je avec ce calme qui vient de notre sagesse, et qui humilie les savants des peuples barbares que le flambeau de Menou n'a pas éclairés.

Le savant croisa ses mains et inclina la tête en fermant les yeux, ce qui signifie *rien* dans la langue de l'univers.

Je continuai pourtant mes demandes :

« Puisque vous n'avez pas de livres dans ce vaste dépôt de toutes les connaissances humaines, avez-vous au moins des cartes géographiques?

— Oh ! des cartes! dit-il avec un sourire de savant ressuscité, nous avons toutes les cartes, depuis la carte de l'empereur romain Théodose jusqu'à la *dame de cœur*. »

Cette réponse, m'a-t-on dit depuis, est une plaisanterie d'homme sérieux qui se délasse de son travail par un bon mot.

« Veuillez donc me montrer, lui dis-je, la carte du Céleste-Empire nommée *Taï-thsing-i-thoung-tcki*. »

Le mouchoir de Madras remonta sur la face du savant; la boîte d'opium noir fut encore ouverte, et une ondulation de tête poudrée à blanc m'annonça que la carte demandée n'existait pas dans ce vaste dépôt.

« Attendez, me dit-il tout à coup avec une vive expression de joie, je puis vous montrer un rayon de livres chinois dont vous serez content. Suivez-moi, lao-yé. »

Je le suivis.

Nous descendîmes dans des galeries souterraines, pareilles aux temples indiens d'Éléphanta ; l'air était infecté de camphre et d'huile de baleine ; à droite et à gauche, on aurait pu voir, avec un rayon, une grande quantité de bustes de plâtre de tous les grands hommes de ce pays, tous morts, parce qu'en France, m'a-t-on dit, il n'y a jamais de grands hommes vivants.

« Voilà, me dit le savant, le rayon des livres chinois. »

Ces livres chinois sont persans ; il y a le vocabulaire en langue *hoeï-hoeï* et en chinois, et dix-sept lettres des princes de Tourfan, de Khamil et Samarkand.

Je remerciai le lettré avec cette politesse simple qui fut inventée par notre immortel Ki, et je sortis de la Bibliothèque.

En traversant la grande rue voisine, je remarquai plusieurs groupes de curieux à l'angle d'un carrefour étroit. Il y avait un amas de toiles et d'échafaudages qui cachaient quelque chose de fort curieux sans doute, car tout le monde le regardait, quoiqu'on ne vît rien.

Je questionnai mon cocher. C'était un homme fort instruit, et qui me donna une haute idée de la science et de l'esprit de ceux de sa profession.

A l'angle de ce carrefour, on était en train d'élever un monument à la gloire d'un poëte célèbre, né à Paris et mort à Paris. Mon savant conducteur me fit en deux mots l'histoire de ce grand homme. Son nom était Molière ; il composa des chefs-d'œuvre qui furent sifflés ; il fut persécuté par les gens de cour, martyrisé par sa femme et ses créanciers, et mourut misérablement, sur le théâtre, entre deux chandelles de suif. On refusa les honneurs de la sépulture à son cadavre. La reconnaissance de ses compatriotes lui élevait un monument, pour le venger des douleurs de sa vie, deux cents ans après sa mort.

En toute chose, le Français est très-vif; mais en matière de reconnaissance, il prend deux siècles de réflexion.

O nobles fils du Céleste-Empire, lorsque la mère de Confutzée mourut, sous le règne de Suming, le grand sculpteur Sa-feï lui éleva ce beau monument, où l'illustre femme est représentée allant demander à Dieu la fécondité sur le mont Ni-Kiew!

J'ai visité le palais impérial du roi; notre palais impérial de Péking, Tsu-kin-tchhing, est toujours la merveille la plus étonnante qui existe sous la lune! Le palais impérial du roi des chrétiens est fort étroit, fort noir; mais il a des cheminées nombreuses, extrêmement élevées et ornées d'une tête rayonnante, ayant l'orgueil de figurer le soleil. J'ai demandé à des passants ce que signifiait ce soleil sculpté sur des cheminées; ils m'ont tous fait cette réponse, qui ne répond pas: « Ah! c'est vrai, il y a un soleil! » Et ils ont continué de passer.

Le jardin de ce palais est si petit et si bien aligné, que d'un coup d'œil on s'y promène et tout est vu. On y chercherait en vain ce qui fait la grandeur et la poésie de notre Tsu-kin-tchhing, qui a six *li* de circonférence et renferme un monde d'arcades, de galeries, de portes à tuiles jaunes, d'arbres superbes, d'arbres nains, de ponts, de fleurs, de canaux, de petites cascades, de bassins à gerbes, de temples à toiture d'or, de tours d'ivoire à clochettes d'argent, de tigres à têtes de femme, et de graves lions aux cheveux bouclés. A Paris, il n'y a que la parole et la démarche qui soient joyeuses et rappellent la fantaisie et le caprice; tout le reste est froid, exact, tiré au cordeau, calculé à la pointe du compas. On rencontre des chiffres partout, l'imagination nulle part. Savez-vous ce que l'on trouve chez leurs marchands de tapisseries? Des sujets mal peints, tous pris dans les scènes de la vie bourgeoise et réelle! Conçoit-on une pareille folie? Ils veulent voir sur leurs paravents et leurs écrans de cheminée les mêmes choses qu'ils font eux-mêmes, avec leur ridicule costume européen! Ils n'auront jamais l'idée de matérialiser sur une toile un rêve de fleurs, de femmes, de fontaines, d'oiseaux d'or; une scène fantastique, éclairée par l'aurore du printemps ou la pleine lune de l'été. Ils demanderont à leurs faiseurs de tapisseries une scène de nourrice, une noce de village, un départ de jeune soldat pour l'armée, un ménage de nouveaux mariés, un père maudissant son fils, une demoiselle qui touche du piano devant ses parents. Les paravents et les cheminées sont décorés de scènes de ce genre, de sorte que tout ce qui se fait sur la tapisserie se répète dans le salon. Cela les amuse beaucoup.

« Il n'y a pas de grosse pierre qui n'ait l'orgueil d'imiter la montagne de Tyrghelon, » dit un verset du Li-ki. Donc, à Paris, ils ont eu l'idée d'imiter notre large et éternelle rue de la Tranquillité, *tchhang-ngan-Kiaï*, qui borde le palais impérial de Péking dans toute sa longueur, et aboutit à la plus belle des seize portes de notre grande ville, la porte de la Gloire militaire, *Thsiàm Men*. J'étais fier de traverser leur rue de Rivoli, en songeant qu'ils avaient voulu tenter une mesquine imitation de notre incomparable *tchhang-ngan-Kiaï*. Mon orgueil national triomphait.

C'est en suivant cette rue que je me suis rendu à un autre palais, habité par les quatre cent soixante-dix empereurs qui gouvernent Paris, la France et l'Afrique, et qu'ils appellent des députés. Il faut de petits morceaux de papier, assez malpropres, pour entrer dans ce palais. On donne les morceaux de papier à un monsieur qui a la figure rouge et le nez insolent, et l'on est introduit. Les quatre cent soixante-dix empereurs sont tous encaissés au fond d'un puits obscur, qui semble éclairé par la lune à son dernier quartier. Un empereur d'une figure douce et paternelle, nommé M. Sos-é, gouverne les quatre cent soixante-neuf autres empereurs, qui sont tous assez mal vêtus et mal coiffés. Ils causent beaucoup, ils se promènent, ils se font des espiègleries, ils dorment, ils écrivent des lettres à leurs épouses, pendant qu'un empereur, monté sur une estrade, chante à voix basse quelque chose de mystérieux, et sur un air monotone qui m'a rappelé notre hymne des ancêtres, sans l'accompagnement du *lo* national. Chaque empereur a le droit de monter sur cette estrade et de se chanter à lui-même son air favori, en tournant le dos à M. Sos-é. J'ai fait cette demande à un voisin :

« Monsieur, comment appelez-vous ce jeu ?

— Le gouvernement représentatif, » m'a-t-il répondu.

On ne tire un feu d'artifice à Paris que pour la fête du roi, ce qui me rendrait le séjour de cette ville insupportable. Ce spectacle merveilleux n'amuse donc pas les Parisiens, puisqu'on ne le leur donne qu'une fois par an; et s'il ne les amuse pas, pourquoi brûle-t-on un feu d'artifice à la fête du roi? J'ai soumis cette question à un homme qu'on appelle un ami, à M. Lefort, mon voisin de chambre *dégarnie*; il m'a répondu : « Je ne vous comprends pas. » Au reste, cette réponse arrive presque toujours à mon oreille. On dirait que je leur parle chinois. Étant privé de ces beaux feux d'artifice qui réjouissent Péking, chaque soir je vais passer quelques heures à l'Opéra. C'est un théâtre où l'on paye des crieurs publics au prix de cinquante mille *tchakhi* par an. Lorsqu'un jeune homme désole sa famille par ses cris, on l'enferme dans un conservatoire, où un professeur de cris lui donne vingt-quatre lunes de leçons. L'élève entre ensuite à l'Opéra, et il fait son métier devant cinquante instruments de cuivre qui crient mille fois encore plus haut que lui. Vous comprenez bien que tout bon Chinois, habitué dès son enfance à la mélodie suave de l'hymne à l'Aurore, ne saurait subir deux fois les crieurs publics de ce théâtre; aussi j'avais fait à l'Opéra mes adieux le premier soir. Ayant appris ensuite que l'on y jouait, par esprit de contradiction française, d'autres pièces où personne ne disait un mot, je rentrai à l'Opéra. Ces pièces sont jouées silencieusement par des danseuses; on les appelle des ballets. J'avoue mon goût pour ce spectacle : il n'y a que cela d'admirable à Paris; mais on ne regrette pas même Péking, lorsqu'on le regarde. Figurez-vous cinquante femmes qui ne parlent pas et qui dansent à ravir, avec des pieds chinois. J'ai pris une loge pour les ballets.

Il y a une danseuse nommée Alexandrine, et surnommée *Fi-*

*gurante* à cause de sa figure. Elle a des cheveux noirs superbes et n'a presque pas de pieds ; le peu de pieds qu'elle a se perd dans un tourbillon perpétuel d'entrechats et de pirouettes qui éblouissent les yeux. Pendant dix soirées, le croiriez-vous ? j'ai regardé cette danseuse avec une remarquable attention ; j'avais oublié la haute mission dont je suis investi, et les quarante révolutions de douze lunes qui pèsent sur mon front.

Un soir, la porte de ma loge s'ouvrit, et un monsieur fort timide entra en s'inclinant et me dit avec respect :

« Rayon du Céleste-Empire, étoile du *Tien*, j'ai une grâce à vous demander. »

Je lui fis le signe universel qui signifie : « Parlez. »

Il parla.

« Je suis un décorateur de l'Opéra, me dit-il, et je mets en ce moment la dernière main à un kiosque chinois qui doit figurer dans le ballet de *la Chine ouverte*, ou *les Amours de Ma*. Flambeau de Péking, auriez-vous la bonté de venir, dans l'entr'acte, donner un coup d'œil à mon œuvre pour m'indiquer d'utiles corrections ?

— Monsieur, lui dis-je, votre demande m'est agréable ; indiquez-moi mon chemin, je vous suivrai.

— Ciel ! s'écria-t-il, je suis au comble de mes vœux ! »

Nous marchâmes quelque temps dans des souterrains humides, et j'arrivai dans les coulisses de l'Opéra.

Le décorateur me montra son œuvre, et, vraiment, je n'eus que des éloges à lui donner. Le kiosque était du meilleur goût chinois.

Il y avait derrière nous un gazouillement de voix douces et enfantines qui me fit retourner avec une brusquerie involontaire. C'était un groupe de jeunes danseuses qui profitaient de la liberté de l'entr'acte, en causant comme des muettes délivrées d'un régime forcé.

Un éclair ferma mes yeux ; Mlle Alexandrine était là !

Je cherchai le décorateur pour me donner une contenance ; il avait disparu. J'invoquai les âmes de mes glorieux ancêtres, et je leur demandai le courage et le calme d'esprit, ces deux vertus qui font les héros dans les périls et les amours.

Mlle Alexandrine avait une pose de reine : son corps svelte et souple n'était soutenu que par le pied gauche, sur lequel il se cambrait fièrement, tandis que le pied droit ondulait de droite à gauche, la pointe basse et recourbée en bec de vautour. Jamais Chinoise de Tong-chou-fo n'a brisé son pied avec pareille vigueur pour séduire un kolao en disgrâce. Mes yeux s'ouvrirent sur ce pied merveilleux, et ils ne s'en détachèrent plus.

Faites-vous une idée de mon étonnement, lorsque j'entendis la voix leste de Mlle Alexandrine, qui m'adressait la parole avec la hardiesse d'un capitaine des tigres de la garde impériale.

« Monsieur, me dit-elle, nous ferez-vous l'honneur d'assister à la première de notre ballet chinois ? »

Je quittai le pied pour remonter à la figure de la danseuse, et je fis, avec un accent parisien assez bien imité, cette réponse polie :

« J'y serai, madame, pour mettre mes yeux à vos pieds. »

Mlle Alexandrine me prit cavalièrement le bras, et, m'entraînant à la promenade dans une rue de paravents à roulettes :

« Ah çà ! mon bon monsieur, me dit-elle, il paraît donc que la Chine existe et que le fleuve Jaune n'est pas un conte bleu ? Voyons, parlez-moi franchement, tous les Chinois ne sont pas de porcelaine ? Il y en a donc qui marchent et parlent comme vous et moi ? Je croyais qu'il n'y avait au monde d'autre Chinois qu'Auriol, de Franconi. Connaissez-vous Auriol ? »

Toutes ces interrogations me furent adressées avec une rapidité qui supprimait les réponses. A son dernier mot, la danseuse, rappelée en scène par un coup d'archet, quitta brusquement mon bras, et bondit comme une gazelle en fredonnant l'air du pas qu'elle allait danser. Je n'eus pas la force de la suivre, et j'attendis la fin du pas à la même place, dans l'espoir qu'elle viendrait me demander les réponses que je lui devais.

En effet elle reparut, et je lui offris mon bras. Elle n'avait plus l'air de se souvenir de ses interrogations. Sa gaieté avait disparu ; un souci contractait son joli visage.

« Avez-vous vu comme le public est froid ce soir? me dit-elle. Y a-t-il un Opéra dans votre pays?

— Non, madame.

— Ah! quel magot de pays, où il n'y a pas d'Opéra! Eh! que fait-on alors chez vous?

— On s'y ennuie, madame, puisque vous n'y êtes pas.

— Tiens! il est galant!... C'est égal, vous avez de beaux éventails dans votre pays. Le neveu d'un pair de France m'avait donné un éventail chinois pour le premier de l'an ; un bijou adorable : les lames étaient d'ivoire, avec des incrustations de filigrane d'argent, et sur l'étoffe deux chats jaunes qui jouaient avec un coq. Je l'ai perdu chez Musard.

— C'est bien facile à remplacer, madame ; j'ai apporté trente-trois éventails de Zhé-hol.

— Ah! mon Dieu! et que ferez-vous de cette collection?

— Ce sont des cadeaux pour les femmes des ministres et des ambassadeurs.

— Bah! les femmes des ministres se moquent bien de vos éventails! elles ont des figures glacées. Je ferais mourir de chagrin les premières danseuses, si j'avais vos trente-trois éventails.

— Madame, ils seront à votre porte chez vous demain.

— On n'est pas plus Français que vous, monsieur.... Voilà pourtant des hommes que nous appelons des Chinois!... Je vais vous donner mon adresse ; retenez-la bien : « Mademoiselle « Alexandrine de Saint-Phar, rue de Provence **, au premier. » Mon concierge reçoit mes cadeaux après sept heures du matin, et les remet scrupuleusement à ma femme de chambre après midi. »

Elle fit une pirouette et disparut.

Rentré dans mon hôtel après le spectacle, je voulus faire de sérieuses réflexions, mais il y avait un grand trouble dans mon cerveau. Vous connaissez mon harem de Khé-Emil : c'est le plus modeste des harems ; à peine si l'on y compte quinze femmes de Zhé-hol, de sang tartare, et quinze de Tong-chou-fo, de pur sang chinois : je ne parle pas d'une vingtaine de concubines, qui sont un meuble d'amour-propre : eh bien, si Mlle Alexandrine de Saint-Phar entrait dans ce harem, elle éclipserait mes femmes les plus aimées, comme la pleine lune levée sur le mont Tyrgheton fait pâlir les petites étoiles de l'aurore. Oui, j'ai malheureusement senti que je réunissais sur une seule tête les trente amours que j'avais renfermés dans mon modeste harem. Ce sera un triste destin ! Heureux les trois mandarins de septième classe qui m'ont accompagné à Paris ! Ils dînent au *Rocher de Cancale* ; ils mangent du bœuf à la barbe de Menou ; ils assistent aux soirées des kolaos, et ils ne connaissent pas le pied de Mlle Alexandrine de Saint-Phar.

Le lendemain, à huit heures, je remis au concierge les trente-trois éventails, avec une boîte de thé *Satouran*.

Après le milieu du jour, je m'habillai en homme de cour ; je me coiffai de ma plus belle calotte jaune serin, ornée d'une plume de leü-tze, et je revêtis ma robe mandarine couleur clair de lune, avec des manches de crêpe citron. Mon miroir me dit que je ressemblais au jeune Tcheou, le prince de la Lumière, qui ressuscita devant les portes du Ming-tang.

Enhardi par mon miroir, je me présentai chez Mlle Alexandrine, et je fus introduit avec la plus surprenante facilité. Il me sembla que son costume de ville l'avait grandie ; son pied seul était toujours le même. Ce pied vivait d'un mouvement convulsif perpétuel ; on aurait dit qu'il renfermait l'âme de la danseuse, et que la jeune femme pensait avec ses orteils.

« Monsieur, me dit-elle en me prenant familièrement les mains, je suis la plus heureuse des femmes ; votre cadeau est vraiment royal. Asseyez-vous sur ce fauteuil, et causons un peu. Je vais vous présenter ma petite sœur : un ange, vous allez voir. »

Une jeune fille de douze ans, espiègle comme un joli singe, se précipita sur ma robe et me décoiffa.

« Comment trouvez-vous ma petite sœur? me dit la danseuse.

— Je la trouve votre sœur, répondis-je avec un regard plein d'expression.

— Ah! le mot est joli, cher docteur!

— Comment se nomme cette belle enfant, madame?

— Elle n'a pas encore de nom, cher docteur; elle attend son parrain, c'est un usage de ballet. Voulez-vous être son parrain?

— Très-volontiers, madame.

— Voyons, cherchez un joli nom; un nom de vos pays...

— Eh bien! je la nommerai volontiers *Dileri*.... c'est un nom mogol....

— Qui signifie...?

— *Gaieté de l'œil*. Est-ce bien trouvé, madame?

— *Dileri* est charmant. Les Mogols ont des noms de cette douceur, et ils restent Mogols! c'est fabuleux! Mademoiselle Dileri, remerciez monsieur votre parrain.

— La destinez-vous au théâtre, cette belle enfant?

— Votre filleule au théâtre! fi donc! cher docteur, j'aimerais cent fois mieux la mettre au couvent! la vie d'une comédienne est un enfer. Les talents purs ne peuvent percer. La jalousie les tue; la cabale les brûle vifs à l'huile et au gaz. Il faut faire une cour respectueuse aux auteurs pour avoir un bout de rôle. On m'avait promis un *solo* dans *Giselle*, et je n'ai rien. Cependant, amour-propre à part, le public m'adore; mais je suis foulée aux pieds par Mlle Fatmé, qui est protégée par trois grands journaux et deux petits. Je hais l'intrigue, moi, et je n'ai jamais salué le portier d'un journaliste ou d'un auteur. Mon engagement fini, je donne ma démission et je rentre dans la vie privée, voilà. »

Avec cette finesse merveilleuse que l'esprit de Fo a versée dans le cerveau de ses croyants, et qui nous rend si supérieurs à tous les hommes de la terre, je demandai nonchalamment à Mlle Alexandrine si elle avait du goût pour le mariage.

« Mon Dieu! me dit-elle en croisant ses jolis pieds sur un tabouret de velours, ce n'est pas le mariage que je crains, c'est le mari. Vous ne connaissez pas les maris français, mon cher docteur. Ah! quels égoïstes! Ils épousent une jolie femme pour avoir une esclave, malgré la loi qui prohibe la traite; et, quand ils la tiennent enchaînée dans leurs fers, ils la montrent comme une curiosité foraine à leurs amis pour les désespérer. Eh bien! puisque la Chine est ouverte, nous irons chercher des maris en Chine. Cher docteur, vous ne trouveriez pas à Paris un époux qui donnât à sa femme trente éventails, là, sans façon, comme on donne le bonjour.... Les Chinois sont-ils bons maris, cher docteur?

— Madame, ce sont eux qui ont inventé la lune de miel.

— Je m'en doutais. Quel dommage que les Chinoises aient les yeux comme ça!

— Aussi, madame, nous viendrons chercher nos épouses à Paris.

— Vraiment, cher docteur, vous êtes adorable! et je suis toute confuse de vos bontés.... je ne sais comment reconnaître vos compliments et vos cadeaux!... Puis-je vous offrir une loge de quatrième pour vos gens? on joue *Giselle* demain. Mon cousin a fait un drame à l'Ambigu; je vais lui demander une loge pour vous; on le joue ce soir. Voulez-vous accepter un abonnement d'un mois au chemin de fer de Rouen?...

— Merci, madame; je vous suis reconnaissant de vos offres comme si je les acceptais.... J'ai une grâce à vous demander....

— Une grâce s'accorde toujours; demandez.

— J'ai apporté une feuille de papier et de l'encre de Chine, et je vous supplie de me permettre de faire le portrait de votre pied droit.

— Ah! quelle idée chinoise! s'écria la danseuse avec un éclat de rire infini; vous appelez cela une grâce!... Prenez votre crayon, cher docteur, je vous livre mon pied. Voulez-vous le copier au naturel ou en sandale d'odalisque?

— Je veux le peindre tel qu'il est en ce moment.

— Comme vous voudrez. En attendant, je vais m'amuser avec ma petite sœur à regarder les illustrations de vos trente-trois éventails. »

Au troisième éventail, j'avais en main le précieux pied, frappant de ressemblance; la danseuse, en y jetant un coup d'œil, poussa un cri d'admiration et dit :

« Cher docteur, vous avez copié mon pied droit d'un trait de plume.

— Madame, lui répondis-je, on a dit de moi que je copierais le vent, si je pouvais le voir passer. J'ai copié votre pied, qui est plus agile que le vent.

— Si cela continue, j'ai peur de vous aimer, cher docteur, moi qui ai fermé ma porte à un prince grec, l'autre jour, et à deux banquiers. »

La candeur de l'innocence était empreinte sur la figure de la danseuse; je m'inclinai avec respect devant cette femme ingénue qui m'ouvrait ainsi son cœur sans détour.

En prenant congé d'elle, j'eus le bonheur d'effleurer du bout de mes lèvres le bout de ses doigts, charmants comme ses pieds.

Le kolao des affaires étrangères m'attendait à cinq heures pour me demander des renseignements sur le cérémonial usité à Zhé-hol et à Péking à la réception des ambassadeurs européens, et pour me sonder sur les arcanes de la politique chinoise vis-à-vis de la reine Victoria. Pendant cette audience, je fus assailli de distractions, et je dus commettre bien des erreurs. Fasse le Tien que mes distractions n'attirent pas un jour des malheurs sur le Céleste-Empire! Pendant que le grand kolao des chrétiens me parlait, je pensais au pied de Mlle Alexandrine de Saint-Phar! Vous verrez que ce pied bouleversera Péking.

Le soir, après mon dîner, on me remit un billet parfumé,

dont le papier ressemblait à deux ailes de papillon. Voici ce que je lus :

« Cher docteur,

« On dit que vous avez apporté de votre pays une foule de chinoiseries adorables. Dileri, votre charmante filleule, s'est tant réjouie avec vos éventails, qu'elle veut connaître toutes les richesses de son parrain; caprice d'enfant! Je lui ai promis de la conduire demain chez vous, à midi.

« Votre filleule vous donne son front à baiser, et moi je vous mets à mes pieds.

« Alexandrine de SAINT-PHAR. »

Vous savez, mon cher Tching-bit-Ké-ki, que je n'ai pas embarqué une grande quantité de nos bagatelles. Je n'avais fait qu'une petite provision de cadeaux pour les kolaos et les agos. Heureusement, quand je reçus le billet de Mlle Alexandrine, rien de chinois n'était encore sorti de mon cabinet. Néanmoins je trouvais que mes pauvres richesses étaient indignes d'être honorées par les regards de la divine danseuse, et je résolus de me faire plus riche que je n'étais.

Mes renseignements pris à bonne source, je me rendis chez Darbo, rue Richelieu, et chez Gamba, rue Neuve-des-Capucines, deux marchands renommés pour leurs chinoiseries. J'achetai chez eux deux paravents, une pagode en pâte de riz, deux boîtes de clous de girofle, quatre vases à tulipes; deux services de porcelaine de table avec un thé de harem, une table de camphrier avec des incrustations de cyprès, quatre mandarins en argile du Peï-ho, douze souliers de femmes, un *abacus* de marchand, un lo avec sa baguette, deux feuilles de tam-tam, un parasol, deux lions frisés, la charrue de l'empereur Tsieng-long.

Une bonne moitié de ces chinoiseries était faite à Paris; je me méfiai surtout de la charrue impériale : mais la contrefaçon était généralement réussie, et le regard seul d'un mandarin pouvait distinguer le vrai du faux. Aussi je ne marchandai pas sur la valeur des objets, et je les payai une somme énorme, trente-sept mille *lan*.

La nuit venue, je me disposai à faire des rêves de bonheur, et je m'endormis le pied à la main.

Les heures matinales du lendemain furent consacrées à mettre en ordre toutes mes richesses chinoises, et à leur donner un ensemble satisfaisant d'exhibition.

« Quel bonheur, disais-je en moi-même, si elle daignait me désigner du pied la plus précieuse de ces bagatelles et me dire : « Cher docteur, donnez-moi cela pour mon boudoir! »

Enfin midi sonna, et la porte s'ouvrit.... Oh! la ville des houris sera un jour détruite pour avoir oublié d'enfanter Mlle Alexandrine de Saint-Phar! Sa beauté virginale me foudroya. La divine danseuse conduisait sa petite sœur par la main. Elle jeta son châle et son chapeau sur le premier fauteuil, me serra la main et courut dans tout le salon, en pirouettant devant chaque chinoiserie avec des cris d'admiration qui m'allaient au cœur.

Quand elle eut épuisé toutes les formules d'enthousiasme, elle me dit :

« Cher docteur, je suis vraiment fâchée à présent de vous avoir conduit votre filleule; elle demande tout ce qu'elle voit. Oh! les enfants! il ne faudrait jamais rien leur montrer! Il est vrai, cher docteur, que je suis un peu comme cela, moi. S'il me fallait choisir ici, je serais bien embarrassée. Je n'oserais rien prendre, de peur d'avoir un regret le lendemain. »

En disant ces mots avec une volubilité gracieuse, elle avançait son pied droit en dehors de la plus courte des robes; elle aurait séduit le plus vertueux lama de Linching.

« Madame, lui dis-je, permettez-moi de vous indiquer un moyen de vous dispenser de choisir.

— Ah! oui, voyons, cher docteur, enseignez-moi ce moyen.

— Vous vous en servirez, madame.... vous le jurez?

— Je vous le jure....

— Vous tiendrez votre serment?...

— Je le tiendrai.

— Eh bien! madame, prenez tout. »

La danseuse souleva gracieusement ses bras, rejeta sa tête en arrière, et je vis son cou d'ivoire s'agiter sous les convulsions d'un éclat de rire, comme le gosier d'un oiseau qui chante de bonheur.

« En voilà un homme rare! s'écria-t-elle; après sa mort il faudra l'empailler!... Comment, cher docteur, vous ne connaissez donc pas les femmes? vous ne savez pas à quoi vous vous exposez?. Que diriez-vous si je vous prenais au mot?

— Je dirais que vous êtes femme de parole, et que vous savez tenir un serment.

— Non, non, ne plaisantons pas.... Ce cher docteur! Il voulait me mettre à l'épreuve.....

— Point du tout; je parle sérieusement. Toutes ces chinoiseries ne m'appartiennent plus : elles sont à vous.

— Alors, vous êtes l'empereur de la Chine déguisé en monsieur. Vive l'empereur!

— Je suis, m'écriai-je en tombant à ses pieds, je suis un simple mortel qui a oublié sa sagesse devant votre beauté.

— Relevez-vous donc, docteur! relevez-vous, dit la danseuse avec un visage qui se fit subitement sévère : point de sottise devant votre filleule! Que voulez-vous que pense cette enfant? Elle ira faire mille cancans à la famille! Vous n'avez donc jamais vu les *Enfants terribles* de Gavarni? Ce sont des mouchards, ces innocents! »

Je me relevai confus en m'excusant de mon mieux. Sa colère parut se calmer; elle me tendit la main, et poussant un long soupir :

« Ah! vraiment! dit-elle, si j'avais toutes ces belles choses dans mon salon, je me croirais plus heureuse que la sultane Validé.

— Ce soir, madame, mon salon chinois sera chez vous.

— Eh bien, cher docteur, je vais lui préparer son logement.

Pour la rareté du fait, je désire que votre promesse soit sérieuse, ne serait-ce que pour humilier les Parisiens! Voulez-vous me faire poser pour le pied gauche? Ne vous gênez pas. Que ferez-vous d'un seul pied? il vous faut le pendant.

— Madame, je n'osais vous le demander....

— Ah! je suis généreuse, moi; je ne fais pas les choses à demi.

— Que de grâce et de bonté! Madame, ce n'est pas un misérable salon qu'il faudrait vous offrir; je voudrais mettre à vos pieds la pagode du faubourg de Vai-lo-tchhing, qui a des soubassements de porcelaine et des tuiles d'or massif.

— Cela m'irait, cher docteur, surtout les tuiles!... Mon pied est-il bien posé comme ça?... Vous pouvez y mettre votre main, ce n'est pas une relique....

— Mon dessin est fini, madame, mais ma reconnaissance ne finira jamais. Pourrai-je aller vous présenter mes hommages demain?

— Demain.... cher docteur.... attendez, c'est un mauvais jour, je danse; j'ai cinq heures de battements....

— Après-demain?...

— Après-demain.... c'est samedi; je dîne chez maman tous les samedis.... Dimanche, je suis libre comme l'air. Voulez-vous aller à Versailles dimanche? Nous mangerons un civet chez le garde champêtre, et nous boirons du lait.... Je sais des vers sur Versailles, je vous les réciterai.

> Grand palais du grand roi, Versailles, sous tes arbres
> J'aime à voir dans tes eaux se refléter tes marbres;
> J'aime....

Vous acceptez? Bien! partie convenue! Oh! que j'ai besoin de respirer un peu l'air des champs!... A dimanche donc, cher docteur : ma voiture sera devant votre porte à midi. Je suis exacte comme une montre de Bréguet. Adieu. »

Vraiment, en Chine, nous n'avons pas de femmes. La femme est la seule chose que nos aïeux ont oublié d'inventer. Si

Mlle Alexandrine paraissait à Péking, elle ravagerait le Céleste-Empire. Vous ne pouvez vous faire une idée de cette charmante créature, vive comme l'oiseau, parlant comme il chante, marchant comme il saute, faisant à la fois toutes sortes de choses délicieuses, et vous lançant des regards doux et lumineux comme des échantillons d'étoiles au bazar du ciel. En quittant mon salon, elle y laissa une tristesse sourde qui brisa mes nerfs. J'éprouvai le besoin de m'occuper de cette femme pour ne pas succomber au poison de l'ennui. Mes ordres coururent aux quatre coins de ma rue. Il me fallait des roues et des bras. En prodiguant l'argent, j'avais mis en chemin, au bout d'une heure, mon salon de chinoiseries. Avant l'heure du dîner, ma belle danseuse avait tout reçu.

Quelle douce nuit cela me donna! J'avais un de mes pieds à chaque main, et je me disais :

« A cette heure, elle me bénit; elle élève ma générosité au-dessus du trône du Tien ; à ses yeux, un seul homme existe, moi! le reste de la terre a disparu. »

Avec quelle impatience j'attendis ce bienheureux dimanche qui me promettait tant de bonheur! J'aurais voulu briser toutes les horloges, parce qu'elles semblaient avoir organisé contre moi une conspiration générale pour éterniser le samedi. Malgré la mauvaise volonté du temps, il faut toujours que les heures s'écoulent ; et le dimanche, un siècle après onze heures, j'entendis sonner midi.

J'étais à mon balcon, et mes yeux dévoraient toutes les voitures…. A six heures j'avais épuisé tous les fiacres et tous les cabriolets de Paris, et j'étais seul !

Seul! quand on s'est promis d'être deux ! il y a dans cette déception tout le délire du désespoir.

J'eus le courage d'attendre le lendemain.

Au premier moment convenable de visite ; je courus au domicile de Mlle de Saint-Phar. Un concierge sérieusement railleur me dit :

« Mlle de Saint-Phar est partie à la campagne.

— Et quand reviendra-t-elle? demandai-je avec une voix de mort.

— A Pâques ou à la Trinité, » répondit le concierge.

En me retirant, j'entendis un de ces éclats de rire qui ont été mis en musique par une famille de portiers.

Plus de nouvelles de Mlle de Saint-Phar! Chaque soir d'Opéra, j'allais voir le ballet : elle ne dansait plus; son nom avait disparu de l'affiche, comme son corps de sa maison.

Pouvais-je avilir ma dignité de représentant du Céleste-Empire jusqu'à mendier l'aumône des renseignements à propos d'une danseuse? Qu'aurait dit et pensé de moi le grand kolao des affaires étrangères dans son palais du boulevard des Capucines? Il fallait souffrir et me taire; je souffris et je me tus.

Le quarantième jour après le fatal dimanche, je traversai une longue et large rue dont j'ai oublié le nom; j'ai l'habitude de lire les enseignes, et celle-ci me frappa de stupeur :

## A LA VILLE DE PÉKING.

#### CHINOISERIES A PRIX FIXE.

En donnant un coup d'œil à l'étalage sous vitre, je reconnus sans peine une partie de mes anciens cadeaux, et j'entrai dans la boutique pour connaître le prix fixe de mes marchandises, et les racheter si le vendeur n'était pas trop exigeant.

Un cri involontaire sortit de mon gosier; le vendeur était une jeune femme : c'était Mlle de Saint-Phar!

J'étais anéanti et immobile comme mon compatriote de porcelaine qui était marchandé à côté de moi, Mais la danseuse me fit un sourire charmant et, sans interrompre un petit travail de broderie, elle me dit avec un sang-froid sublime :

« Eh! bonjour, cher docteur. Vous êtes bien aimable de nous faire une petite visite. Voyez si nous avons ici quelque petite chose à votre goût. Votre filleule a la rougeole. Elle demande tous les jours des nouvelles de son parrain, cette chère Dileri! »

Je croisai mes bras sur ma poitrine et je secouai la tête; pantomime que j'avais remarquée dans un drame de l'Ambigu, et qui signifie *Infâme!*

Mlle de Saint-Phar me regarda obliquement, haussa les épaules, coupa un fil rouge avec ses dents et me dit :

« A propos, cher docteur, je me suis mariée.... Vous voyez en moi une dame de quinze jours, Mme Télamon. Je vous présenterai mon mari. Vous verrez un bel homme. Votre tête peut arriver à sa ceinture, si vous vous haussez sur les talons.... Tenez, le voici. »

Je saluai brusquement, et je sortis avec une fureur qu'il fallut maîtriser en songeant au kolao du boulevard des Capucines. Un seul coup d'œil jeté sur ce mari, vrai ou faux, m'avait suffi pour reconnaître ce prétendu décorateur qui était venu m'inviter à voir un kiosque de sa façon dans les coulisses de l'Opéra. J'avais été la victime de l'Opéra. J'avais été la victime d'une horrible combinaison, rien de plus évident. Il fallut donc encore se résigner.

Une quinzaine après, je pris un déguisement subalterne, et j'eus l'impardonnable faiblesse d'aller rôder au crépuscule devant la boutique de mes chinoiseries, pour voir une dernière fois l'idole indigne de mon amour.

Le mari colossal époussetait un mandarin de porcelaine, et je l'entendis murmurer ces affreuses paroles :

« Si ce magot de docteur s'avise de remettre le pied chez nous, je le fais empailler, et je le vends quinze louis. »

Oh! non, je ne verrai plus ce monstre de beauté; j'aurai le courage de l'homme et du savant; je remplirai ma noble mission jusqu'au bout, et tu me trouveras bientôt digne de toi, ville sainte que la lune éclaire avec tant d'amour, lorsque le mont Tyrgheton suspend cet astre à sa cime comme une lanterne d'étoffe de Nanking.

Il y a dans cette ville de Paris des docteurs spéciaux pour guérir les maladies de l'humanité. Il y a des médecins qui ne traitent que les enfants à la mamelle; d'autres qui ne les prennent qu'après le sevrage; d'autres qui se consacrent aux malades sexagénaires et au-dessus. Il y a des affiches au coin des rues et des annonces dans les journaux qui proclament mille recettes infaillibles pour les six cents maladies dont le célèbre Pi-Hé a trouvé le germe dans le corps humain. On a inventé à Paris des procédés admirables pour placer un nez sur les figures privées de cet ornement, ou pour l'allonger lorsqu'il est trop court. On fabrique des dents d'ivoire pour les vieillards, des cheveux pour les chauves, des jambes pour les boiteux, des yeux pour les borgnes, des langues pour les muets, des cerveaux raisonnables pour les fous, des mains pour les manchots, des oreilles pour les sourds, des embaumements merveilleux pour faire vivre les morts.

Un seul remède a été oublié, un remède contre l'amour malheureux! En Chine, nous ne connaissons pas l'amour. Cette passion a été inventée en France par un troubadour nommé Raymond. Depuis cinq siècles elle cause de grands ravages. On évalue à onze millions sept cent trente-huit le nombre d'assassinats, de morts de langueur et de suicides causés par ce fléau. C'est presque le double des catastrophes domestiques attribuées au choléra depuis le règne d'Aureng-Zeb. Le gouvernement français n'a jamais pris aucune mesure pour combattre les progrès de cette épidémie ; au contraire, il paye avec opulence quatre théâtres royaux où l'on célèbre l'amour et un autre fléau mortel appelé le champagne. M. Scribe a gagné cent mille francs de rentes en célébrant le champagne et l'amour pour le compte des théâtres du gouvernement.

En sortant de la boutique de mes chinoiseries vendues par Mlle Alexandrine de Saint-Phar, je reconnus que j'avais été saisi d'un accès d'amour, et il m'est impossible de vous dépeindre le mouvement de colère que j'adressai au troubadour Raymond. Cela fait, je songeai sérieusement à me guérir, et je dévorai en un jour toutes les affiches et toutes les annonces, dans l'espoir de trouver un remède sauveur. Soins inutiles! Je rendis une visite au médecin de l'hospice des Incurables, et je lui demandai s'il n'avait pas dans l'établissement quelque sujet tourmenté de cette maladie morale inconnue dans nos harems.

Le médecin haussa les épaules et me tourna le dos. Ma tête brûlait de tous les feux du délire ; mon cœur battait avec violence ; mes yeux se vitraient. Le fantôme de Mlle Alexandrine dansait toujours devant moi avec une grâce formidable ; mes oreilles étaient pleines de sa voix de bengali. Hélas! je ne vivais plus.

« Médecin, a dit le sage Menou, guéris-toi toi-même! »

Cette sentence me réveilla comme en sursaut. « Puisque les docteurs français n'ont rien inventé pour guérir l'amour, me dis-je un matin, inventons un remède, et attachons un nom chinois à cette grande consolation du monde européen souffrant. »

« Si je puis, m'ajoutai-je à moi-même, vivre huit jours sans penser à Mlle Alexandrine, je suis sauvé. Impossible de rester dans ma chambre ; là tout me rappelle la femme infidèle ; et d'ailleurs la solitude ne guérit jamais les blessures du cœur, elle les envenime. Des promenades aux champs sont encore plus dangereuses. La campagne est une grande causeuse d'amour. Les rues, les boulevards, les théâtres sont pleins de femmes, et l'espèce rappelle trop souvent l'individu. Il faut pourtant vivre une semaine en oubliant une ingrate beauté. Une semaine d'oubli continuel ! »

Fo m'a inspiré. Rendons grâces à Fo!

Paris est plein de monuments fort élevés. J'en choisis quatre : les tours de Notre-Dame, le Panthéon, la colonne Vendôme, la tour Saint-Jacques. En payant quelques *fuens*, on arrive au sommet de ces édifices, gardés par un concierge assez doux. Je résolus de consacrer mes journées à monter et à descendre les escaliers de ces monuments sans prendre de repos. Seulement, pour briser la monotonie de ces descentes et de ces ascensions, lorsque j'arrivais sur la place Vendôme, je me précipitais en cabriolet au bureau du chemin de fer de Versailles, et je parcourais six fois cette route les yeux fermés. A la nuit venue, je rentrais chez moi, et, après un léger repas, je m'endormais d'un profond sommeil. Dans mes rêves, je me figurais que des géants me balançaient dans une escarpolette accrochée à la lune comme à un clou d'or ; et l'effroi qui m'agitait dans cette vision était si vif qu'il éloignait le fantôme d'Alexandrine de l'espace infini où je bondissais entre les étoiles et le Panthéon.

Au huitième jour, les quatre concierges me fermèrent la porte de leurs monuments publics en me disant que j'abusais de ces édifices et en m'invitant à me promener ailleurs. Ma guérison n'étant point encore complète, je me repliai sur le chemin de Versailles ; je louai un wagon garni, et je roulai cinq jours pleins sur la rive droite et la rive gauche avec le plus salutaire étourdissement.

Au bout de deux semaines, le remède triomphait. En rejetant mes regards en arrière à travers ce tourbillon d'escaliers noirs, d'escarpolettes infinies, de wagons volcaniques, j'aperçus, dans un lointain brumeux, l'image insaisissable d'Alexandrine, et je ne la reconnus pas. Il me semblait que l'histoire de mon amour appartenait à un siècle et à un monde éteints.

Un seul instant me ramena matériellement au souvenir de Mlle Alexandrine. En comptant les pièces d'or enfermées dans ma caisse, je m'attendris sur le vide énorme laissé par les trente-sept mille *lan* dépensés en chinoiseries chez Darbo et Gamba. L'esprit de commerce et d'industrie, fils du génie chinois, m'a bien inspiré en cette circonstance. Je suis à la veille de ressaisir mes beaux *lan* perdus. J'ai fait insérer à la quatrième page des journaux de toutes couleurs cette annonce :

GUÉRISON RADICALE
### DE L'AMOUR MALHEUREUX
EN QUINZE JOURS !!!

Consultations de midi à deux heures chez le docteur I,
rue Neuve-de-Luxembourg.

On ne paye qu'avant la guérison.

Oh ! je vous l'avoue, je ne m'attendais pas à mon triomphe ! Quelle ville ! quel peuple ! Comme les doctrines nouvelles se mettent promptement en vogue ! Le premier jour, j'ai donné trois cents consultations de vingt francs ; le second jour, j'ai été forcé de demander quatre gardes municipaux à la préfecture de police : on prenait mon cabinet d'assaut. Maintenant, je donne mes consultations à douze personnes à la fois ; cela marche plus vite. La semaine prochaine j'ouvre un cours public dans la salle de l'Athénée, à cinq francs le billet. M. Lefort m'a dit que cette vogue ne sera pas longue et qu'il faut profiter de la veine. On craint d'ailleurs que le préfet de police ne fasse fermer les portes des monuments. J'ai donc signé un bail pour un mois avec le propriétaire de la tour Saint-Jacques ; il s'engage à traiter mes malades par abonnement de quinze jours. Les deux chemins de fer de Versailles sont encombrés. On m'a dit que, si j'avais demandé un brevet d'invention au ministre, on m'aurait donné, comme à M. Daguerre, une bonne pension de six mille francs. Ma plus belle récompense est dans la bénédiction unanime de mes clients heureux et guéris ; ils vont me faire frapper une médaille d'or. C'est un enthousiasme inouï. Cinq malades invétérés, de vingt à cinquante-sept ans, échappés grâce à moi aux ravages d'une passion de vaudeville, se sont constitués les héritiers de mes doctrines, et ils les feront fleurir après mon départ. Ils se proposent d'acheter par actions la tour Saint-Jacques, et d'ajouter deux cents marches à son escalier.

Le Tien n'a donné à ce monde aucun mal incurable ; il a placé le nénufar auprès du piment, et le bois qui fait l'écluse auprès du torrent de Kiang-ho. C'est à l'homme à découvrir le remède. Le Tien sait toujours ce qu'il fait ; et nous, nous faisons ce que nous ne savons pas.

Mon esprit est calme ; mon cœur est léger comme tout ce qui est vide. Je vais maintenant faire mes adieux au kolao des affaires étrangères et corriger toutes les fautes de diplomatie que j'ai faites lorsque j'étais poursuivi par le pied de Mlle Alexandrine de Saint-Phar.

Le docteur I.

# EXPLORATIONS
# DE VICTOR HUMMER.

## I

### En Égypte.

En 1810, on parlait beaucop à Munich de Victor Hummer, jeune étudiant qui sortait de l'Université. Quelques amis voulurent l'entraîner dans une association nationale instituée pour exterminer les Français. Victor Hummer répondit qu'il ne voulait exterminer personne, que ses inclinations étaient vouées à la science, et qu'il se proposait de vivre en paix toute sa vie dans son cabinet de Munich, pour élever un monument à sa patrie et à l'univers. Il parlait toutes les langues anciennes et modernes.

Hummer avait spécialement cultivé l'histoire à l'Université. Nul ne connaissait mieux que lui la cause de la grandeur et de la décadence de tous les empires. Il savait le grec comme M. Gail, et lisait Xénophon comme un vétéran des Dix Mille. Un jour, on lui demanda à l'improviste quel était le consul romain qui florissait au temps d'Alexandre de Macédoine. Il répondit, sans hésiter : « Papirius Cursor. » On ouvrit les vingt volumes in-quarto de Catrou et Rouille, et l'on reconnut la vérité du fait.

Hummer se sépara du monde, et se voua corps et âme à la traduction d'Hérodote.

Il estimait profondément cet historien, et voulait lui témoigner son affection d'une façon solennelle. Hummer ne fut pas distrait de son travail par tout le fracas des batailles contemporaines. Ami de l'antique, il avait en sincère mépris les soldats allemands et étrangers ; il abhorrait le shako et le frac blanc. Tout ce qui n'était pas phalange macédonienne était misérable à ses yeux.

Au bout de dix années de labeur, il avait dévoré son petit patrimoine, mais Hérodote était traduit. Il offrit environ cent kilogrammes de manuscrits au libraire Cotta pour dix mille florins. L'éditeur de Leipsick lui écrivit une lettre charmante et refusa d'imprimer sa traduction. Hummer avait fait trois ans de philosophie, et cela lui servit en cette occasion; il se rappela tous les aphorismes des sages sur les contrariétés de la vie, et garda son manuscrit pour en faire les délices de son foyer domestique. Il en lisait des fragments à ses amis. A la fin de l'année, il n'eut plus d'amis; Hérodote seul lui resta.

A force de se relire, il fondit son individualité dans celle d'Hérodote, et parfois il se croyait Hérodote et pensait en grec.

« Ce qui manque à mon ouvrage, disait-il, ce sont des commentaires et des notes; le libraire Cotta me l'a fait observer avec raison. Il faut compléter l'œuvre. Commentons et annotons; j'aurai cent éditeurs pour un. Si l'Allemagne me fait défaut, j'irai à Paris, et le premier libraire du Palais-Royal me donnera cent mille francs de ma traduction.... O Paris! »

Il lui restait une petite maison de quatre mille florins; il la vendit pour faire ses commentaires. « Heureux ceux qui placent ainsi leur argent sur la postérité! » disait-il en prenant une lettre de change sur la maison Pastré, à Alexandrie d'Égypte. Débarrassé de tout souci, il partit pour l'Égypte le 15 mars 1822.

En arrivant au Caire, il fut atteint de la peste; mais sachant qu'il ne devait pas en mourir, puisque les commentaires n'étaient pas faits, il se laissa tourmenter par le fléau, et ne prit d'autre médecin que le hasard. Cependant il perdit un œil. « C'est justement, dit-il, ce qui est arrivé à Annibal dans les marais étrusques. » On voit que son caractère d'historien se soutenait jusqu'au bout.

A peine convalescent, il prit du papier vélin d'Allemagne, qui est gris, et un crayon hongrois, loua un chameau, et sortit de la ville par la porte du Kalib.

« Commençons par observer le lac Mœris, dit-il ; Hérodote s'est étendu complaisamment sur ce lac. Il a vu les deux pyramides qui s'élevaient au milieu de ce lac : elles avaient six cents pieds de haut, dont une moitié dans l'eau et l'autre dans l'air. Elles étaient surmontées de deux statues de bronze doré, et revêtues sur leurs quatre faces d'un beau marbre poli, tiré des carrières du Mokatan. »

Hummer adressa la parole en arabe à des fellahs qui buvaient l'ombre sous la porte du Caire, et leur demanda le chemin du lac Mœris.

Les fellahs regardèrent fixement l'étranger et ne répondirent pas.

« Au fait, dit Hummer, je m'adresse à des paysans stupides ; je trouverai bien le lac sans eux. Le lac Mœris avait quatre-vingts lieues de circuit, d'après Hérodote, qui l'a vu comme je vois mon chameau. On ne perd pas un tel lac comme un verre d'eau. »

Et il poussa sa monture vers le Mokatan.

Le soleil dardait d'aplomb sur la tête du commentateur d'Hérodote ; mais la science ne s'arrêta pas devant quarante degrés Réaumur. Hummer remerciait même le soleil, qu'il appelait Horus, de lui montrer clairement la plaine. Le jour était si radieux, qu'on aurait découvert un scarabée sacré à deux lieues à la ronde. Cette clarté transparente ne servit qu'à prouver à Hummer qu'il ne voyait rien du tout.

Après quatre heures de marche dans le sable, il vit poindre deux pyramides dans la direction de Saccarah. Toute fatigue fut oubliée :

« Ce sont les pyramides du lac Mœris! s'écria-t-il ; je les reconnais ; mais il paraît que le lac est à sec : n'importe, je verrai le lit, un lit de quatre-vingts lieues! Si je ne me trompe, je crois découvrir aussi les ruines du Labyrinthe. Oh! que j'ai dit de belles choses sur le Labyrinthe dans mon ouvrage d'Hérodote! Le Labyrinthe, ai-je dit, était un palais composé de cent palais ; il avait été bâti par l'architecte Cramris, sous un

Basileus-Ptolomeos, je ne sais plus lequel. Cet édifice prodigieux, ai-je ajouté, occupe autant de terrain qu'une ville; il se baignait dans le lac de Mœris, comme un roi d'Orient dans une cuve de porphyre. O palais des palais! »

En achevant ces mots, il découvrit la tête d'une troisième pyramide. Le chameau s'arrêta.

« Trois pyramides dans le lac Mœris! dit-il; voilà qui est singulier; je n'en ai annoncé que deux, et j'ai affirmé les avoir vues. C'est peut-être une ombre; avançons. »

En avançant, il en découvrit quatorze.

« Quatorze pyramides dans le lac Mœris, où il ne devrait en exister que deux! dit Hummer; cela mérite un commentaire particulier. Peut-être l'éloignement m'a fait faire une erreur de calcul; allons examiner le phénomène de plus près. »

Arrivé au pied des pyramides de Saccarah, il en compta dix-sept.

Elles n'avaient pas six cents pieds; c'étaient des pyramides de briques, de dix toises de haut, en fort mauvais état, et qui avaient été probablement bâties sans façon pour ensevelir dix-sept petits banquiers de Memphis.

« Ce doit être la monnaie des grandes pyramides d'Hérodote, dit Hummer. Voilà bien le génie démolisseur des peuples! on détruit un palais pour construire cent chétives maisons! on démolit deux pyramides pour en construire dix-sept! Ainsi s'éteignent les grandes choses. Voilà donc ces deux fameuses pyramides dont j'ai parlé. Qu'elles devaient être belles quand elles n'étaient que deux! Écrivons ce commentaire sur mon album. »

Hummer jeta circulairement ses yeux dans le désert, et se dit: « Voilà les ruines du lac Mœris. C'est bien là notre lac; il n'y manque que de l'eau. Mes descriptions sont de la plus parfaite exactitude. Je suis au milieu du lac, au pied de ces dix-sept pyramides; je n'ai plus que le Labyrinthe à trouver. »

Il avait perdu beaucoup de temps dans ces explorations; la

nuit tombait avec rapidité. En cherchant le Labyrinthe, il s'égara.

Il erra longtemps de détours en détours; il découvrit une hutte d'Arabe. « Frappons à cette porte hospitalière, dit-il ; avec quel bonheur l'enfant du désert va me recevoir ! » Il frappa trois fois; la hutte était déserte. Hummer se coucha sur le sable, en se faisant de son chameau une alcôve à quatre piliers et un lambris. Le premier rayon du soleil l'éveilla en sursaut, comme si un tison eût brûlé son visage. Il fit un petit repas frugal, et, s'orientant à l'aide de la carte et du soleil, il se prouva qu'il n'était pas fort éloigné du lac Natroun et du *Fleuve sans eau*.

« Hérodote a parlé du lac Natroun, dit-il; c'est un lac sans importance; mais je serais bien aise d'explorer le *Fleuve sans eau, anhydropotamos*. Commençons par le lac, le fleuve est tout près. »

En effet, il trouva un amas de sel, durement cristallisé, dans l'étendue d'une demi-lieue. C'était incontestablement le lac. Il en prit un échantillon, et fit un commentaire. Ensuite il s'enfonça dans le désert, en suivant un vallon formé de petites dunes prolongées. Hummer reconnut dans ce vallon le lit du fleuve; il n'y avait pas une goutte d'eau, et le sable était chauffé à quarante-cinq degrés.

Avant de rentrer au Caire, il visita Arsinoé, aujourd'hui *Faïoun*. Hérodote appelle Arsinoé la province des Roses; il avait voyagé dans cette province, toujours entre deux haies de rosiers. Hérodote ajoute que le parfum d'Arsinoé arrivait jusqu'à Memphis. Hummer marchait le nez au vent dans la direction du parfum : il trouva des forêts de nopals, qui ont beaucoup d'épines, mais point de fleurs; elles étaient habitées par des lézards verts. Le voyageur allemand ne vit dans la dénomination d'Hérodote qu'une allégorie profonde, et il admira le bon sens de l'historien grec.

Il rentra au Caire chargé de documents précieux, mais avec deux coups de soleil.

« C'est maintenant, dit-il, que je dois, encouragé par mes

premiers succès, étendre mes explorations vers cette haute Égypte qu'Hérodote connaissait si bien, et dont nous avons donné ensemble de si merveilleuses descriptions. »

La haute Égypte était en ce moment désolée par la guerre. Les Wéchabites s'étaient révoltés contre Méhémet-Ali, et Ibrahim-Bey côtoyait le Nil avec une armée pour les soumettre. Il fallait qu'Hummer se munît d'un firman du vice-roi, ou qu'il attendît la soumission des rebelles. Hummer, réduit à ses dernières piastres, résolut de demander un firman. Il descendit le Nil, et se rendit à Alexandrie, où il demanda une audience au vice-roi.

Lorsque le savant de Munich entra au palais, Méhémet-Ali fumait son éternelle pipe, peinte d'après nature par Horace Vernet, dans ce charmant tableau où les janissaires sont si horriblement massacrés. Il appuyait ses pieds sur un vieux lion en retraite, façonné en escabeau. Hummer se prosterna devant le redoutable escabeau, frappa trois fois le plancher de son vaste front, ce qui faisait rire aux larmes le grave Méhémet.

« En voici un encore, dit le vice-roi, qui va me comparer au serpent, au phénix, à Pharaon, à Joseph en Égypte. Explique-toi sans préambule, mon ami; que veux-tu?

— Étoile du ciel du Prophète, soleil de la nouvelle Memphis, scarabée....

— En voilà assez, arrive au fait : que puis-je faire pour toi?

— Je veux parcourir la terre sacrée de vos États et converser avec le génie des nations mortes....

— Eh bien! parcours, mon ami, puisque cela t'amuse. Ils ont tous la rage de se promener dans le désert, ces gens-là! et pour voir quoi? des pierres, du sable et des lézards.

— J'ai fait une histoire ancienne sur vos États, ô sublime pacha, et je brûle de visiter en détail le pays que j'ai décrit....

— Je ne te comprends pas bien, mon ami; tu dis que tu as décrit mon pays avant de le visiter....

— Moi, je ne l'ai pas visité encore; mais Hérodote, le père

des historiens, a décrit votre royaume, environ deux mille ans avant la fondation de votre glorieuse dynastie, et....

— Ceci nous mène trop loin ; j'ai cent audiences à donner. Si nous remontons à deux mille ans, nous n'en finirons pas aujourd'hui. Expliquons-nous : tu veux te vautrer dans le sable, c'est ta fantaisie, pars ; je vais te donner un firman. Tu n'es pas le premier Franc que j'aie reçu. J'ai vu Belzoni, le danseur de corde, qui a ouvert la seconde pyramide, qui était ouverte. J'ai vu Caillaud, l'orfévre, qui a trouvé l'oasis de Memnon, qui n'existe pas. J'ai vu Rossignol, qui a prouvé au Nil qu'il ne devait pas couler comme il coule : le Nil a fait son chemin et ne l'a pas écouté. J'ai vu Champollion, qui expliquait des hiéroglyphes que mon fils cadet enterrait sous une pierre après les avoir peints à l'encre de Chine. J'ai vu lord Elgin, qui m'a demandé une pyramide à manger. Tous les jours je suis harcelé pour ce misérable désert, qui ne me rapporte pas une once de blé ou de coton. Eh ! prenez mes colosses, mes momies, mes pyramides, mes sphinx, mes crocodiles, et laissez-moi en repos ! Va chercher ton firman. Qu'Allah te garde de la pleurésie et des chacals ! »

Hummer, en sa qualité d'Allemand, admira la pipe du pacha, mais il plaignit son ignorance. Muni du firman, il secoua la poussière de ses pieds et s'élança dans le désert.

Il remonta le Nil jusqu'à la première cataracte, et gagna une ophthalmie en route. Un Arabe l'opéra, lui rendit la clarté des cieux. Hummer quitta le caïque, et prit un chameau et un guide pour aller examiner la fameuse cataracte du Nil.

« J'ai beaucoup parlé, dit-il, des cataractes dans mon histoire d'Hérodote ; et tout ce que j'ai dit doit être vrai, comme le reste, excepté le Labyrinthe pourtant. J'ai le Labyrinthe sur le cœur, à moins que ce ne soit encore une allégorie qui fasse allusion aux cent détours du désert inextricable, où le simoun, monstre plus terrible que le minotaure, dévore les voyageurs égarés. Je suis prêt à me ranger de cet avis. Le Labyrinthe est une allégorie comme les roses d'Arsinoé. Quant à mon chapitre des

cataractes, je me crois sur parole. Le Nil n'est pas un être allégorique : il descend des montagnes de la Lune ; il rencontre, chemin faisant, des précipices ; alors il tombe en cataracte, comme le lac Érié et le lac Ontario, qui forment en collaboration la trombe du Niagara. J'ai dit, et j'ai même affirmé, sur mon honneur d'historien, que les cataractes du Nil font un tel fracas, qu'elles rendent sourds les malheureux habitants du voisinage ; j'ai même élevé des plaintes touchantes sur ces habitants, frappés d'une surdité endémique : « O infortunés Africains, » me suis-je écrié, « que n'abandonnez-vous ces ruines inhospita-
« lières, où le tonnerre éternel des cataractes du Nil prive d'un
« sens précieux vos enfants à l'aurore de leur vie ? Que n'habi-
« tez-vous ces oasis tranquilles que le Nil caresse et couronne
« de son onde apaisée ? »

« En arrivant au village des sourds, je ferai afficher ces paroles, en forme de proclamation, sur le tronc d'un palmier.

« Cicéron, dit-il en poursuivant son monologue, Cicéron a consacré une belle page du *Songe de Scipion* aux mêmes malheureux habitants du village des cataractes. Dans le dialogue qui s'est établi entre Scipion l'Africain et son neveu, l'inventeur des clepsydres, le premier dit, en parlant des étoiles, qu'elles font un tel bruit en roulant sur leur axe, que les habitants de la terre sont tous sourds à leur insu ; et, à ce propos, Scipion, qui connaissait l'Afrique, puisqu'il était Africain, cite ses compatriotes du Nil, affectés de surdité à cause des cataractes.... Si je ne fais erreur, je crois les entendre d'ici. »

Hummer aperçut à l'extrémité de l'horizon une touffe de palmiers isolés dans le désert. C'était la petite oasis de la première cataracte. Il crut devoir prendre ses précautions contre la surdité, et se boucha les oreilles avec de la cire, comme Ulysse à l'approche des Sirènes. Désormais à l'abri du fléau, il fit doubler le pas de son chameau, et défia les tonnerres du Nil.

A mesure qu'il avançait, il cherchait dans les nues le sommet de la montagne, d'où le Nil se précipitait dans les oreilles des habitants. Le désert et la rive étaient unis comme la mer calme.

Le fleuve coulait sur une surface légèrement inclinée et semée de petites roches mousseuses; le murmure de cette eau contrariée était délicieux à entendre dans le silence du désert.

Hummer regardait couler l'eau, puis il se dit : « Quel horrible fracas le Nil doit jeter à l'écho de cette rive ! Aussi ne suis-je pas étonné que tout le village ait enfin suivi mon conseil et se soit expatrié.... La cataracte ne tombe pas de très-haut pourtant..... Passons à la seconde. La seconde doit être le pendant du Niagara. »

Le savant et son guide se couchèrent dans les cabanes abandonnées, après un léger repas composé de dattes et d'eau du Nil. Hummer ne put dormir, à cause du fracas, qu'il entendait à travers la cire. A l'aube, il était déjà debout, l'infatigable commentateur !

Comme il cheminait dans la direction de la seconde cataracte, il se témoigna le regret de n'avoir pas fait une incursion dans les ruines de Thèbes, que les barbares nomment Karnak. « Des colosses de Memnon, disait-il, il n'en reste plus qu'un debout, c'est-à-dire assis. Ces colosses, comme je l'ai prouvé, sont des monuments élevés à la gloire des deux Osymandias, qui ont gouverné Thèbes aux cent portes dix-neuf cent quarante-trois ans avant la naissance du Christ, et trois mille sept cent quatre-vingts ans avant ma naissance. Osymandias le fils est tombé la face contre terre, comme l'idole Dagon; Osymandias le père a résisté. J'ai oublié de lui faire une petite visite, mais je la ferai. C'est le colosse connu dans le monde sous le nom de Memnon. Au lever du soleil, il rendait un son harmonieux comme le soupir d'une lyre. Hérodote a entendu ce son harmonieux ; Dioclétien l'a entendu; Adrien l'a entendu; nous l'avons tous entendu. Dioclétien, allant rejoindre son armée campée à la troisième cataracte, mais à bonne distance à cause du fracas, Dioclétien, me dis-je, s'arrêta devant le colosse et passa la nuit à ses pieds pour attendre l'aurore. Cet illustre empereur fut très-agréablement surpris d'entendre, vers les quatre heures du matin, une mélodie délicieuse qui sortait incontestablement des lèvres de granit rose du colosse Memnon ; et, pour témoigner sa satisfaction à Osymandias, il prit son stylet, et écrivit sur le piédestal ces mots : « Moi, Dio-« clétien, fils de Dioclès, j'ai entendu le chant de Memnon. » Et il signa. Le préfet Mutius, chef de la dixième légion, a donné un certificat pareil. Adrien, lorsqu'il bâtissait Antinoé, se rendait souvent à Thèbes, et trouvait toujours un nouveau plaisir à entendre le chant matinal de Memnon. Son favori, le bel Antinoüs, savait la mesure par cœur, et la chantait à table lorsqu'on l'en priait. Voilà bien des raisons pour moi de m'arrêter au moins une aurore devant l'harmonieux Osymandias, et d'ajouter ma signature à celle d'Hérodote, afin qu'il n'y ait pas de lacune dans les œuvres de l'antiquité. »

Après ce monologue, il adressa la parole à son guide : c'était un jeune Arabe de vingt-cinq ans, au regard plein d'intelligence et de feu ; il passait pour un guide fort instruit.

« Connais-tu, mon ami, lui dit-il, les colosses d'Osymandias ?

— Non, maître, mais je connais tous les autres.

— As-tu entendu parler des colosses de Memnon ?

— Non, maître ; mais j'ai entendu parler de tous les autres.

— Connais-tu la ville de Thèbes ?

— Non, maître.

— Voyez comme l'ignorance désole ce malheureux pays ! Mais connais-tu Karnak ?

— Ah ! Karnak, oui. Il y a des collines, des ruines ; j'y ai tué des poules d'eau.

— As-tu entendu parler d'une statue de pierre qui salue le soleil en chantant ?

— Oui.

— Ah ! nous y voilà ! Où est cette statue ?

— Au fleuve Jaune, dans le royaume du grand Brededin-Assem, qui a des montagnes d'or.

— Va te promener, dit le savant ; il vaut mieux causer avec le sphinx qu'avec ces fous orientaux. »

En causant ainsi, ils arrivèrent à la seconde cataracte, qui coulait tranquillement comme la première; deux crocodiles dormaient sur un lit de mousse, entre les deux principaux courants de la cataracte. « Ces animaux sont sourds, dit Hummer; mais passons outre, de peur de les réveiller. »

La troisième cataracte ressemblait aux deux autres, et n'offrit au voyageur d'autre incident nouveau qu'une gracieuse famille d'ibis endormis, le bec sous l'aile, sur un petit rocher vert qui divisait les eaux. Hummer rendit la liberté à ses oreilles, et s'embarqua sur un caïque pour Dongola.

Il disait, en voguant sur le fleuve : « Mon expédition aux trois cataractes sera d'un grand secours pour la science. D'abord, j'ai constaté l'existence des cataractes; point essentiel. Ensuite, j'ai reconnu que le conseil que nous avions donné aux habitants avait été rigoureusement suivi, puisque je n'ai rencontré que des ibis et des crocodiles sourds. On pourrait seulement élever des objections contre la hauteur des cataractes, mais elles ne seraient pas sérieuses. Les chutes ont deux mille toises de hauteur, quoiqu'elles paraissent horizontales à l'observateur superficiel. En physique et en hydrologie, on calcule la hauteur des chutes d'eau d'après l'élévation des montagnes où elles ont leur réservoir. Or, les montagnes de la Lune étant le berceau des cataractes, ces cataractes ont deux mille toises de chute. Niagara est un nain. Tout ce que nous avons écrit sur ce chapitre, et tout ce que Scipion l'Africain en a rêvé, se trouve conforme à la vérité. Maintenant il me reste à faire une dernière observation, la plus importante. Je veux visiter la presqu'île de Méroé. »

En arrivant à Dongola, Hummer était d'une belle maigreur scientifique, et son guide, qui était son médecin, lui conseilla de prendre un peu de repos et de boire du lait de chamelle.

« Prendre du repos ! s'écria l'héroïque Hummer, quand Méroé me tend les bras de sa presqu'île, quand je vois à l'horizon le berceau de ces illustres gymnosophistes qu'Hérodote admirait tant! A chameau tout de suite, et à Méroé! Où est Méroé? »

Le guide répéta Méroé en regardant le sable et le ciel.

« Comment! dit Hummer indigné, tu te donnes pour guide et tu ne sais pas me conduire à Méroé, le berceau des gymnosophistes, où Hérodote a vécu trois ans! »

Le guide resta muet.

« Eh bien! marchons toujours... Comment appelles-tu ce désert?

— Le Sennaar.

— C'est le Sennaar, cela? En avant! Méroé n'est pas loin.

— Vous voulez traverser le Sennaar, maître?

— Et pourquoi pas? Est-ce que je suis le premier? Cambyse l'a bien traversé à la tête de quatre cent trente-deux mille hommes d'infanterie et de vingt-sept mille chevaux, comme je l'ai dit. Il est vrai que tout cela fut asphyxié là-bas, de ce côté, dans un vallon qui mène en Éthiopie; mais je n'ai rien à faire dans ce vallon, moi; il me suffit de savoir qu'il existe...

— Il n'existe pas, maître.

— Ce vallon n'existe pas?

— Non, maître.

— Ah! tu veux mieux le savoir qu'Hérodote! Cambyse n'a pas été étouffé dans un vallon qui lie la Nubie à l'Éthiopie?

— Maître, il est possible que Cambyse ait été étouffé...

— Comment! Cambise n'a pas été étouffé....

— Il l'a été si vous voulez, mais ce n'est pas dans ce vallon.

— On a trouvé des ossements de Perses dans le sable; c'est un fait.

— On trouve des ossements partout dans le désert.

— Mais de Perses?

— De Perses, de girafes, d'autruches, de chacals....

— C'est bon, mon ami, c'est bon; veux-tu m'accompagner, oui ou non?

— Non, maître.

— J'irai seul à Méroé; je connais le pays mieux que toi. Adieu. »

Hummer prit ses instruments de mathématiques et reconnut qu'il était arrivé au dix-neuvième degré de latitude nord et au quarante-huitième de longitude, méridien de l'île de Fer.

Voyageant la nuit sur les étoiles, dormant le jour, comptant sur l'hospitalité proverbiale des Arabes, il traversa seul le désert de Sennaar et retrouva le Nil.

« Bien ! dit Hummer, voilà mon fleuve, et je tiens Méroé. Le Nil, après avoir reçu le Tacazzé, se replie sur lui-même et forme la presqu'île de Méroé. J'aperçois une caravane qui va probablement à Méroé ; il faut questionner le chef…. Que la lumière du Prophète soit avec vous et guide vos frères dans le désert ! » dit Hummer en s'approchant du chef de la caravane.

C'était un vieillard tout habillé de blanc, la barbe et les cheveux compris.

« Mon fils est égaré dans ces solitudes par le mauvais esprit du désert ?

— Je cherche Méroé, le berceau des gymnosophistes et le paradis terrestre de la Nubie. Pouvez-vous étendre votre main vers Méroé pour me guider ?

— Depuis soixante ans, mon fils, je traverse le Sennaar, et je n'ai jamais entendu parler de Méroé. L'an dernier, j'ai vendu une Abyssinienne de ce nom à notre seigneur Ibrahim-Bey.

— Croyez-vous, mon père, que le Nil se replie sur lui même de ce côté ?

— Il est possible qu'il se replie là-bas, vers le levant. Ce n'est pas le chemin des caravanes.

— Mon père, que le Prophète vous garde des embûches du crocodile et vous donne de l'eau fraîche au milieu du jour ! »

Hummer tourna le dos à la caravane en disant : « Mais a-t-on jamais vu de pareils idiots ! En arrivant à Munich, je ferai une note fulminante contre ce peuple stupide qui ne connaît pas son pays. Ombre d'Hérodote, guide mon chameau ! »

Plein de confiance en cette invocation, il résolut de côtoyer le Nil jusqu'au Tacazzé. L'eau et les dattes fraîches ne lui manquaient pas, cela lui suffisait. Tous les matins, à l'aube, il jetait un rapide coup d'œil sur le désert, et suivait du regard le Nil éternel, qui descendait des abîmes de l'horizon en exhalant une brume grise. Sur les deux rives, le désert blanc se déroulait à perte de vue, laissant à découvert par intervalles quelques buissons de nopals ou un bouquet de palmiers stériles et agonisants. Le soleil ne se laissait entrevoir qu'à travers une atmosphère massive de sable volant, dont chaque grain était une étincelle ; on ne sentait, on ne voyait, on n'aspirait que du feu.

Hummer, pour rafraîchir sa tête brûlante, avait recours à ses monologues scientifiques, et il se disait : « La terre doit avoir subi un cataclysme depuis Hérodote, et ce climat est bien changé à coup sûr ; car il est prouvé que nous avons vu ici deux mille cités, deux mille, ni plus ni moins : Hérodote les a vues, et moi aussi, par conséquent. L'Égypte était alors, comme l'a dit Hérodote, une longue rue traversée par un ruisseau. La rue, c'étaient les deux mille villes ; le ruisseau, c'était ce Nil. Certainement, il en reste bien encore de ces villes ; sept ou huit, et en ruines ; mais les autres, que sont-elles devenues ? C'est ici qu'un commentaire est indispensable, et pourtant un écolier le ferait. Ce qu'elles sont devenues, ces villes ? O voyageur frivole, oses-tu le demander ? Les voilà, les voilà, partout, devant toi, à tes côtés, sous tes pieds, dans tes sandales, dans tes cheveux, à tes paupières ! Ces villes étaient poussière, comme nous ; elles sont redevenues poussière : le temps les a pilées comme des grains d'orge dans un mortier. Voyez donc combien il faut de villes pour faire un désert de sable ! deux mille. O Hérodote, ta plume ne fut jamais que le conducteur de la vérité. »

Hummer promena ses regards mélancoliques sur tant de villes changées en sable ; et il contemplait dans le vide les temples, les pyramides, les pylônes, les galeries qui se dressaient des deux côtés du fleuve et faisaient au fleuve une bordure monumentale de granit. Ce beau spectacle ravissait Hummer ; il bondissait de joie sur son chameau. Cependant la chaleur était élevée à son *maximum* homicide ; le Nil fumait comme une source thermale ; le sable rayonnait d'embrasement, comme le miroir d'Archimède ; les ibis se rôtissaient au vol ; la cervelle d'Hummer était en ébullition dans le crâne. Un zéphire incendiaire étreignait le voyageur: on aurait dit que le soleil roulait en fusion dans l'espace, ou que des laves aériennes descendaient d'un volcan du ciel.

« Qu'il est doux, disait le savant, qu'il est doux de respirer à l'ombre de ces sycomores qui s'élevaient jadis, comme des panaches, sur les temples de cette cité! Salut, Crocodilopolis, ville superbe où le saint reptile était adoré! tu n'as de rivale, parmi tes deux mille sœurs, que la cité d'Hermès, Hermopolis, parce que la divine Hermopolis a le plus beau des portiques, un portique dont le plafond est azuré comme le ciel et étoilé d'or comme la nuit. Les barbares te nomment Achmounaïn aujourd'hui, ô ville d'Hermès! et toi, Crocodipolis, ils ne te nomment pas; ils disent que le Nil a rongé la dernière de tes assises! Oh! le fleuve sacré ne dévore pas ses filles! il les abreuve, il les caresse, il emplit leurs mille cuves de porphyre, afin qu'elles baignent leurs beaux corps, polis comme l'ébène ou le sein de la vierge de Méroé!

« Qu'elles étaient puissantes, les mains du peuple qui arracha ces deux mille cités aux carrières de la chaîne libyque, et les sema ainsi, gracieuses et fortes, depuis Gondar jusqu'à Memphis! Je ne me lasse pas d'admirer cette succession infinie de temples si profondément enracinés; ces pylônes évasés sur leur base; ces obélisques prodigués comme des aiguilles de femme sur la mosaïque du gynécée; ces colosses montagnes sculptées sur place; ces galeries qui courent le long du Nil, comme des allées de palmiers où se promènent les vierges d'Isis et d'Osiris; ces pyramides qui présentent une face au soleil et donnent une ombre triple aux pèlerins des caravanes; ces palais où conversent les rois et les sages; ces hôtelleries où s'arrêtent les mages de l'Orient; ces caravansérails épanouis aux portes des villes pour donner la joie de l'hospitalité à l'indigent voyageur! Qui pourra dénombrer tant de merveilles? Quel œil assez patient pourra lire toute cette histoire symbolique, écrite dans un alphabet mystérieux sur des pages de granit : arabesque inépuisable, toujours scellée du scarabée d'azur, cette image de l'Être invisible qui tient le monde dans ses doigts ? Comptez ces hiéroglyphes : vous compteriez plutôt les atomes de sable qui font ce désert, ou les gouttes d'eau que le Nil tient en réserve dans les monts abyssins. »

Hummer resta muet dans l'extase de la contemplation. Ses yeux ne pouvaient se détacher de ce magnifique spectacle du néant égyptien. Il était alors par le cinquième degré de latitude nord et le cinquante-cinquième de longitude. « Oh! s'écria-t-il, je respire! Méroé! Le Nil fuit vers le levant! A moi, Méroé! »

Cette région nouvelle était effrayante de solitude; on croit traverser, avant tous les voyageurs, une de ces zones de l'Afrique intérieure, où jamais les pas d'un homme ne furent empreints. Méroé n'a point de route indiquée par les bornes; il faut s'y rendre d'instinct; c'est une perle qu'on cherche dans le sable et l'immensité : un Allemand seul pouvait la découvrir.

A cinq heures du soir, le savant se trouvait en plein sable, comme on se trouve en pleine mer ; un horizon d'un cercle parfait s'étendait autour de lui ; et partout, à ces distances infinies où le désert se fond avec l'azur fondé du ciel, il apercevait, vers le couchant, les bornes noires qui marquent aux caravanes la route de l'Abyssinie. Cette solitude était attristée de ce silence inouï qui ne règne que dans le voisinage des nues, et qui frappe tant les voyageurs d'un aérostat. Hummer reconnaissait à tous ces indices l'approche de Méroé; son chameau donnait des signes de joie, comme s'il eût deviné le terme du voyage.

A mesure que le soleil descendait dans les nuages rouges et crevassés de l'horizon du couchant, tout le ciel se dégageait, à l'orient, des vapeurs de la journée; l'atmosphère reprenait sa transparence, et permettait au regard de distinguer les objets dans un lointain resplendissant d'une pureté sereine. Hummer était comme le voyageur qui succombe à la faim et cherche dans l'air le clocher providentiel qui lui promet une hôtellerie : à force d'interroger l'horizon, il aperçut une pointe sombre qui surgissait des monticules de sable. Ce n'était pas une illusion.

La pointe se fit pyramide; Hummer descendit dans une vallée, et, en remontant sur la dune opposée, il distingua un amoncellement de pyramides qui se détachaient comme sur un champ de neige. Le chameau aspira l'air avec une violente agitation de narines, et courut de toute la vitesse d'un cheval arabe. Hummer pleurait de joie; il assistait à la création d'un monde, comme Adam; l'antiquité se révélait à lui dans des solitudes inabordables et inconnues. Méroé, cette noble fille d'Isis et d'Osiris, abandonnée comme Ariane, avait retrouvé un adorateur.

« Que de siècles se sont écoulés, disait Hummer, depuis qu'elle se livre ainsi seule aux caresses du soleil ! Personne, avant moi, n'a osé soulever ce linceul funèbre qui la couvre, le linceul du désert ! »

Et le voyageur se penchait comme un amant sur l'image adorée, et il jetait à l'air le nom de la ville sainte. Le cri expirait sans écho dans la plaine immense; on n'entendait que le grand Nil qui parlait au désert.

« Quarante pyramides ! » s'écria Hummer.

Et il se précipita de son chameau sur le sable. Il baisa ce sable auguste; il contempla, dans le ravissement, les premières traces de ses pieds, qui ouvraient enfin un sillon dans cet océan de poussière. Il s'arrêtait pour prêter l'oreille à un applaudissement d'êtres invisibles, témoins surnaturels de son héroïque courage; quelquefois il croyait entrevoir l'ombre d'Hérodote assise et drapée d'un linceul, au pied d'une pyramide : c'était un vieux palmier sans feuilles, que le dernier simoun avait blanchi de sable; de pâles sycomores, inclinés et relevés par le vent, lui apparaissaient comme un groupe de gymnosophistes excités par la discussion et cherchant entre eux la sagesse.

Hummer s'arrêta devant ces quarante tombes gigantesques, bâties en quinconce et assez bien conservées. Autour d'elles, le sol était jonché de ruines amoncelées comme à Thèbes. Le voyageur cherchait une place pour s'asseoir et contempler à l'aise ces merveilles, lorsque, en doublant l'angle d'une pyramide, il aperçut une berline à quatre roues, façon anglaise. Robinson apercevant la trace d'un pied d'homme dans son île fut moins épouvanté que le savant Hummer devant cette berline. D'abord il la considéra longtemps avec des yeux effarés, puis il s'approcha sur la pointe des pieds, et fit lever deux autruches retranchées dans un buisson d'aloès. Hummer reconnut du premier coup que la berline n'était pas antique; il en fit le tour, et il admira un travail de carrossier bien supérieur au génie industriel des gymnosophistes. Une plaque de cuivre incrustée sous le siége portait cette inscription : MILNE. EDGWARD, ROOD, LONDON.

Hummer croisa ses mains et les éleva au-dessus de sa tête, comme l'adepte qui va pousser le cri de détresse. Un instant il crut que l'ophthalmie avait une seconde fois éteint ses yeux, et que ce qu'il voyait était le rêve d'un aveugle.

« Une berline anglaise à Méroé! disait-il; *Milne, London!* »

Après une longue pause, il prit une détermination :

« Marchons toujours, dit-il; peut-être trouverai-je les chevaux. »

En effet, à vingt pas plus loin, il découvrit deux beaux chevaux noirs qui mangeaient l'avoine dans une cuve antique de basalte : l'avoine était moderne. Les chevaux regardèrent Hummer, et ne furent pas étonnés.

« Est-ce Hérodote qui, touché de ma fatigue, m'envoie ce magnifique présent? » dit-il en levant ses yeux au ciel.

Cette idée lui plut, et il s'amusait à la caresser, lorsqu'une troisième surprise le cloua sur un piédestal de sphinx qu'il allait franchir.

Il avait vu trois Européens, élégamment vêtus, assis à l'est d'une pyramide. Deux de ces messieurs jouaient aux échecs, le troisième lisait un journal pyramidal. Un peu plus loin, deux dames, vêtues de blanc, se promenaient sous leurs ombrelles; une troisième se tenait mélancoliquement à l'écart et brodait de la tapisserie. Hummer ne put retenir un cri de surprise qui ricocha contre les quarante échos des pyramides. A ce cri, l'Européen qui lisait le journal se leva; les deux autres restèrent courbés sur l'échiquier.

Hummer, ne pouvant plus garder l'incognito, marcha courageusement à la suite de son cri, et tendit la main à l'étranger, qui s'avançait aussi vers lui en riant.

« Je suis fâché de vous avoir dérangé, dit Hummer en allemand ; excusez-moi de vous avoir troublé dans votre solitude. »

On lui répondit, en anglais et en allemand, que cette terre appartenait à tout le monde, et que chacun était libre de s'y promener. Hummer fut présenté aux joueurs d'échecs et aux trois dames, et on l'invita à dîner, ce qu'il accepta de verve.

L'Anglais du journal entama la conversation avec Hummer, pour adoucir l'expectative du dîner.

« Vous êtes venu seul ici, monsieur ? dit l'Anglais.

— Seul, avec mon chameau.

— Vous faites un voyage scientifique, sans doute ?

— Oui, monsieur ; je visite ce pays pour achever mes commentaires sur Hérodote.

— Ah ! j'en retiens un exemplaire ; voici mon adresse : John Mawbrick, *Regent-Circus*, à Londres.

— Je vous l'enverrai de Munich, vous pouvez y compter. Est-ce un voyage scientifique que vous faites en famille ?

— Nous, c'est une promenade d'agrément ; voilà déjà huit jours que nous sommes ici.

— A Méroé ?

— Vous appelez cela Méroé ? nous avons nommé ce pays Mawbrick-Town.

— Y a-t-il longtemps que vous avez quitté Londres ?

— Non, cinq ans.

— Vous devez avoir vu bien du pays, en cinq ans !

— Pas trop ; nous arrivons du cap de Bonne-Espérance, où nous avons des vignobles : il faut soigner ses propriétés. Au retour du Cap, en passant par Paris, nous avons adopté une petite promenade en Égypte pour amuser ces dames, ma femme et mes deux belles-sœurs ; vous voyez les trois frères

Mawbrick... De course en course, nous avons poussé jusqu'ici : notre guide nous a promis un *simoun* à la nouvelle lune, et nous l'attendons ; on ne peut pas quitter l'Égypte sans avoir vu un simoun.

— Vous avez raison. Avez-vous rencontré ici quelques traces de la secte des gymnosophistes?

— Nous avons trouvé beaucoup de momies : ces pyramides en sont pleines.

— Des momies de gymnosophistes!

— Ah! elles ne sont pas signées : ce sont des momies anonymes.

— Peut-on les emporter?

— Vous en êtes le maître. Nous avons avec nous, dans l'autre voiture de là-bas, le fameux pharmacien-chimiste du *Strand*, Fallon-White, qui fait une provision de ces momies dans ses caissons.

— Pour la galerie nationale de Charing-Cross?

— Non, pour en faire des remèdes de famille : ces momies mêlées à l'essence de rhubarbe composent un digestif souverain; c'est reconnu.

— Un digestif avec des momies! s'écria Hummer en reculant de trois pas; un digestif avec les cendres des gymnosophistes! Mais il n'y a donc rien de sacré pour les pharmaciens?

— Que voulez-vous? c'est la mode. White est patenté pour sa découverte ; il est déjà venu quatre fois ici, pour choisir lui-même sa marchandise : ses correspondants le trompaient indignement. On lui expédiait des momies de janissaires fabriquées à Boulaq par un Italien. Un chef de maison doit venir sur les lieux. De Londres à cette pyramide, il y a un peu plus loin que de Regent-Circus à Richmond. Notre globe est très-petit. Voulez-vous que nous allions dîner? Le couvert est mis entre ces deux sphinx. »

Hummer apporta au dîner une figure bouleversée par la surprise et l'indignation. Il salua ses convives et s'assit à la place qu'on lui désigna. John Mawbrick lui dit :

« Monsieur Hummer, vous excuserez ces dames; elles font un peu de toilette, elles étaient en négligé de voyage. »

Ce John était le seul Anglais causeur de la compagnie : les voyages l'avaient francisé. Ses deux frères méditaient encore sur le *king's gambit*, et avaient déposé chacun deux pions sur leurs assiettes, qu'ils poussaient avec le couteau. Deux domestiques, en grand costume d'antichambre, apportaient les plats. Le couvert était mis sur une grande dalle de granit rose, posée aux angles sur quatre sphinx.

« Nous vous donnons un dîner sans façon; monsieur Hummer, dit John Mawbrick; à la campagne comme à la campagne. Voulez-vous commencer par ces filets de bœuf au madère, ou par ces suprêmes de chevreuil? »

Hummer jeta un regard d'effroi sur ces mets mystérieux, et refusa, malgré son appétit qui lui parlait impérieusement. Il croyait voir des filets de gymnosophistes; il lui semblait qu'Hérodote lui-même lui était offert en détail, sous le pseudonyme de chevreuil.

« Monsieur, dit-il à l'Anglais, me permettez-vous de vous demander d'où viennent vos provisions?

— De Chevet, Palais-Royal, à Paris; ce sont des conserves que nous avons achetées en passant. Cela dispense, en voyage, des embarras de la cuisine. Ah! voici ces dames! »

Les dames étaient en costume de gala. Elles s'assirent sur des pliants, ôtèrent leurs mitaines, en saluant gracieusement les convives, et se servirent du clairet dans de belles coupes de cristal de Bohême.

« Et voici notre chimiste, dit John Mawbrick. Toujours en retard, monsieur White! »

Le chimiste demanda de l'eau pour une ablution de mains; un domestique lui apporta une aiguière d'argent.

« De quels horribles mystères sort-il? » murmura Hummer.

Fallon-White était un Anglais de soixante ans; sa figure était fraîche, régulière et commune; il était chauve, comme tous les pharmaciens de Londres.

« Monsieur White, dit John Mawbrick en lui servant du chevreuil, nous avons un nouveau convive, M. Hummer, de Munich, qui nous a fait l'honneur d'une petite visite. »

Hummer et M. White se saluèrent.

« Monsieur vient ici par curiosité ? dit White.

— Oui, monsieur, pour la science.

— Il n'y a pas grand'chose à voir, comme vous voyez. Quand vous aurez passé devant ces quarante nids de chauves-souris, vous direz bonsoir à la compagnie. C'est l'affaire de quarante minutes.

— Avez-vous bien travaillé aujourd'hui, White? demanda Mawbrick.

— J'ai attaqué le second puits; mais la marchandise y est avariée. Sur quarante-huit sujets que j'ai démaillotés, j'en ai trouvé deux pour le commerce. J'attaquerai demain le troisième puits.

— L'infâme ! dit tout bas Hummer.

— Il faut se dépêcher d'exploiter ces antiquailles, poursuivit le pharmacien; les confrères arriveront, je ne veux leur laisser que le rebut. Je suis fort content des deux sujets que j'ai dépecés ce matin ; ce devaient être des gens fort distingués de l'époque : ils étaient sous verre et embaumés avec de l'aloès et du bitume première qualité.

— Sous verre! avez-vous dit, monsieur? s'écria Hummer.

— Oui, sous verre, Cela vous étonne? J'en ai trouvé cent comme cela.

— Ce sont des gymnosophistes ! Les gymnosophistes seuls étaient embaumés sous verre. Ce sont des gymnosophistes ! Ah!

— Eh bien, quand ce seraient des tories?

— Avez-vous trouvé dans les caisses des scarabées?

— Verts.

— Verts! c'est cela : le scarabée sacré ! Il n'y en a plus en Égypte; la seule Méroé a gardé le scarabée. Vous avez donc vu des scarabées verts?

— J'en ai mangé ce matin.

— *Shocking!* s'écria mélodieusement une des dames; ces messieurs n'auraient donc pu trouver, à table, une autre conversation? »

Cette censure arrêta le dialogue. Le repas devint silencieux. Hummer avait croisé les bras et méditait profondément. Au dessert, on lui rendit sa liberté.

Après avoir donné ses soins à son chameau, Hummer explora les ruines de Méroé. La nuit le surprit; des abîmes du désert, la lune se leva large et rouge, et donna aux ruines une teinte désolée. Le voyageur sentait son cœur se serrer en voyant à chaque pas les traces récentes des sacriléges violations de la tombe.

« Quelle horreur! disait-il. Ne dirait-on pas que la sainteté du sépulcre se prescrit après un temps convenu; que ce qui est sacrilége après un siècle est chose licite après mille ans? O morale! tu n'es plus qu'un nom! L'Élysée des gymnosophistes est aujourd'hui une boutique de pharmacien! Sainte et virginale Méroé, te voilà livrée aux ongles des barbares! Cambyse est vaincu par les Anglais! Quel commentaire je prépare sur ces profanations! »

Il se tut pour écouter des bruits mystérieux qui passaient dans l'air, et crut entendre les ombres des gymnosophistes qui demandaient vengeance et se plaignaient d'entrer comme éléments apéritifs dans la composition pharmaceutique du *sedlitz-powder*.

John Mawbrick sortit d'une pyramide en robe de chambre de brocart et aborda gaiement Hummer.

« J'ai fait préparer votre appartement, lui dit-il, 39, Pyramide-Street, à l'entre-sol. Je suis votre voisin; mon domestique a été chercher pour vous un lit de plume à la barque. Prenez-vous du thé? »

Hummer fit un signe négatif plein de nonchalance et de mélancolie. John Mawbrick continua :

« Nous attendons ce soir, par la voie du Nil, la famille Sappleton, qui a passé la belle saison à Dongolah; une famille charmante! Elle vient nous faire une petite visite; nous danserons. Eh! mon Dieu! il faut bien tuer le temps.

— Vous danserez à Méroé! dit Hummer d'une voix consternée.

— Eh! pourquoi pas? puisque nous aurons huit dames et un violon, et une salle de bal charmante dans la pyramide numéro 7. J'allais en ce moment à la barque pour choisir quelques étoffes de tenture dans notre magasin flottant. Toute notre maison de Regent-Circus marche avec nous, comme vous voyez. Sans adieu. »

Hummer prit une résolution énergique.

« Si je restais ici, dit-il en fermant les poings, je me ferais le complice de ces épouvantables profanations; mon chameau a pris du repos et de la nourriture pour dix jours; moi, je suis à l'épreuve de tout : partons, fuyons cette Méroé si indignement violée! Mais ce sont des démons, ces Anglais! Ils s'installent partout comme chez eux; ils numérotent les pyramides; ils appellent Méroé Mawbrick-Town; ils se purgent avec des gymnosophistes; ils dansent sur des tombes; ils se moquent d'Hérodote, de Dieu et de moi! Allons dénoncer ces forfaits à l'Europe, allons! »

En traversant Pyramide-Street pour aller à son chameau, Hummer aperçut les deux autres Anglais qui faisaient leur toilette de bal devant une glace suspendue au cou d'un sphinx, entre deux girandoles à bougies diaphanes. Les dames prenaient du thé derrière un paravent.

« Oh! si le ciel de Méroé avait un seul tonnerre dans son arsenal, dit Hummer, je le payerais de ma vie pour le voir tomber sur ces Cambyses à gants blancs! »

Cependant, à la faveur des ténèbres, il ramassa quelques débris des chevreuils et des filets de Chevet. Pour rassurer sa conscience, il dit :

« J'imite les Hébreux, *in exitu de Ægypto, de populo barbaro*. Eux prirent les plats, moi les viandes : Dieu me pardonnera. »

Il remonta sur son chameau et s'enfonça dans le désert tout illuminé par la lune, ce doux soleil des voyageurs en Égypte.

Dans sa route faite sur le sable ou sur le Nil, Hummer ferma les yeux sur tout ce qu'il voyait; une seule et constante pensée l'absorba, le sacrilége de Méroé! La nuit, il faisait des songes affreux; il voyait Hérodote pleurant sur un alambic de chimiste, et M. Fallon-White dépeçant un gymnosophiste et suspendant les lambeaux noircis aux étalages de Chevet. Oh! comme il regretta d'avoir été guéri de son ophthalmie! « Voilà donc à quoi servent les yeux! » disait-il, et il affrontait le soleil, comme l'aigle, pour redevenir aveugle; mais sa paupière se raffermissait.

Ce n'est qu'à son départ d'Alexandrie qu'il commença ses commentaires. En arrivant à Gênes, il en avait écrit deux volumes; à la douane, la police sarde les lui confisqua, parce que certains passages élevaient des doutes sur l'infaillibilité de la Bible.

« Je les écrirai une seconde fois à Munich, dit-il, avec un nouveau commentaire sur la douane de Gênes. »

Ce qu'entendant, deux sbires le conduisirent en prison.

Après deux mois de captivité, il lui fut permis de rentrer en Allemagne. Arrivé à Munich, il écrivit ses commentaires, et, l'œuvre terminée, il proposa successivement son nouveau manuscrit à tous les éditeurs de l'Europe. Il reçut des lettres de tous, qui le félicitaient sur son beau travail, mais qui refusaient de l'imprimer, à cause d'Hérodote, qui se faisait un peu vieux.

Hummer a offert son manuscrit à la bibliothèque de Munich, où chacun peut le consulter. C'est un ouvrage qui prouve, après cent autres, que l'histoire a été écrite par des fabulistes, et la fable par des historiens.

## II

### Dans les Gaules.

En 1828, le roi de Bavière demanda une audience particulière à Victor Hummer et l'obtint.

« Monsieur, lui dit le roi, vous savez combien je m'intéresse à l'histoire ancienne, puisque je la continue dans la personne de mon fils, roi de la Grèce et successeur de Léonidas. J'ai appris vos courageuses explorations en Afrique, et je veux les récompenser ; il est temps que votre précieux manuscrit, enfoui dans la bibliothèque de Munich, soit rendu à la lumière par la voie de l'impression. J'achète votre traduction d'Hérodote cinquante mille florins, et je me déclare votre éditeur. »

Victor Hummer se jeta aux pieds du roi et frappa le plancher trois fois de son front, à la manière des Perses.

« Croyez, sire, dit-il, que je veux employer au service de la science l'argent que je reçois de vous. Avec cette somme, le monde m'appartient, et je vais traduire Strabon.

— C'est bien, » dit le roi avec un laconisme charmant.

Le roi serra la main du savant, et sortit comme un simple particulier.

Victor Hummer trouva dans sa main une lettre de change sur M. Reighanum, à Francfort-sur-le Mein, banquier fantastique, qui bâtit des châteaux en Espagne pour les Allemands.

Cependant un honnête escompteur de Munich prit la lettre de change à cinquante pour cent d'agio, pour faire honneur à l'endossement du ministre des finances bavarois. Aux yeux d'un savant, rien ne ressemble plus à cinquante mille florins que vingt-cinq mille : c'est la même chose au fond pour qui n'a rien.

Hummer se jeta tête première dans l'in-folio de Strabon ; il se réduisit à l'état de squelette, il devint diaphane, et termina son travail. Le vénérable savant, rongé par les veilles, n'était plus qu'une illusion qui s'évanouissait sur les places publiques de Munich au moindre souffle de l'air ; en se regardant au miroir, il ne voyait rien. Qu'importe l'absence du corps, si l'âme reste ? La science n'arrive qu'à ce prix.

L'âme d'Hummer, vêtue d'une légère redingote de coutil, partit pour explorer les Gaules au printemps de 1828. Elle ne paya que moitié place dans l'intérieur de la diligence : ils étaient sept voyageurs fort à l'aise, Hummer compris.

Sur la route de Marseille, cette reine des Gaules, Hummer disait : « Je vais donc voir cette cité antique, fondée six bons siècles avant le Christ, cette cité contemporaine des Tarquins, et que Strabon aimait entre toutes les villes gauloises ! »

Disant cela, il descendit à l'hôtel de la Croix-de-Malte, sur le Cours.

Le lendemain, à son réveil, il était fort indécis.

« Je ne sais trop par où commencer mes courses, disait-il ; j'ai à choisir entre le temple de Neptune, le temple d'Apollon Delphien, le temple de Diane d'Éphèse, le temple de Junon Lacinienne, le temple de Vénus *victrix*; plus le Lacidum, la *necropolis Paradisius*, le château de Jules César, la maison de Milon, les thermes, la porte Julia et une foule d'autres antiquités, dont quelques-unes modernes, comme la fameuse tour qui soutint siége, en 1539, contre le connétable de Bourbon, et la belle église gothique de *las Accoas*, dont parlent Papon et Grosson, ces deux continuateurs de Strabon. »

Il appela le garçon d'auberge et lui dit :

« Quel est le temple le plus voisin d'ici ?

— Saint-Martin, répondit le garçon.

— Bien ! dit Hummer ; c'est ici comme à Rome, où le catholicisme a hérité du paganisme. Comment appelait-on Saint-Martin dans l'antiquité ?

— Je ne sais pas, monsieur. Si vous voulez le voir, suivez la rue et prenez la gauche au bout.

— C'est bien, mon garçon ; tu n'es pas fort. »

Hummer s'achemina vers Saint-Martin, et vit une église assez laide, très-sombre, très-poudreuse, et point antique du tout.

« Mon ami, dit-il au sacristain qui passait, pourriez-vous me donner quelques explications archéologiques sur...? »

Le sacristain lui tourna brusquement le dos. Hummer sortit pour marcher au hasard à la découverte des ruines.

Il vit de magnifiques rues, des quartiers opulents, un peuple pittoresque et animé; une ville plus grande, plus belle, plus gaie que Munich : mais tout cela ne le toucha nullement ; il avait en horreur le moderne ; il cherchait *Massilia civitas*, et non pas la ville de Marseille; il cherchait des ruines, et il ne voyait que des architectes bâtissant des édifices. L'architecte est l'ennemi né de l'antiquaire; il démolit la ruine et se sert de l'antique pour faire du neuf.

En traversant une rue aussi large que *Sakewil-Street* à Dublin, il vit le plan de Marseille sur l'étalage de M. Chardon, libraire, auteur du *Guide marseillais*.

« Voilà mon affaire, dit-il, entrons. »

M. Chardon regarde Marseille comme sa propre fille; c'est lui qui s'est chargé depuis soixante ans d'être l'historiographe de la fille de Phocée. Il publie, tous les 1er janvier, un précis fort élégant qui constate les progrès de Marseille, et il orne ce travail de statistique sérieuse d'une foule de réflexions morales adressées aux femmes et aux jeunes gens.

« Monsieur, lui dit Hummer, vous avez écrit sur Marseille, si j'en crois votre enseigne; pourriez-vous avoir la bonté de me désigner les localités les plus remarquables du voyage, et de me vendre votre carte et votre *Précis?*

M. Chardon fit hommage de ses œuvres à Hummer, en l'appelant « mon confrère, » et il s'offrit de l'accompagner dans ses explorations. Hummer se confondit en remerciments, et prit son album, soit pour dessiner les ruines imposantes qu'il allait voir, soit pour prendre des notes au crayon.

« Commençons par le plus près, dit M. Chardon. Voici la rue Saint-Ferréol; comment trouvez-vous cette rue?...

— Fort belle, dit Hummer, droite comme un I.

— Comment trouvez-vous cette place avec ses marronniers?

— Fort belle place ; mais je n'aime pas les marronniers.

— Croiriez-vous, monsieur, qu'il y avait ici une église superbe?

— Une église antique, une *basilica*, est-il possible monsieur?

— Il n'en reste pas une pierre, comme vous voyez.

— C'est juste; il y a des marronniers. C'est fort curieux, cela. Diable! on ne détruit pas mal chez vous. Passons à une autre curiosité.

— Je vais vous montrer maintenant la *necropolis Paradisius*, j'en ai parlé dans mon ouvrage.

— Et moi dans Strabon. Permettez que je prépare une feuille de papier pour prendre une vue de ce fameux *Paradisius*.

— Le voilà, dit M. Chardon. Le cimetière n'existe plus; mais il pourrait exister, si l'on n'eût pas bâti cette rue que vous voyez, et qu'on appelle avec raison rue Paradis.

— C'est très-bien! Passons à une autre merveille; voilà un cimetière parfaitement enterré.

— Ce chemin que vous voyez conduit à la fameuse montagne immortalisée par Lucain.

— Quoi! s'écria Hummer, c'est le chemin de la *Silva Sacra?*

. . . . . . . . . . . . Cette forêt sacrée,
En tout temps des humains et du temps révérée;

cette forêt où les druides faisaient des sacrifices humains; cette forêt où Trébonius, le lieutenant de César, coupait des chênes énormes, *robur*, pour les galères de sa flotte; cette forêt qui couvrait de son ombre le temple de marbre de Neptune Sidonien! Oh! courons!

— La forêt existerait encore, si les humains et le temps ne l'eussent pas détruite....

— Elle est détruite, la *Sacra Silva!* il n'en reste rien?

— Pas un arbre! mais vous pourrez voir d'ici la montagne dépouillée où s'éleva cette forêt sainte....

— Allons toujours voir les ruines du temple de Neptune Sidonien....

— Le temple a suivi la forêt. Nous pouvons passer à d'autres antiquités, si vous voulez bien.

— Quoi! ce beau temple lui aussi tombé en ruines! ses ruines en poussière! sa poussière au néant! Courons me consoler ailleurs. »

M. Chardon était consterné de la désolation de Victor Hummer; il marchait devant lui dans la direction de la vieille ville, et semblait lui dire par ses gestes : « Attendez, je vais essayer de vous montrer quelque chose; ne vous désespérez pas. »

A l'heure où ils traversaient les quais du port, la ville était rayonnante; le monde entier y avait envoyé ses représentants : l'Amérique, l'Afrique, l'Asie, l'Océanie, se promenaient sous les tentes jetées, comme des ponts chinois, des croisées des maisons aux antennes des navires. Tous les dialectes de la terre se croisaient dans cette Babel navale; c'était une mosaïque ambulante de tous les costumes connus et inconnus, de tous les visages que le soleil nuance entre les tropiques, depuis l'ébène jusqu'au bronze. L'air n'avait pas assez d'échos pour répondre à tant de voix, à tant de cris, à tant de chants; l'eau du port avait disparu sous les navires; la forêt sacrée, dépouillée de ses feuilles, semblait être descendue de la montagne voisine pour donner ses mâts innombrables à toutes les flottes de l'univers.

Hummer ne daigna pas jeter un seul regard à ce tableau extraordinaire; il eût donné tout Strabon pour voir devant lui, au lieu de ce port si animé, le tranquille *Lacidum*, désert et silencieux, et deux trirèmes de Trébonius à l'ancre, arrivées d'Ostie le matin.

M. Chardon conduisit le savant étranger à la rue des Grands-Carmes, et le fit arrêter devant la maison n° 55. C'était une maison recrépie à neuf, et dont la façade reluisait d'une ocre vive, comme la salle d'un cabaret de village.

« Voilà, dit M. Chardon, la maison de Milon.

— Milon le Crotoniate? demanda Hummer.

— Milon, l'assassin de Clodius.

— Permettez, monsieur Chardon : je regarde Milon comme un homme plus malheureux que coupable; Milon a tué Clodius, le fait est vrai; mais Milon ne peut être appelé assassin. Vous savez très-bien que Milon était accompagné de sa famille, et qu'il était drapé de son manteau, *pænulatus*, comme dit Cicéron, lorsqu'il eut le malheur de trouver Clodius sous son épée. Or, si Milon eût prémédité son action, il eût laissé à Rome sa femme et son manteau, choses fort embarrassantes pour commettre un assassinat. M. de Voltaire est tombé dans la même erreur que vous, dans sa traduction d'un passage d'Homère, lorsqu'il dit en parlant d'Achille :

Le meurtrier d'Hector en ce moment tranquille.

Achille s'était battu loyalement avec Hector, ce n'était pas un meurtrier. Ces mots, meurtrier et assassin, emportent toujours avec eux quelque chose d'infamant. »

M. Chardon s'excusa d'avoir outragé la mémoire de Milon.

« Vous dites donc, poursuivit Hummer, que cette maison a appartenu à Milon ?

— Oui, monsieur, n° 55.

— Il paraît qu'on a commis le sacrilége de la restaurer à neuf.

— Non, monsieur, on l'a rebâtie : l'autre tombait en ruine.

— On l'a rebâtie avec les ruines de la maison antique !

— Non, avec les ruines d'une maison moderne qui avait cent ans. Tous les cent ans on rebâtit la maison de Milon : il y en a eu vingt comme cela depuis le vainqueur de Clodius. On n'a pu trouver que ce moyen de conserver cette précieuse antiquité.

— Plaisantez-vous, monsieur Chardon ? dit Hummer pâle et indigné.

— Oh ! je plaisante rarement : je suis libraire.

— Vous êtes libraire, et vous ne frémissez pas sur le seuil de cette maison ! et vous ne lui donnez pas un coup de marteau, comme on fait sur le vase sacré profané dans le tabernacle ! Venez, monsieur, entraînez-moi à d'autres antiquités.

— Justement, nous sommes ici sur le boulevard des Dames, et....

— Le boulevard illustré par les Marseillais au siége du connétable de Bourbon! Oh! c'est beau comme l'antique! Je ne connais dans l'histoire qu'un trait de ce genre, c'est à Carthage. Hélas! les remparts de Carthage ont disparu avec les héroïques Carthaginoises qui les avaient défendus! Du moins, ici, le rempart est resté comme un monument de vertu. Voyons ce boulevard.

— Voilà ce boulevard; il est là devant vous.

— Il me semble que je ne vois rien.

— Il n'y a rien du tout, en effet; mais voilà le terrain où vous auriez vu ce rempart, s'il n'eût pas été démoli.

— Mais vous avez eu des aïeux bien démolisseurs, monsieur Chardon?

— Ah! le Sarrasin et la faux du Temps!

— Bah! le Sarrasin et la faux du temps! voilà d'étranges excuses! Le Sarrasin a bon dos, et le Temps aussi. Les hommes ont la rage de détruire, et puis ils mettent tout sur le compte des Sarrasins et du Temps! Le Temps! mais savez-vous bien que le Temps, tout rongeur qu'on le dit, ne mangerait pas une écaille de colonne en mille ans, s'il n'avait pas l'homme pour collaborateur?

— Que voulez-vous? dit M. Chardon tout tremblant; je suis désolé de ne pouvoir vous montrer ce boulevard, d'autant plus qu'une de mes aïeules, Mme Vivaux, fut nommée sergent-major sur la brèche, le quarantième jour du siége. Je vous montrerai son portrait.

— Montrez-moi, je vous prie, les deux célèbres temples dont j'ai parlé dans Strabon, le temple d'Éphèse et le temple d'Apollon Delphien. Vous savez que j'ai dit que ces deux temples magnifiques étaient dans l'enceinte de la citadelle. Montrez-moi la citadelle.

— Voilà la citadelle bâtie par....

— Protys.

— Non, par Louis XIV. Elle ne renferme que deux pièces de canon encloués et un mortier muet.

— Et mes deux temples?

— Vos deux temples n'existent plus.

— Oh! cela ne peut se passer ainsi; il me faut au moins quelques ruines, quelques tronçons, quelques pierres! Comment! j'ai vu en Égypte les ruines du temple d'Hermès, que les barbares nomment Achmounaïn, et qui florissait deux mille cinq cents ans avant le Christ, et je ne trouverai pas une pierre de mon *Ephesium* et de mon *Apollo Delphicus!* Mais je dénoncerai vos aïeux à l'Europe, je composerai sur eux un *Misogallo*, comme Alfieri. Monsieur Chardon, songez-y bien.

— Je suis au désespoir, croyez-le bien, monsieur. Tout ce que je puis vous montrer de cette place, c'est le château de Jules César; nous sommes ici à la Joliette.

— Ah! voyons toujours cela....

— Le château de César était bâti là, devant vous....

— Eh bien, après?

— Après?... je vous prie de m'excuser, monsieur, c'est encore un trésor perdu....

— Oh! monsieur Chardon, si je ne me retenais, si je n'étouffais pas le dieu qui gronde dans mon sein....

— Nous avons un temple de Diane là-bas, dit rapidement M. Chardon, toujours plus effrayé de la colère du savant, et voulant faire diversion.

— Un temple de Diane! où? s'écria Hummer.

— Venez, monsieur, venez.... Vous voyez bien cette église?

— Oui, elle est fort laide.

— C'est l'église Majeure, la *Major*. Il y a des savants qui disent que c'est le temple de Diane.

— Ces savants n'y entendent rien : Diane n'a jamais passé par là.

— Voilà ce que je leur ai dit; mais d'autres savants ont fixé l'emplacement du temple de Diane, là, de ce côté.... suivez mon doigt....

— Dans la mer?

— Oui, dans la mer. La mer a rongé les terres et a renversé ce beau temple; mais on peut le voir encore.

— On peut le voir !

— On peut le voir, disent les mêmes savants, lorsque la mer est calme, au fond de l'eau.

— Et que voit-on?

— On voit des pierres couvertes d'algue et de mousse marine, qui ont appartenu sans doute à quelque monument. On ne distingue pas très-bien les pierres, mais l'algue et la mousse se laissent distinguer parfaitement.... D'autres savants affirment aussi que cette même mer baignait le temple de Vénus Pyréna....

— Où prennent-ils le temple de Vénus Pyréna?

— Suivez de l'œil cette chaîne de montagnes, à notre droite, elle se termine par un cap : c'est le cap *Creus*....

— Le cap *Creus!* et le temple de Vénus Pyréna! O Strabon! Prenez mon premier volume manuscrit, et vous verrez que le temple de Vénus Pyréna s'élevait sur les montagnes qui séparent les Gaules de l'Ibérie. J'ai dans mon cabinet deux cartes antiques gravées avant l'invention des cartes et de la gravure. L'une est nommée carte *Théodosienne;* l'autre, carte d'*Ératosthène*. Le système géographique d'Ératosthène florissait du temps de Strabon : c'est lui qui a déterminé le véritable emplacement du temple de Vénus Pyréna. Vos savants, qui le placent au bout de ces montagnes, sont des ignorants. »

M. Chardon était consterné; il croisa nonchalamment les bras et regarda la mer, comme un homme qui est à bout de son érudition et qui n'a plus rien à dire ni à montrer.

« Voilà donc tout ce que vous n'avez pas dans votre cité antique? dit Hummer.

— Voilà tout, dit M. Chardon d'une voix émue.

— C'est-à-dire que vous vous résignez à ne rien avoir du tout.

— Eh! monsieur, que voulez-vous faire?

— Une ville qui a eu l'honneur de voir des Tarquins, et qui n'a pas une pierre grosse comme le poing à me montrer! Munich ne croira jamais cela. Voyons, il faut nous rabattre sur les antiquités modernes; veuillez bien me montrer cette fameuse tour de Sainte-Paule, qui foudroyait avec sa coulevrine le camp des Espagnols. »

M. Chardon baissa les yeux.

« Elle est détruite aussi, celle-là? » s'écria Hummer.

M. Chardon fit un signe mélancolique d'affirmation.

« Détruite! et pourquoi?

— Parce qu'elle était trop vieille et qu'elle gênait l'alignement.

— Je ne reste pas un quart d'heure de plus ici; je vous remercie, monsieur; je pars à l'instant pour Arles, et je secoue la poussière moderne de mes souliers. Adieu. »

Une heure après, Hummer roulait en poste sur la route d'Arles.

Il traversa, le soir, le Rhône sur le pont de fer; et, bien sûr de n'être pas éloigné d'*Ugernum*, il demanda *Ugernum* à tous les cavaliers du 17e de chasseurs qui se promenaient sous les arbres de la rive. Personne dans l'armée et dans le civil ne ne connaissait Ugernum.

« C'est singulier comme les villes s'égarent dans ce pays! disait Hummer. Allons visiter le désert de la *Creus* ou la Crau; nous verrons si ce désert ne s'est pas égaré, lui aussi, dans le désert. »

Le même soir, à la veillée de l'hôte, à l'auberge de Beaucaire, il apprit par hasard, de la bouche du curé, que Beaucaire était l'*Ugernum* de Strabon.

« Y a-t-il quelques antiquités? demanda Hummer.

— Il n'y a que les ruines du château des seigneurs de Beaucaire, répondit le curé; cela ne vaut pas un coup d'œil. »

A l'aube, il entrait à cheval dans la Crau.

« Voilà qui me rappelle mon Égypte, disait-il en recommençant ses monologues de voyageur isolé; c'est le désert, c'est le véritable désert, avec cette petite différence qu'en Égypte il y a des grains de sable et ici de gros cailloux. Voyons, qu'ai-je dit avec Strabon en parlant de cette Crau? J'ai dit que ce désert était à cent stades de la mer ; que son étendue était circulaire, et qu'il avait cent stades de diamètre, ce qui lui en donne le triple de circuit. Il faut croire Strabon sur parole pour ces mesures : il marchait toujours le compas à la main.

« Posidonius croit que cette Crau était un lac autrefois ; je le crois aussi ; j'ajouterais même que ce lac était d'eau salée et qu'il était alimenté par la mer, ou, en d'autres termes, que la mer couvrait toute cette étendue de cailloux, et qu'elle s'est retirée depuis. Avec mon avis et celui de Posidonius, on peut fonder un bon jugement. Je serai plus difficile à l'égard d'Eschyle, quoiqu'il m'en coûte d'être en contradiction avec ce grand poëte grec. Dans sa belle tragédie intitulée : *Prométhée délivré de ses chaînes*, ce grand Eschyle a parlé de la Crau, ce qui prouve qu'Eschyle connaissait la Crau. Dans cette tragédie, Prométhée dit à Hercule :

« Écoute, Hercule, tu arriveras chez le peuple intrépide des
« Liguriens pour le combattre et le soumettre ; mais bientôt tu
« n'auras plus de flèches pour ton arc ni de pierres pour ta
« fronde. Alors Jupiter, touché de compassion pour toi, divin
« fils d'Alcmène, fera tomber sur tes pas une grêle de pierres
« rondes, avec lesquelles tu écraseras les Liguriens. »

« Je me cite ce passage textuellement. Voilà donc l'origine de la Crau, selon Eschyle. Strabon s'est permis à ce propos une plaisanterie, lui si grave ordinairement. « Jupiter, dit Strabon,
« aurait beaucoup mieux fait d'écraser lui-même avec ces pierres
« les Liguriens. » Au fond, Strabon a peut-être raison ; car, puisque Jupiter était décidé à faire un miracle, il devait le rendre plus complet. Hercule doit avoir mis bien du temps à tuer un Ligurien après l'autre d'un coup de pierre : ce n'est pas le moindre de ses douze travaux. Voilà donc ce désert où Hercule a lapidé un peuple intrépide ! Qu'il est doux de charmer l'ennui de sa route avec de pareils souvenirs de lecture ! Poursuivons. Or il est écrit, dans mon maître Strabon, que le désert de la Crau ressemble tellement à un désert d'Égypte, qu'il offre au voyageur le phénomène du mirage. En Égypte, je

n'ai jamais vu le mirage; ce n'est pas étonnant, puisque c'est un phénomène. Strabon a vu le mirage dans la Crau; il a vu là-bas, dans le sud, une oasis de collines vertes, de palmiers, de sycomores, de fontaines, de cascades, de jasmin, et de jeunes Arlésiennes coiffées avec les bandelettes d'Isis, l'amphore sur la tête, causant d'amour entre elles, sous le figuier du puits. Strabon piqua son cheval de l'éperon, dans la direction de cette charmante oasis; et à chaque temps de galop il voyait disparaître un palmier, une cascade, un sycomore, une Arlésienne; quand il arriva devant l'oasis, il ne trouva plus que des cailloux. C'est une des plus ingénieuses plaisanteries que la bienfaisante nature puisse faire aux pauvres voyageurs altérés. Voyons si je ne découvre pas quelque symptôme de mirage à l'horizon. »

Hummer descendit de cheval et regarda autour de lui pour chercher le mirage de Strabon : il ne vit qu'une zone de cailloux d'un cercle parfait, dont il était le centre; le ciel ressemblait à une coupole d'azur jetée sur le désert, comme pour garder sous cloche cet antique arsenal d'Hercule. Le soleil regardait d'aplomb Hummer et les cailloux, comme l'œil d'un antiquaire collé au globe de cristal. Hummer était fier d'être le seul homme que le soleil prît la peine de regarder en ce moment. Il crut devoir lui faire la politesse de s'incliner par respect. L'astre reconnaissant lui insinua trente-cinq degrés Réaumur entre la flanelle et la peau. Le savant du Nord bondit sous l'aiguillon du feu!

Hummer remonta bien vite à cheval pour se mettre en quête d'un autre phénomène signalé par Strabon.

« C'est dans ce désert, dit-il, que Strabon a placé le fameux *Borée noir*, autrement nommé la *bise*, du grec *bis*, qui signifie noir, d'où nous avons fait *pain bis*. Le Borée noir, dit Strabon, soulève les cailloux du désert, les balance dans l'air, les fait retomber en pluie, les disperse à son gré comme des pailles volantes, *stipulas volantes*. Le Borée renverse le cheval et le cavalier, comme dans le cantique de Moïse, *equum et ascensorem;* il prend un soldat, le premier venu, un *vélite*, un *hastatus*, un *vexillaire*, un *prince;* il le dépouille de ses armes, il le déshabille, il lui ôte son casque, il le met à nu; puis il l'emporte comme une ombre vaine, de cailloux en cailloux, et le laisse agonisant sur un tertre de gazon. Strabon a vu ces choses, puisqu'il en a parlé, et moi je les crois, puisque je les ai traduites. Lève-toi, Borée noir!... lève-toi pour le traducteur de Strabon! »

L'air garda sa sérénité innocente. Le Borée noir, endormi depuis Strabon, et faible comme tous les vieux fléaux, se leva vers midi sous le nom moderne de *mistral*, et siffla dans les cheveux d'Hummer. Les cailloux restèrent à leur place, et le cavalier sur son cheval. Hummer fit tous ses efforts pour se laisser emporter; il ouvrit au Borée noir les deux battants de sa vaste redingote; il ne put perdre que son chapeau, lequel ricocha de cailloux en cailloux, s'éleva cent fois comme un aérostat, retomba cent fois comme un aérolithe, et s'évanouit comme une planète éteinte dans les profondeurs du désert. Hummer ne regretta son chapeau qu'à la porte d'Arles, car il ne put saluer la ville aimée de Constantin : il avait toujours l'habitude de saluer les villes antiques par respect.

« Me voici maintenant dans mes domaines, dit Hummer. Je ne sais si je commencerai mes explorations par le *promenoir* ou par le théâtre, ou dans le palais de Constantin. Allons d'abord nous promener au *promenoir*. Tous les auteurs ont parlé du *promenoir* d'Arles; mais ce que j'aime surtout, à propos de ce promenoir, c'est une épigramme de Martial. Oh! comme ce malin poëte a raillé impitoyablement un certain Cliton qui avait beaucoup de créanciers, et qui mettait toujours une statue entre lui et son créancier lorsqu'il se promenait au *promenoir!* Grand Dieu! que de statues doivent être amassées sur ce seul point de la ville, puisque le débiteur Cliton avait tant de créanciers! Hélas! le débiteur et les créanciers sont morts, mais les statues sont restées. Quelle leçon pour les créanciers! en profiteront-ils? »

Il était descendu à l'hôtel de la place des Hommes, et demandait à parler à l'aubergiste. Celui-ci, d'une haute et antique stature, se présenta le *linteum* à la main, comme pour conduire le voyageur à la salle de bains.

Hummer fut émerveillé de cet accueil.

« Comment vous appelez-vous? lui dit-il.

— *Pinus*, répondit l'aubergiste; lisez mon nom sur mon enseigne. »

En effet, on lisait en lettres d'or *Pinus*, sur un fond de marbre noir.

« Pinus! s'écria Hummer; à la bonne heure! ceci change de face. Pinus, ça se décline.... *Pinus sacra Jovi*. Voilà un nom arlésien!... Monsieur Pinus, ayez la bonté de m'indiquer le promenoir. »

L'aubergiste répéta deux fois le mot en regardant le ciel.

« Le promenoir dont parle Martial, poursuivit Hummer, dont parle Martial à propos de Cliton et de ses nombreux créanciers.

— Ah! je ne m'occupe pas des affaires des autres, dit M. Pinus; tant pis pour ceux qui ont des créanciers.

— Oh! des créanciers antiques, morts, enterrés depuis seize siècles; des créanciers dont il ne reste plus une lettre de change.

— Écoutez, monsieur, prenez la peine de sonner à cette porte, vous demanderez M. Rigoul; c'est un huissier audiencier assermenté.

— Que diable! il est bien question d'huissier! Comment nommez-vous cette place où il y a autant de statues qu'un homme peut avoir de créanciers?

— Nous n'avons ici que la place des Hommes, celle-ci; il est possible qu'il y ait des créanciers, mais il n'y a pas de statues, comme vous le voyez.

— Qu'est-ce que cette corniche que je vois là?

— On appelle cela le palais de Constantin.

— Cette corniche est le palais de Constantin?

— Oui, monsieur ; tout le monde le dit.

— Ah ! Et qu'avez-vous fait du reste, ô Arlésiens ? car le grand Constantin n'habitait pas une corniche.

— Le reste a été détruit par les Sarrasins.

— Voilà encore les Sarrasins ! Et votre théâtre romain, qu'en avez-vous fait ? les Sarrasins vous l'ont-ils encore détruit ?

— Si vous voulez voir le théâtre romain, on va vous y conduire.

— Il existe donc ?

— Il n'existe pas, mais on reconnaît l'emplacement où il a existé. Voulez-vous prendre la peine de venir avec moi ? Je vais vous montrer ça.

— Qu'allez-vous me montrer ?

— Rien, mais tous les étrangers vont voir ce rien ; c'est assez curieux. Dernièrement, un voyageur a pleuré devant.

— Devant quoi ?

— Devant le théâtre romain.

— Celui qui n'existe plus ?

— C'est justement pour ça que ce voyageur a pleuré ; il n'aurait pas pleuré, si le théâtre eût existé. »

En causant ainsi, ils arrivèrent devant les deux colonnes, seuls débris qui aient survécu au théâtre d'Arles.

« Voilà, dit M. Pinus, ce que les Sarrasins nous ont laissé !

— Deux colonnes assez massives, dit Hummer ; elles sont toutes couvertes de clous.

— C'est que ces colonnes appartenaient à un savetier qui exposait ses marchandises à ces clous.

— Un savetier sarrasin ?

— Non, monsieur, un Arlésien qui avait mis ces colonnes dans sa boutique, un parfait honnête homme d'ailleurs.

— Un scélérat qui aurait dû être écrasé par ces colonnes comme Samson, si les dieux immortels avaient au cœur un reste de sang capitolin ! Faites-moi servir à dîner, et je pars.

— Monsieur ne veut pas voir les Arènes?

— Je les verrai après dîner, au clair de lune; existent-elles au moins, ces Arènes?

— Comme ça; vous ne les trouverez pas en très-bon état, à cause des Sarrasins.

— C'est bon; en attendant, pourriez-vous avoir la bonté de me dire combien le Rhône a de bouches?

— Il en a sept, monsieur; sept ou huit, ou six.

— Vous n'êtes pas de l'avis de Polybe.

— Ah! que voulez-vous? on ne peut pas être de l'avis de tout le monde.

— Polybe en compte deux seulement. Il est vrai que Polybe n'est pas de l'avis de Timée, qui en compte trois; et Artémidore n'est de l'avis ni de l'un ni de l'autre, il en compte cinq. Tout cela est fort difficile à concilier. Il faut que j'écrive à M. le préfet des Bouches-du-Rhône, il me fixera là-dessus. Voyons, monsieur mon hôte, donnez-moi un dîner antique; vous n'aurez pas de peine, je crois; les voyageurs n'abondent pas chez vous.

— Oh! cela m'est bien égal. Les voyageurs deviennent de jour en jour si exigeants, que les aubergistes ne demandent pas mieux que de n'en jamais recevoir.

— Ah! voilà un système! Et de quoi vivent les aubergistes sans les voyageurs?

— Eh! monsieur, on vit toujours. Ce sont les voyageurs qui nous ruinent et nous empêchent de vivre. Heureusement, il n'en vient pas. Que voulez-vous qu'ils viennent faire ici?

— Fort original! Quant à moi, je ne vous ruinerai pas; je mange rarement. Donnez-moi du frugal, quelque production du pays. Avez-vous du saucisson d'Arles?

— Non, monsieur, nous en attendons de Marseille.

— Eh bien, causons en attendant le clair de lune. Comment passez-vous le temps dans ce pays?

— Eh! nous prenons le frais sur la porte, nous jouons à la *cadrette*, nous chassons.

— Ah ! c'est un pays de gibier ?

— Non, il n'y a pas de gibier ; mais nous chassons pour le plaisir de chasser.

— Mille pardons si je vous questionne ainsi ; je recueille des observations de mœurs modernes dans les cités antiques, afin de constater le progrès ou la décadence de l'espèce humaine. Vous voyez que ma curiosité prend sa source dans un principe sévère, au-dessus d'un frivole intérêt de désœuvrement. Encore une question : Comment passez-vous vos soirées ?

— Nous ne les passons pas ; nous allons au lit après souper. Nous dormons beaucoup.

— C'est bien ! toutes vos réponses seront envoyées au secrétaire de l'Académie de Munich. »

L'aubergiste s'inclina.

« Maintenant que l'heure de mon dîner est passée, faites-moi servir du café, et conduisez-moi aux Arènes.

— Pourriez-vous vous passer de café ce soir ?

— Pourquoi pas ? en voyage, j'ai l'habitude de vivre de privations. Allons aux Arènes. »

Hummer se laissa conduire à travers un labyrinthe de ruelles, et, quand il parvint au milieu d'un chaos de masures amoncelées, où la lune avait peine à se faire jour, l'aubergiste lui dit :

« Voilà les Arènes.

— Où donc ? s'écria Hummer.

— Chut ! dit l'aubergiste à voix basse, vous allez réveiller ceux qui dorment.

— Eh ! qui dort ici ? Est-ce que ces masures sont habitées ?

— Certainement, monsieur.

— Et pourquoi ces masures sont-elles dans l'amphithéâtre ?

— Toujours à cause des Sarrasins, vous comprenez.

— Je ne comprends pas.

— Nos anciens s'étaient réfugiés dans les Arènes pour se défendre contre les Sarrasins qui passaient.

— Eh bien, pourquoi les modernes ne sortent-ils pas, aujourd'hui que les Sarrasins ne passent plus ?

— L'habitude est prise : ils sont bien ici ; ils ne payent pas de loyer ; ils ne craignent pas le mistral.

— Le Borée noir, la *bise*, *bis*, *noir*. Mais ils empêchent de voir les Arènes ; ils masquent l'antiquité ; ils changent en cloaque l'amphithéâtre de l'empereur Gallus ! Qui reconnaîtrait dans ces ignobles cabanes le fameux distique que Martial a composé ici ?

> Omnis Cæsareo cedat labor amphitheatro ;
> Unum pro cunctis fama loquatur opus.

— Ah ! mon Dieu ! parlez plus bas, vous réveillez ces pauvres ouvriers du port qui dorment.

— Je respecte les ouvriers qui dorment ; mais pourquoi ont-ils mis leur dortoir dans ce vénérable Colisée ?

— Les Sarrasins....

— Allez vous promener, avec vos Sarrasins ! Les Sarrasins sont ceux qui dorment ici ; les Sarrasins sont les savetiers qui clouent leurs souliers à des colonnes du *proscenium*; les Sarrasins sont ceux qui suspendent leurs alcôves bourgeoises au *podium* auguste des sénateurs ; les Sarrasins sont ceux qui creusent des égouts dans les *altæ præcinctiones* où venaient s'asseoir les plébéiens vêtus de couleurs brunes ; les Sarrasins sont ceux qui ont coupé l'antiquité à tranches pour se bâtir des cabanes qui ne valent pas un denier *parisis !*. Les Sarrasins.... »

Un ouragan de voix sortit de cent croisées ouvertes et coupa la période d'Hummer en deux ; la première roula de portiques en vomitoires, l'autre resta dans le néant. L'aubergiste s'esquiva lestement sur un rayon de lune, en entendant le terrible mot *marrias* noté sur une gamme d'ironie et de fureur. Hummer crut avoir dans ses oreilles tout le mugissement des lions que le préfet de Barca envoyait au proconsul arlésien de l'empereur Gallus.

Le labyrinthe des masures de l'amphithéâtre fut bientôt rempli de fantômes blancs qui cherchaient l'imprudent antiquaire, perturbateur du sommeil public. Hummer, qui n'était pas obligé d'avoir du courage en qualité de savant, comprit le danger et prit la fuite avec cette agilité merveilleuse que lui donnaient un corps diaphane et des jeûnes quotidiens. Heureusement il pouvait dire, comme Bias : *Omnia mecum porto;* il avait toute sa fortune avec lui.

L'effroi abrége le chemin. Hummer avait laissé Arles bien loin derrière lui, et il entendait encore ces voix coliséennes, et il voyait encore devant lui ces fantômes qui cherchaient un savant pour le dévorer. Dans sa course, il avait traversé une plaine immense, et avec d'autant plus de facilité d'élan que le Borée noir s'était levé de sa couche, lui aussi, et qu'il emportait le savant comme la *paille volante* des Géorgiques, ou le cavalier de Strabon. Quelquefois Hummer, volant, redingote déployée, devant une ruine percée à jour, recueillait des rugissements tels, que l'oreille de l'homme en est déchirée. C'était le Borée noir qui s'engouffrait dans la ruine et l'animait comme un orchestre à mille instruments, qui tirait de ce clavier de hasard une symphonie comparable à la tempête de désolation qui s'élève d'une ville prise d'assaut. Les pierres, les mousses, le lierre, le lichen, les fentes, les dentelures, pleuraient, hurlaient, riaient, vagissaient, frémissaient, comme si Beethoven ou Meyerbeer eussent confié la partition d'un nocturne infernal à cet épouvantable chef d'orchestre que Strabon nomme le Borée noir.

Victor Hummer, emporté comme un sylphe dans le chemin de l'air, fut déposé par un point d'orgue du vent à l'entrée d'un grand village sombre, qui semblait être descendu tout entier en pierres vives de la montagne pour le recevoir : c'était le village des Baux. En France, on connaît Tombouctou, mais on ne connaît pas les Baux. La France est un pays peu connu.

Meurtri par le vent, tatoué par les cailloux, étourdi par le fracas de la tempête, mourant de faim et de soif, Hummer chercha, aux rayons de la lune rouge, une enseigne d'auberge ou une de ces lumières qui brillent derrière une vitre comme un sourire de la Providence.

Il marchait dans une rue bordée de hautes et belles maisons, dont les portes et les croisées étaient ouvertes au Borée noir et retentissaient comme si elles eussent été d'airain. Hummer n'osait pousser un cri de détresse, de peur de voir se renouveler la formidable scène de fantômes du Colisée d'Arles ; devant chaque maison il s'arrêtait ; il montait de hautes marches aux dalles disjointes et convulsives, et jetait un regard de terreur et de stupéfaction dans l'escalier vaste et sonore, éclairé d'aplomb par la lune à travers les lézardes du toit. Ces maisons avaient des physionomies atroces : une surtout, avec ses deux œils-de-bœuf au front, sa haute croisée du milieu, épatée sur le balcon détruit, sa large porte ouverte sur un escalier denteló, ressemblait à un gigantesque masque de théâtre antique ; et d'infernaux éclats de rire poussés par le vent grinçaient sur le perron, agitaient ses hautes herbes comme la barbe d'un géant.

Hummer cherchait une porte fermée, afin d'y frapper en pèlerin : malheureusement pour lui toutes les portes étaient ouvertes ; ou, pour mieux dire, il n'y avait pas de portes ; il semblait que la population les eût emportées sur la montagne, comme fit Samson à Gaza. L'infortuné savant qui peuplait cette solitude incroyable s'arrêta sur une place publique déserte où pleurait un chêne vert, vieillard grisonnant et effeuillé ; il se coucha dans un lit de gazon tumulaire, et se permit de faire à voix basse cette réflexion :

« Si ce n'est pas Herculanum, c'est Satan déguisé en village. »

Ayant dit cela, il s'évanouit.

Quand il reprit ses sens, il était couché sur un lit d'algue jaune, au bord d'un étang vaste comme une mer qui s'est laissé emprisonner par la terre. Auprès de lui était une charrette, un mulet noir immobile et un paysan qui déjeunait avec des coquillages et du pain blanc. Le soleil était levé depuis plusieurs heures ; ses teintes vigoureuses animaient la verdure agonisante des bois d'oliviers et couraient comme un incendie sur l'étang. A droite, une ville sortait de l'eau, en agitant follement les cloches criardes de ses trois églises; à gauche, l'horizon se fendait en lignes blanchâtres et indécises, qui pouvaient être des montagnes ou les nuages d'un matin de printemps.

Hummer était dans cet état qui est le nôtre, la nuit, quelquefois, lorsque, dans un sommeil léger et souffrant, nous rêvons que nous faisons un rêve, et que nous attendons notre réveil avec impatience. Il interrogea le paysan; mais on lui répondit dans une langue sourde, gutturale, rude, qui était au dessus ou au-dessous de l'intelligence des polyglottes. Pourtant Hummer comprit, aux gestes expressifs et multipliés du paysan, qu'il avait été ramassé évanoui dans le village désert des Baux, et conduit sur les rives de l'étang, pour être transporté ensuite, après une halte, à cette petite ville des trois clochers. Hummer remercia le paysan et lui offrit sa bourse, qui fut refusée avec un fier dédain.

Hummer fut amené à la ville des Martigues; cette Venise provençale. Il s'installa à l'hôtel du Cours, chez M. Castellan, où l'on mène une vie d'ichthyophage qui donne promptement une salutaire excitation au sang le plus appauvri. Hummer se rétablit là, dans un séjour de trois mois, et partit en parfaite santé pour Munich, un peu refroidi à l'endroit des antiquités, et se cherchant une nouvelle passion.

---

# LE CLUB DES RÉGICIDES.

### 1836.

Malgré mon horreur pour la délation, je viens dénoncer ce club à la face de l'univers. Ce sera un double service rendu à l'univers et au club; car c'est un foyer central dont les ramifications sont immenses; il entretient commerce avec l'Anglais, le Russe, l'Autrichien, avec le Chinois et l'Hindou; la mappemonde est son domaine; c'est le catholicisme appliqué à la conspiration.

Ne cherchez pas ce club dans un recoin obscur de Paris; il ouvre impunément ses mystérieux salons au centre vivant de la capitale; la maison qu'il habite est somptueuse entre toutes les maisons; elle regarde le boulevard Montmartre avec cent croisées; elle a de magnifiques balcons qui servent de tribunes aux clubistes; elle a des jardins supendus, comme la ville de Sémiramis. Nuit et jour, on y tient séance; des hommes à mine austère et rêveuse s'y rassemblent et mettent en commun leur intelligence pour étouffer les rois : ce sont des pairs, des députés, des magistrats, des banquiers, des généraux, des princes et des ambassadeurs, tous sérieusement occupés à miner un trône, et ne s'abstenant d'aucun sacrifice pour atteindre ce résultat

Ces innocents régicides sont des joueurs d'échecs.

C'est un club très-convenablement situé pour sa destination : il est au confluent de toutes les routes parisiennes; il plane sur les Panoramas, comme pour rappeler l'universalité des échecs; la belle boutique d'étoffes ouverte en face porte cette enseigne : *A la reine Blanche*. On ne pouvait mieux choisir une localité.

On ouvre une porte monumentale, on monte un superbe escalier, et, au premier étage, on est introduit dans des salons calmes comme le palais du Silence; vous n'entendez par intervalles que le son de la pièce d'ivoire qui change de case sur l'échiquier d'acajou. Jouez ou regardez, il n'y a de place qu'aux élus : les profanes ne viendraient là que pour s'endormir.

Le quartier général des célébrités de l'échiquier a été déplacé quatre fois en un siècle. Nos pères l'ont vu chez Procope, sous le règne de Philidor, et au café de la Régence, place du Palais-Royal. Un jour il prit fantaisie à Robespierre de charmer ses loisirs au jeu de Palamède; il s'installait, dans les entr'actes du club des Jacobins, au café de la Régence : sa haine contre la royauté devait nécessairement le pousser là. En fredonnant la *Carmagnole*, il donnait de nombreux échecs au tyran.

L'apparition de ce formidable joueur jeta un nuage sombre sur les tables de ce café si paisible. Personne n'osait s'aventurer dans une partie avec Robespierre, de peur de la lui gagner : il y avait de quoi perdre la tête. Insensiblement le café de la Régence fut abandonné. Les amateurs exportèrent leurs pénates de bois au café Militaire, rue Saint-Honoré, le même café où La Fayette avait reçu l'ovation à son retour d'Amérique.

Ce n'est qu'après le 9 thermidor que le café de la Régence, délivré de Robespierre, reconquit ses droits au trône de l'échiquier : il est encore aujourd'hui le champ clos où se vident bien des querelles ; mais les hautes célébrités du noble jeu ont abandonné la Régence et fondé le club des Panoramas.

C'est là dorénavant que se décideront les grands coups, c'est là qu'on rédige les cartels ; le club des Panoramas joue avec le club de Westminster : c'est une guerre qui se fait à l'insu de la quadruple alliance. La dernière bataille engagée entre Londres et Paris a duré bien des mois ; le paquebot de Calais disait : *La France pousse le cavalier du roi noir à la troisième case de son fou*, et, un mois après, le paquebot de Douvres répondait : *L'Angleterre pousse le cavalier de la reine blanche à la troisième case de son fou*. C'est incroyable combien il a fallu de dialogues entre les paquebots pour amener le drame au dénoûment. Enfin, l'autre jour, le club des Panoramas a donné, par télégraphe, échec et mat à M. Palmerston.

On a vu publier le bulletin de cette bataille dans *le Palamède*, journal des échecs, qui paraît mensuellement, sous les auspices de M. de la Bourdonnais, universellement reconnu pour le grand chancelier de l'échiquier.

Cette publication est venue à propos dans une époque où toute chose se résume en journal, et surtout dans un moment où le jeu des échecs a repris son antique vogue. Nous jouissons d'une longue paix, il nous faut des simulacres de guerre : on veut être guerrier à tout prix dans un pays belliqueux. Le jeu des échecs méritait bien cette recrudescence de faveur. C'est un jeu qui rentre plutôt dans le domaine de l'Académie des sciences que dans l'académie des jeux ; c'est le seul où l'intelligence de l'homme neutralise le hasard. La bonne et la mauvaise fortune sont exilées de l'échiquier.

Il faut faire en peu de mots l'historique de ce noble jeu.

La tradition en attribue la découverte au Grec Palamède. Cet illustre Grec aurait, dit-on, inventé l'échiquier sur le sable du Simoïs. Si j'avais l'honneur d'être savant, je me complairais dans cette tradition, et je m'y tiendrais, lors même qu'un plus érudit voudrait m'arracher de vive force au fleuve Scamandre pour m'emporter dans la presqu'île du Gange, où il me montrerait le berceau des échecs sur les genoux de Brahma. J'aime mieux Homère que Confucius. Palamède me sourit ; sa tradition est naturelle et vraisemblable. Il ne fallait, à mon avis, rien moins qu'un pareil jeu pour distraire les Grecs du plus ennuyeux blocus qu'un peuple ait jamais entrepris, et devant une ville qu'on assiégeait toujours et qu'on ne prenait jamais. En dix années de siége, on a le temps d'inventer un jeu.

Agamemnon et Clytemnestre, le roi des rois et par conséquent la reine des reines, les tours des portes Scées, le cheval de bois et tous ces fous qui se battaient pour l'honneur d'un mari déshonoré, voilà les éléments qu'on peut, avec quelque raison, admettre comme ayant prédisposé le Grec Palamède à la création des pièces de l'échiquier.

Il est fâcheux que des savants se soient inscrits en faux contre ce malheureux Palamède. Les savants gâtent souvent les plus belles choses ; je ne leur pardonne pas de mettre quelquefois une vérité fade à la place d'un mensonge riant. Honneur à l'Italien Carrera, qui, en 1657, composa un volume en faveur de Palamède ! Carrera oubliait ainsi noblement qu'il descendait du Troyen Anténor, lequel avait reçu un échec mortel de Palamède le Grec.

Des savants qui ne descendent de personne ont dépossédé

Palamède en faveur du brahmane Sissa, qui vivait, s'il a vécu, au IV<sup>e</sup> siècle de l'ère chrétienne. A l'appui de cette opinion, ces savants font remarquer l'étymologie du mot *échec*, *schah* en sanscrit et en persan. C'est l'affaire d'Équus et d'Alphana; échecs, en venant de schah, a bien changé sur la route. Enfin, admettons l'étymologie : schah signifie roi. Le même mot se trouve ainsi avec plus ou moins de modifications dans plusieurs langues : ζατρικιον en grec moderne; *scacchia* dans les écrivains du moyen âge; *scacchi* en italien; *schaappel* en hollandais; *alkadres* en arabe, et *chess* en anglais. M. Pichard, homme d'infiniment d'esprit, quoique savant, attribue aux Hindous l'invention du jeu; il a découvert à la Bibliothèque royale un manuscrit indien qui semble porter une atteinte grave à la tradition de Palamède. Je crois que, pour trancher le nœud, il faut avoir recours à la formule ordinaire, et dire que l'origine de l'échiquier se perd dans la nuit des temps. Pour moi, je reste isolément fidèle à Palamède; je n'ai qu'un vers de l'*Odyssée* à l'appui de mon opinion : mais un vers du père des fables est plus précieux que la vérité qui n'existe pas.

Tous les peuples, depuis le brahmane Sissa jusqu'aux clubistes de la rue Vivienne, 42, ont professé un véritable culte pour les échecs; chaque nation a conservé les noms illustrés sur l'échiquier.

Lord Cochrane a joué aux échecs dans les cinq parties du monde; il a trouvé partout des adversaires dignes de lui. A Calcutta, il engagea la partie avec un brahmane, qui lui révéla sa force par des coups étonnants, que les clubs anglais ont enregistrés dans leurs fastes. La Hollande, l'Allemagne, la Belgique, abondent en célébrités de ce genre; des ouvrages spéciaux y ont été publiés par Algaer, Kock, Stein, Gustave Selenus, Benoni et Mauvilion.

L'Espagne se vante de Lopez, dont le livre est encore un oracle; l'Italie, cette terre rayonnante de toutes les gloires, a donné naissance à une foule de joueurs illustres; Naples a eu son académie des échecs. Des chevaliers errants sortaient de l'Italie, l'échiquier à la main, et allaient promener leurs défis en Europe. Ce fut un Italien qui vainquit Lopez dans un combat public et en présence de la cour d'Espagne. Les ouvrages écrits en italien sur les échecs peuvent composer une bibliothèque. Leurs auteurs les plus estimés sont Lolly, l'anonyme de Modène, qui se nommait del Rio, Ponziani, Salvio, Greco, Deto il Calabrese, et le comte de Cozzio.

Mais c'est en Angleterre que l'échiquier a toujours excité une sorte de fanatisme; tous les ouvrages spéciaux étrangers y ont été traduits, et les livres nationaux y abondent. Chaque divan, chaque café de Londres a ses forts joueurs d'échecs; les établissements littéraires réservent une table pour ce jeu. Les plus habiles amateurs sont Cochrane, Lerris, qui a joué avec M. Deschapelles, notre si célèbre amateur français, Frazer et Mac-Donnel.

Vers ces derniers temps, une lutte mémorable s'était engagée entre Londres et Édimbourg. La partie a duré.... devinez!... cinq ans : la moitié du siége de Troie. O Palamède! Le vainqueur écossais se nomme Donnalson; il n'a gagné qu'une coupe d'argent : l'orfévre a eu le loisir de la ciseler.

Rentrons en France. Fatuité nationale à part, c'est toujours à elle qu'on doit revenir pour trouver les supériorités intellectuelles.

Les pairs de Charlemagne jouaient aux échecs; ils étaient heureux : ils n'avaient point de procès à juger au Luxembourg. Enfant, je me suis bien des fois attendri sur ce pauvre neveu de Charlemagne, que Renaud de Montauban tua d'un coup d'échiquier. C'est ce qui me donna le goût des échecs. Il n'y a pas de plus beau livre que les *Quatre fils Aymon*, imprimé à Épinal. D'autres attribuent ce grand coup d'échiquier à Charlot, fils de Charlemagne, qui cassa la tête au fils d'Ogier le Danois. Ces deux versions m'inquiètent peu. Il me suffit de savoir qu'on jouait aux échecs sous Charlemagne, et qu'on remuait des pièces assez lourdes pour en asséner un coup mortel : témoin le fameux échiquier donné à Charlemagne par le calife Haroûn-al-Raschid, des *Mille et une Nuits*. Notre Bibliothèque royale a conservé ce trésor.

Dans le XIIIe siècle, la fureur des échecs devint si forte, que le bon saint Louis fit une ordonnance contre ce jeu. Heureux temps où les rois s'amusaient à faire des ordonnances contre les échecs! Saint Louis disait gravement, dans cet édit de 1254, « qu'il proscrivait ce jeu *comme un amusement trop sérieux, et jetant le corps en langueur par une trop grande application.* » Il faut être un saint pour faire de pareils édits. Si cette fantaisie s'emparait aujourd'hui de la chambre des députés, le club des Panoramas s'armerait de toutes pièces et n'obéirait pas. Sous Louis IX on obéissait à tout. Les échiquiers furent brûlés, comme plus tard les templiers; malheureusement les templiers n'étaient pas de bois, comme les échecs.

A la nouvelle de la mort de saint Louis, la France se remit à jouer aux échecs; l'édit tomba en désuétude. Toutefois, par respect pour la royauté, même grossièrement figurée en soliveau couronné, les joueurs ne prononçaient pas la formule insolente: *Échec au roi*; ils disaient avec politesse: *Havéz (ave) je vous salue, salut au roi.* C'était l'avertir humblement d'éviter le mat.

Le jeu se maintint. Sous Louis XIV, Pascal inventa les cafés. Il ouvrit son établissement à la foire de Saint-Germain; on y prenait du café, qui avait autant de vogue que Racine, en dépit de Mme de Sévigné, l'épistolaire. Un Sicilien, François Procope, alléché par la fortune de Pascal, fonda le café célèbre qui a stéréotypé son nom sur l'enseigne. Piron et Diderot s'y installèrent, et avec eux Jean-Jacques Rousseau et Philidor.

Le café de la Régence se constitua bientôt le rival de Procope. Voltaire et Rousseau venaient à la Régence dans leurs moments de bonne humeur, ce qui était rare. Philidor y battait Jean-Jacques. L'auteur des *Confessions* n'était pas aussi fort qu'il le disait. Ce café jouissait d'une grande célébrité. Louvet le cite dans son *Faublas*: l'amant de Sophie y entra un jour par distraction, et dérangea une partie d'échecs.

« Monsieur, lui dit brusquement un joueur, quand on est

amoureux, on ne vient pas au café de la Régence. J'écoute ce que vous dites, et je fais des fautes d'écolier. »

Le noble jeu, tourmenté par saint Louis, par Montaigne, par Faublas, par Jean-Jacques Rousseau et par Robespierre, est arrivé aujourd'hui dans des régions sereines, où commence son âge d'or.

Le trône de l'échiquier s'élève dans un palais. La cour du club des Panoramas est composée de l'aristocratie de l'échiquier français. Là, tous les titres sont incontestables; chaque seigneur a conquis son blason à la pointe du trait.

Le premier entre ses égaux, c'est M. de la Bourdonnais, le petit-fils du gouverneur célèbre immortalisé par Bernardin de Saint-Pierre dans *Paul et Virginie*. Il est né à Saint-Malo, comme Châteaubriand. *Le Génie du Christianisme* est compatriote du génie des échecs. Après lui se groupent M. Boncour, M. Calvi, réfugié italien, M. Saint-Amand, M. Devinck, M. Desloges, M. le baron du Ménil.

Avec ces noms, d'autres noms illustrés dans le pays : M. le comte de Richebourg, M. le comte Boissy-d'Anglas, le brave général Haxo, le Vauban de l'armée et de l'échiquier; M. le duc Decazes, M. Gauthier (de la Gironde), M. Delaville, M. Bertin de Vaux, notre jeune et profond historien; M. Mignard, M. Lacretelle, M. Meyerbeer, M. Hersent, M. Panseron, notre gracieux compositeur; M. Amédée Jaubert, ce savant véritablement instruit; M. Grevedon, et d'autres encore que j'oublie, car la phalange est nombreuse : elle se compose surtout d'hommes de lettres, d'artistes, de militaires. Les classes intelligentes de la société sont amplement représentées au club des Panoramas.

Dimanche dernier, j'y assistai à une partie du plus haut intérêt; elle était engagée entre M. de Barneville et M. Jouy, l'excellent et spirituel ermite de la Chaussée-d'Antin. M de Barneville est le dernier amateur qui ait joué avec Philidor; c'est le plus frais et le plus jeune vieillard qu'on puisse voir. Il nous parlait de Philidor, qui lui faisait l'avantage, usité alors, *du cavalier pour le pion et le trait*; il nous parlait, ce Nestor de l'échiquier, de cette histoire ancienne dont nous sommes séparés par tant de révolutions. Rien n'est émouvant comme d'entendre une voix qui vous dit :

« J'ai joué avec Philidor. »

Il semble qu'on assiste à une résurrection. La génération contemporaine de Jean-Jacques Rousseau, représentée par M. de Barneville, jouait aux échecs avec la génération suivante, représentée dans les lettres et aux échecs par M. de Jouy ; et moi, indigne juge du camp, je suivais d'un œil distrait la partie, en pensant à Philidor le musicien, et à l'opéra de Meyerbeer, qui devait me donner le lendemain tant d'extase et de bonheur. Philidor et Meyerbeer ! deux siècles qui se levaient devant moi au club des Panoramas.

## GREENWICH ET RICHMOND.

En 1814, quelques semaines, je crois, après la rentrée de Louis XVIII, on vit paraître une ordonnance qui prescrivait l'observation du dimanche selon les règles de l'Église. C'était une véritable contre-révolution jetée au milieu des plaisirs d'un peuple habitué depuis longtemps à regarder le jour du Seigneur comme le sien, et qui, répulsif aux pratiques religieuses, se reposait six jours dans son travail, pour se fatiguer le septième. L'ordonnance royale n'eut pas de succès ; elle porta malheur au nouveau règne, et trahit au début ses tendances sacerdotales : d'ailleurs, elle portait une grave atteinte à la propriété ; tous les lieux de réunion, qui ne vivent que des recettes du dimanche, menaçaient ruine ; il eût fallu les indemniser ; un milliard n'eût pas suffi pour concilier les intérêts des marchands et les exigences de l'Église. L'ordonnance tomba en désuétude huit jours après sa promulgation ; elle fut même avouée comme *faute* dans la proclamation de Cambrai : le dimanche redevint le jour du peuple ; on ne laissa au Seigneur que les cinq fêtes du Concordat, et encore le peuple en revendiqua la moitié.

Si l'on voulait imposer au peuple parisien les dimanches de Londres, Paris referait ses trois jours, et la garde nationale dresserait des barricades. Pour expliquer ces oppositions de caractère, il faut en revenir aux éternelles définitions du naturel des deux peuples, et, comme on rencontre partout ces parallèles nationaux, je me contente de les indiquer ici.

Le peuple anglais est habitué à se soumettre avec résignation aux lois qu'il s'est faites, même lorsque l'expérience lui a démontré que ces lois sont dures et intolérables, l'enthousiasme politique ou religieux qui les a dictées s'étant évanoui. Certes, s'il est un peuple qui gagne laborieusement sa semaine et qui mérite un jour de plaisir sur sept, à coup sûr, c'est le peuple anglais. Dans aucune contrée du globe on ne s'immole avec plus de verve sérieuse à ses devoirs d'ouvrier et d'industriel ; le *fervet opus* des abeilles est la devise de toutes les maisons, et les abeilles sont vaincues. Le dimanche venu, chacun ferme sa boutique, chacun se recueille ; on lit la Bible, on va au temple, on écoute le ministre et l'orgue, on psalmodie les psaumes de David en anglais. Dans les rues et les parcs, quelques rares philosophes des deux sexes se livrent à l'exercice de la promenade et se permettent parfois de rire aux éclats. Voilà le Londres dominical.

On conçoit aisément qu'une ville aussi puritaine n'est guère habitable pour les étrangers depuis l'aube du dimanche jusqu'à minuit. Aussi les étrangers s'échappent de Londres et vont chercher à la campagne le silence et la solitude, qui, là du moins, n'ont rien de triste et d'effrayant.

Les endroits le plus heureusement désignés aux excursions dominicales de l'étranger sont Greenwich et Richmond. Souvent, grâce à la vapeur et à la Tamise, on peut les visiter tous deux, déjeuner de l'un et dîner de l'autre : comme effet de contraste, il serait difficile d'en trouver de plus tranché.

Les deux paquebots partent devant Hungerford-Market : l'un descend la Tamise, l'autre la remonte ; chaque heure a son départ ; les voyageurs abondent ; il n'en coûte qu'un schelling. Le pont est surchargé de familles anglaises peu dévotes ; il est impossible de se promener : c'est une cargaison compacte, où chacun trouve tout juste le déplacement d'air convenable pour loger son corps. Les dimanches de vogue, on court vraiment des risques, et on affronte le naufrage dans une petite promenade de quelques lieues sur une rivière. Les Anglais n'y font pas attention ; ils regardent la Tamise comme membre de leur famille, et ne la supposent pas capable de les faire sombrer ; ils arrivent au paquebot avec leurs enfants, leurs nourrices et leur petite provision de fraises ; ils s'improvisent une habitation confortable dans un recoin, et ne bougent plus.

Il n'y a que les Français qui parlent à haute voix et rient aux éclats sur ces paquebots : le catholicisme est si tolérant !

Les insulaires protestants tâchent de faire oublier, par la gravité silencieuse de leur navigation, tout ce que leur conduite a de répréhensible aux yeux de la morale religieuse. Le paquebot de Greenwich est comme un couvent de trappistes visité par quelques Français causeurs. En d'autres pays et sur une autre mer, j'ai vu des scènes opposées à celle-là : pendant que nous, hommes du continent, étions gisants sur le pont, avec le vautour du mal de mer sur la poitrine, eux, les fils de l'Océan, forts de l'hygiène paternelle, causaient et riaient avec une verve de gaieté délirante, que je ne leur ai jamais remarquée dans leur pays.

D'Hungerford-Market à Greenwich, la Tamise est merveilleuse à voir : l'univers n'a pas de spectacle plus imposant à présenter à l'homme pour révéler à l'homme le secret de sa puissance. Rien ne prédispose plus gaiement à un dîner de campagne. On part comme une flèche, avec le double secours de la marée et de la vapeur : c'est le chemin de fer appliqué à l'eau: On coupe au vol les arches de ces magnifiques ponts qui enjambent la Tamise comme un ruisseau. J'ai déjà passé ainsi vingt fois sous le pont de Londres, et toujours je me suis rappelé la courte et belle allocution du capitaine Cook lorsque, ayant appuyé sur la dunette de l'*Endeavour* la carte de l'océan du Sud déroulée sous sa main, et voguant dans les eaux antipodes de l'île de Bligh, il s'écria :

« Mes amis, inclinez-vous : nous passons sous la grande arche de London-Bridge! »

Après ce pont, la Tamise se change en port; elle couvre ses eaux d'une longue forêt de mâts; elle couvre ses rives des monuments de l'industrie anglaise : c'est comme une Palmyre navale qui fait flotter ses édifices sur tous les horizons. Par intervalles, la rivière n'a pas assez de place à donner aux navires qui lui viennent des deux Indes; alors elle échancre sa grève; elle a des asiles pour tous les pavillons; elle proclame son inépuisable hospitalité du haut de la Tour, où flotte l'étendard britannique, cet étendard du catholicisme industriel, qui s'est trempé dans toutes les gouttes d'eau de l'Océan. La Tamise, c'est un port qui s'allonge, qui serpente, qui se perpétue, comme une longue rue tortueuse, où les vaisseaux remplacent les maisons; c'est un fleuve qui abandonne ses courants latéraux aux mouvements sans fin des arrivages, et réserve son milieu à d'innombrables bateaux à vapeur dont les appellations ont épuisé tous les noms de la fable et de l'histoire; chaises de poste navales qui portent un flux et un reflux continuel de voyageurs à Greenwich, à Woolwich, à Margate, à Ramsgate, à Boulogne, à Calais, et sur mille points intermédiaires de ces belles prairies riveraines illustrées de vignettes comme un *keepsake*, ombragées d'arbres gracieux, bordées de cales couvertes, de chantiers, d'arsenaux, de fonderies, de pontons, d'hospices flottants, de villages aux mille couleurs, de clochers couronnés comme des comtes, de châteaux encadrés de verdure, d'édifices qui ont emprunté un caractère d'architecture à tous les pays de l'univers, depuis la hutte du Lapon jusqu'à la pagode de Jagrenat. Ce tableau est incomparable de grandeur, d'animation et de solennelle opulence. On demeure étourdi de surprise devant ce congrès de tous les navires de l'univers, devant ces milliers de pavillons qui parlent la langue de tous pays. On sent que cette île est la tête du globe; que ce fleuve en est la grande artère; que Londres est comme une immense cité d'aimant, qui attire à elle tout ce qui nage et flotte sur les mers.

Voilà le chemin de Greenwich; en arrivant, on dîne à *Ship-Taverne* ou à *Crown and Sceptre*, et l'on visite après l'hospice des marins invalides.

Ce monument rappelle aux Français l'hôtel des Invalides de Paris, et l'avantage de la comparaison nous reste, amour-propre national à part. Chez nous, l'édifice est un magnifique chef-d'œuvre d'architecture; il porte écrit sur toutes ses pierres le caractère de sa destination : une armée de vétérans y est entretenue avec un luxe de sollicitude qui étonne et attendrit. C'est ainsi que la France devait être hospitalière envers la gloire mutilée; tout y est digne de la main qui donne et de la main qui reçoit. A Greenwich, le monument est incomplet : ce sont deux ailes sans corps; les colonnades sont grêles; les dômes manquent de grâce et d'agilité : tout y reste en terre, rien ne monte au ciel. A l'intérieur, l'aisance y est ménagée avec trop de parcimonie, et les pensionnaires ne sont pas nombreux : j'ai assisté à leur *thé*, repas de six heures du soir, et j'ai remarqué une économie de service qui ne m'a pas fait trop bien augurer des autres repas plus substantiels. Au reste, ces marins sont presque tous frais et vigoureux, ce qui donne raison à l'hygiène de l'hôtel : on ne se douterait pas qu'ils sont invalides; ils marchent d'un pas ferme sur la belle pelouse de leurs cours, comme sur les collines de leur parc, et rien ne trahit, sur leurs joyeux visages, la souffrance secrète à laquelle ils doivent leur brevet d'admission.

Les Anglais invalides n'ont pas le privilége exclusif d'être reçus à Greenwich; toutes les nations y sont représentées; il y a surtout beaucoup d'Allemands, et je dois avouer que j'y ai rencontré des Français. Nos compatriotes de Greenwich m'ont appris, dans les entretiens que j'ai eus avec eux, qu'ils avaient servi sous le duc de Clarence dans l'Inde, mais jamais contre la France. On ne se bat plus depuis si longtemps sur mer que je ne suis point étonné de n'avoir point vu, comme on devait en rencontrer autrefois, un grand nombre de ces vénérables invalides, reliques vivantes des grandes exterminations navales. Trente-sept ans se sont écoulés depuis Aboukir, et trente-trois depuis Trafalgar : ces deux journées de sang ont dû envoyer bien des locataires à l'hôtel de Greenwich. Un invalide français m'a montré, dans le corridor de l'Ouest, trois de ces débris qui ont entendu, à bord du *Victory*, la fameuse proclamation de Nelson : *England expects every man to do his duty!* Ce fut avec un profond saisissement de cœur que je contemplai ces vieillards assis, les bras croisés, sur leurs stalles de repos, eux dont les mains avaient été fatales peut-être à ceux de ma famille qui moururent à bord du *Pluton*, lorsque *le Victory*, perçant la ligne de l'armée française, à l'aide du triangle anglais, entra dans les eaux du *Bucentaure*, et vint foudroyer les vaisseaux de Lucas, de Cosmao, et de l'Infernet.

Involontairement mes souvenirs me ramenèrent à Toulon, où j'avais entendu, dans mon enfance, raconter Trafalgar de la bouche des héros de cette journée. Je me rappelai ces nobles figures brunies de poudre et de soleil, devant lesquelles le peuple s'inclinait en prononçant les noms de Cosmao et de l'Infernet : hommes plus grands que les demi-dieux d'Homère; invulnérables dans les batailles, sereins et joyeux sur leurs batteries croulantes et au pied de leurs mâts déracinés par l'ouragan de fer : je me rappelai mon ami, le brave Donadieu, qui gardait l'aigle, à côté de Villeneuve, sur le vaisseau amiral, et qui pleurait en accusant Nelson d'avoir refusé l'abordage que *le Bucentaure* lui avait offert! Car, pour moi, cette sublime désolation de Trafalgar n'avait jamais été de l'histoire écrite et apprise par les livres : je la savais par cœur avant qu'elle fût imprimée; je l'avais écoutée, assis sur les genoux du géant l'Infernet, qui, par sa taille et son héroïsme, me rappelait, dans mes vacances de rhétoricien, Ajax, fils de Télamon, haut comme une tour ; je l'avais apprise comme une légende, en me mêlant aux aspirants qui entouraient Cosmao, lorsque ce grand homme, qui n'a pas de statues en France, nous disait par quel sublime effort il avait repris tous les vaisseaux français que le cadavre de Nelson amenait captifs en Angleterre, et par quelle incroyable fatalité ces vaisseaux, qu'il venait de reconquérir, furent brisés par la tempête sur les rochers de Cadix.

A Greenwich, bien longtemps après, je me suis trouvé devant ces Anglais de Trafalgar, que j'avais maudits, enfant, les poings fermés et les yeux tournés vers la mer. Le siècle a fait un pas, et tout s'est noblement renouvelé dans les instincts des hommes; il m'a été doux de serrer les mains de ces vieux ennemis de Cosmao, de leur souhaiter de longues années, de leur parler de Trafalgar comme d'une bataille de l'antiquité, sœur de Salamine ou d'Actium.

Au point de vue philosophique où nous sommes placés aujourd'hui, quelle est celle des deux nations qui peut se glorifier de Trafalgar? A quoi donc a servi cette prodigieuse consommation d'hommes, de bois de charpente, de fumée et de fer? L'Angleterre n'y a pas gagné un vaisseau, et elle y a perdu Nelson ; elle a remorqué dans ses ports les débris d'une flotte délabrée, invalide, et condamnée au repos éternel du chantier. Les Français ont poursuivi le lendemain, dans le détroit, les vainqueurs de la veille. Équivoque victoire dont il ne reste plus qu'un nom d'harmonie étrange, comme le fracas d'un navire qui s'entr'ouvre! Dernière leçon donnée à deux peuples qui savent aujourd'hui combien il est insensé et inutile pour l'avenir de dépenser leur énergie à couvrir l'Océan de débris d'hommes et de carcasses de vaisseaux!

L'ancienne gloire navale de l'Angleterre, faiblement représentée aujourd'hui à Greenwich par quelques marins échappés aux désastreux triomphes d'Aboukir et de Trafalgar, est largement détaillée dans un musée maritime confié à la garde des invalides. L'entrée de cette galerie est gratuite, chose unique en Angleterre. Ce pays n'est pas heureux en musées;

l'Anglais soigne, lave et polit tout, hormis les murs où des tableaux s'alignent. A Pall-Mall, on trouve le seul hôtel de Londres qui soit livré aux insultes continuelles de la poussière, sans qu'une main officieuse vienne jamais faire pour Raphaël et Rembrandt ce qu'elle fait pour l'alcôve du plus pauvre marchand de la Cité. Cet hôtel étale toutes les magnificences de la peinture sur un fond de charbon de terre, sur un parquet ignoble, et dans des salles où le jour ne pénètre pas : c'est avec douleur qu'on y salue, aux lueurs d'un crépuscule éternel, les plus grands noms qui aient jamais illustré le pinceau. A Greenwich, du moins, il m'aurait semblé que la munificence nationale devait prendre en religieux souci les tableaux destinés à perpétuer l'histoire glorieuse du pavillon britaninque. L'Angleterre n'a jamais eu de grands peintres historiques, mais avec son or elle a ceux de toutes les autres nations; elle, si généreuse, eût aisément trouvé de dignes pinceaux pour écrire ce livre à mille feuillets, où chaque siècle aurait lu les fastes des armées navales qui ont donné une secousse aux vagues de tous les océans. Cette parcimonie, dans un sujet pareil, est vraiment un mystère pour moi, et je croirais qu'elle prend sa source dans un grand fonds de modestie nationale, si je n'avais rencontré, sur toutes les places publiques des villes anglaises, un monument de bronze élevé à Nelson, avec les bas-reliefs de ses victoires; si je n'avais vu la statue et l'inscription d'Hyde-Park, le mortier et le canon d'airain, glorieux trophées conquis sur les Français et posés sur piédestaux, avec des chevaux de frise, devant le vieux édifice du parc Saint-James. J'aime mieux croire que l'Angleterre dédaigne le frivole honneur de faire peindre ses victoires par de puissantes mains dignes de les reproduire, et qu'il suffit à l'amour-propre national d'une date en lettres d'or, sur un cadre, au bas d'une toile, afin que la gloire du peintre ne détourne pas l'attention de la victoire retracée par le pinceau.

Dans ce musée, où deux choses ont été oubliées, les tableaux et le jour, il y a une relique précieuse : c'est l'uniforme que portait Nelson à la bataille d'Aboukir. Quoique ce grand homme ait cru devoir céder aux préjugés de son époque en détestant cordialement les Français, je dois consigner ici que nous étions là quelques Français attendris aux larmes devant cet habit bleu qui avait couvert un corps héroïque, et que nos têtes se sont inclinées de respect devant cette manche droite à laquelle le bras droit avait fait défaut, parce qu'un boulet de France l'avait emporté dans l'Océan.

Comme ces pensées arrivent naturellement à l'esprit, lorsqu'on entre, par une belle soirée d'été, dans le parc de Greenwich, élysée tranquille où passent les ombres des siècles héroïques! Ce parc est une des plus belles promenades qu'on puisse voir. La symétrie n'y a pas apporté son compas; le sable n'en couvre pas les allées : c'est une longue et molle ondulation de collines revêtues d'un riche velours de gazon pailleté de marguerites et de pervenches. Là tous les arbres du Nord se groupent en petites familles, se déroulent à perte de vue, s'écartent en clairières, selon leurs fantaisies, avec une admirable indépendance de végétation : rien ne les gêne dans leurs allures; ils ont toute la grâce naturelle de la forêt et ce charmant dévergondage de parure que l'homme sait si bien gâter en essayant de l'ennoblir. Il n'est pas de tapis de boudoir plus doux aux pieds que cette pelouse ouatée, qui descend et monte, s'élève et s'incline comme une grande vague d'azur, et vous porte, avec une souplesse voluptueuse, des rives de la Tamise au sommet de la montagne, où le fameux observatoire de Greenwich s'entretient avec le ciel et avec la mer. C'est de là qu'il faut voir Londres, quand cette ville a déposé son voile de brume et se révèle dans toute sa majestueuse immensité.

Par-dessus l'ondoyant rideau de mâts qui suit les sinuosités de la Tamise, on aperçoit Londres, qui semble sortir de l'eau comme une autre Venise; les édifices sont perdus dans le bas du tableau, mais tout le ciel est rayé, à l'horizon, de clochers, de tours, de colonnes, semés avec une profusion incroyable;

le dôme de Saint-Paul semble descendre des nues comme un aérostat, et, aux dernières limites, les deux tours de Westminster se posent comme les colonnes d'un empire au delà desquelles est le néant. A la distance où l'on se trouve de ce spectacle, on ne voit aucun mouvement, aucune agitation, rien de vivant qui anime ce monde! on n'entend aucun bruit s'élever de cette cité qui jamais ne dort, qui toujours gronde, et dont le nom résonne à l'oreille comme l'écho d'un grand tumulte lointain.

Il y a quelque chose de mystérieux dans cette contemplation qui, du haut de la montagne, embrasse un horizon si rerentissant de près, et silencieux, de loin, comme le désert. Il semble quelquefois qu'on assiste à la révélation d'un mirage où les eaux, les dômes, les coupoles, flottent, avec des contours vaporeux et des formes indécises, dans une gaze de nuées. Souvent, grâce à l'obsession de cette idée, j'ai cru que le miroir du ciel reflétait Venise, la ville du silence tumulaire, et qu'un angle immense, parti de la Brenta et brisé contre un nuage, retombait avec son apparition sur une terre inconnue qui se déroulait devant moi. C'est, je crois, une des plus solennelles émotions que puisse rencontrer le voyageur : le poëte trouve là tout ce que la nature du Nord a pu combiner de plus grand dans son association avec l'homme; l'annotateur qui descend ou, si l'on veut, qui s'élève aux idées matérielles, est saisi d'étonnement lorsqu'une voix lui crie que cette ville, morte à l'horizon, attire à elle vingt mille navires par an, et que ses importations s'élèvent à près de deux milliards. C'est donc un monde à part tombé dans notre monde; Londres est attaché au globe comme une décoration d'honneur.

On aime à voir ainsi cette ville de loin, avec sa couronne de clochers à dentelles; on aime à la voir ainsi de loin, dans son auréole de puissance, comme une de ces peintures colossales suspendues au plafond des basiliques, et dont l'éloignement dissimule des vices que l'œil saisit de trop près. Allez voir Londres du haut de l'observatoire de Greenwich, et oubliez tout ce que ces beaux quartiers roulent d'impureté vivante et de misère fétide aux lueurs nocturnes du gaz. Et puis, qui sait si une des conditions de la grandeur n'est pas d'être tachée d'ulcères? Quand vous passerez sur London-Bridge, toutes les voix de l'air vous crieront de ne point voir ce qui pleure et se putréfie à vos pieds; regardez en haut, et vous découvrirez, de la troisième arche de ce pont, cinquante clochers qui montent aux nues, et qui, dans leur langue muette et symbolique, vous conseillent de les imiter.

De l'autre côté de Londres, la promenade en paquebot du dimanche vous donnera un contraste des plus curieux : on va vous débarquer à Richmond.

La route de terre qui conduit à ce village est une longue rue bordée de jardins, arrosée comme une allée de parc, éclairée par des candélabres au gaz. On croit n'avoir pas quitté Londres, et l'on voyage sur un grand chemin!

L'hôtel de l'*Étoile et la Jarretière, Stard and Garter*, est le rendez-vous de la bonne société. C'est un hôtel qui humilie singulièrement nos indigentes auberges de France. Des tapis élégants couvrent tous les parquets et montent avec tous les escaliers. Des salons splendides sont préparés aux convives avec un luxe éblouissant de dressoirs et de tables; les balcons, garnis de persiennes, s'ouvrent sur une campagne tout empreinte d'une couleur mélancolique, à laquelle on s'attache comme au spectacle taciturne de l'Océan. Richmond repose dans une ceinture de forêts et de prairies, et semble dormir si profondément, que tous ceux qui passent parlent bas, de peur de le réveiller. En fermant les yeux, on se croit dans un désert; en les rouvrant, on est surpris de tout ce mouvement silencieux et grave qui vous entoure. Des voitures arrivent et partent; des palefreniers pansent des chevaux; des fashionables galopent sur la pelouse; des familles se promènent; des tables entourées de convives apparaissent à toutes les embrasures des balcons, sans qu'une seule voix discordante vienne briser cet unisson de silence que le plaisir accorde encore comme un devoir à la sévérité du dimanche puritain.

Pour consoler l'étranger de cette contrainte, on lui sert des dîners exquis à Richmond; les Français y trouvent même du pain.

A Richmond, une belle journée d'été vous initie dans les secrets de la nature du Nord : c'est une révélation inattendu qui donne un charme nouveau à tout ce qui est prairie, bois, lumière, horizon. Ce n'est ni un paysage de Claude Lorrain ni un paysage d'Hobbema.

Il y a sous le ciel un voile transparent qui n'est pas la brume, et qui tamise les rayons du soleil, en les épanchant, avec la teinte de l'iris, sur une campagne tranquille et sur des masses infinies d'arbres, ces jolis arbres si bien découpés et qui prennent tous des poses charmantes. J'ai vu fort souvent Richmond, cet été; je l'ai toujours vu sous cet aspect, et il me semble impossible qu'il puisse revêtir une autre physionomie. On y chercherait en vain ces horizons déliés qui flottent dans un azur limpide, cette poussière scintillante qui tombe du soleil en atomes d'or; cette atmosphère passionnée que le démon du Midi répand autour des chauds paysages de l'Orient: c'est toujours une nature à demi voilée, recueillie, nonchalante, qui ne conseille ni l'amour ni la haine, qui vous donne son calme, sa quiétude, sa mélancolie, et vous offre ce bonheur monotone qui se compose de l'absence de toute émotion.

Je ne suis point étonné que souvent d'illustres proscrits, des poëtes malheureux de leur génie, des philosophes qui avaient perdu la sagesse, des penseurs qui désespéraient du bonheur et qui s'étaient résignés à le chercher dans la monotonie des sensations communes, soient venus se réfugier à Richmond pour s'envelopper de sa tranquille atmosphère comme d'un manteau de stoïcien.

Vous avez vu la Tamise à Greenwich, dans sa majesté océanique; vous avez vu le géant : Richmond vous montrera l'enfant au berce?

Au pied de la colline, on trouve une anse ombragée où flottent les canots de promenade; il faut remonter le courant de la rivière : rien n'est si doux un soir d'été, aux approches de la nuit. Les deux rives sont garnies de pelouses saillantes et massives; au-dessus s'arrondissent les coupoles des arbres, et au fond des allées dorment des villas anglaises dont les briques rouges se détachent avec bonheur sur les massifs verts. C'est comme une rue délicieuse avec ses maisons et ses jardins; vous vous promenez dans le ruisseau.

On vous montre la maison où Pope chanta Windsor; le château où Henri VIII couronnait de roses ses amours avant de les ensanglanter; l'ermitage où le duc d'Orléans, roi des Français aujourd'hui, vécut dans les mauvais jours de son exil, et d'autres résidences encore où sont attachés des noms et des souvenirs moins retentissants. A mesure que la rame brise le courant, on s'aperçoit que le ruisseau se rétrécit à chaque élan du canot; on cherche la Tamise; l'eau manque sous la quille; une forêt d'herbes fluviales entrave la navigation; on ne vogue plus que sur des rameaux souples et flottants; encore quelques coups de rame, et vous buvez la Tamise dans un gobelet.

C'est la plus étonnante fortune de rivière qu'on puisse voir. « Comment! s'écrie-t-on, voilà donc ces gouttes d'eau qui, quelques pas plus loin, feront trembler sur leurs piles cyclopéennes les ponts de Westminster, de Waterloo et de Londres! Voilà ces gouttes d'eau qui diront à l'Océan : *Recule*, et l'Océan reculera ! »

Ainsi commencent toutes les grandes choses; je ne suis point étonné que l'homme qui désespère de l'avenir choisisse Richmond pour sa résidence; il voit toujours devant ses yeux couler l'espérance en action : rien ne console comme ce filet d'eau qui se débat contre un brin d'herbe, et qui, le ciel aidant, se gonfle un peu plus loin, coupe une capitale en deux, emporte des flottes et fait alliance avec la mer.

# UNE SOCIÉTÉ DE TEMPÉRANCE.

Il me semble avoir lu dans un livre que les Petites-Maisons étaient de grandes maisons où l'on renfermait les fous pour prouver que ceux qui étaient dehors ne l'étaient pas.
Un poëte sans nom a dit :

> Le monde est plein de fous, et qui n'en veut pas voir
> Doit rester dans sa chambre et casser son miroir.

Il semble ressortir de ces deux situations que la folie n'est pas circonscrite dans les étroites limites de Charenton et de Bedlam, et qu'elle court les rues comme l'esprit. A la vérité, cette sorte de folie, qui jouit de ses droits civils, n'est pas dangereuse : on ne la garrotte pas; on ne lui donne pas l'immersion des douches; elle prend des bains à domicile ou sur place, comme tout le monde; elle fréquente les spectacles, elle est bonne mère ou bon père de famille; elle soigne ses affaires, et sait admirablement combien il faut de pièces de cent sous pour représenter cent francs. Nous sommes entourés de cette folie, et cela ne nous gêne point : nous vivons sans nous en apercevoir.

Quelquefois cette folie, qui se promène à l'air libre, est une folie grave; de loin on la prendrait pour la raison : celle-là est d'origine anglaise. Nos voisins les insulaires ne font rien comme les autres hommes. Quand ils sont sages, on les prendrait pour des insensés; quand ils sont fous, on les croirait sages. Les Anglais ont perfectionné la folie; ils l'ont divisée en sections et subdivisée à l'infini.

Ils ont des *lackistes*, qui passent leur vie au bord des lacs pour méditer sur l'âme et prendre des rhumatismes; ils ont des touristes, qui rendent des visites en gants jaunes à toutes les ruines et à tous les lézards de l'Italie, en pleurant sur la décadence des empires et du thé vert : ils ont des clubistes, qui bâtissent des palais avec de belles colonnes de Pæstum, où ils passent leurs jours et leurs nuits à compter les lettres du *Morning-Chronicle*, pendant que de belles et blondes épouses bâillent à toutes les vitres de Regent-Street et de Pall-Mall. Que n'ont-ils pas encore?... Chaque jour une nouvelle secte surgit et meurt. Celle que je viens de voir à Liverpool, et qui est de fraîche date, mérite un rapport particulier que j'adresse à M. Esquirol : c'est la *Société de tempérance*.

Depuis quelques jours je voyais passer sur les trottoirs de Church-Street un homme-affiche, dont le pas était mélancolique et le maintien voûté d'ennui. On lui avait donné un demi-schelling pour promener dans Liverpool un placard que personne ne lisait, excepté moi. Je le lisais toujours, je l'apprenais par cœur! Aussi, dès que le porteur reconnaissant m'apercevait, il s'arrêtait pour me donner toute facilité de lecture. Sa station d'habitude était au coin de Tarlton-Street.

Je ne veux pas donner ici le contenu de cet immense placard; je dirai seulement qu'il annonçait en titre le troisième anniversaire et le festival de la Société de totale abstinence de Liverpool. Je croyais que la Société, pour donner signe de vie à l'univers, se contentait de célébrer à peu de frais, avec une affiche portative, son glorieux anniversaire; je me trompais. L'anniversaire fut célébré par une procession, un meeting, une foule de discours intempérants et deux banquets.

Un matin, à onze heures, le 18 juillet, je crois, je fus attiré vers Duke-Street par un grand fracas de musique militaire. J'aime la musique anglaise à la folie. Chaque exécutant joue avec une indépendance qui fait mon bonheur; il travaille pour lui, et s'inquiète peu de ses voisins. Un orchestre anglais se compose d'une multitude de solos, qui n'ont pas cette monotonie d'ensemble qu'on veut bien admirer à l'Opéra et aux Italiens. Au fait, un artiste anglais n'a pas abdiqué ses droits de citoyen en prenant une clarinette et un cor; il est libre de jouer à sa fantaisie et de secouer le despotisme d'un chef d'orchestre : toute tyrannie lui est intolérable. Un orchestre chez eux est comme une chambre d'harmonie représentative, où chaque membre conserve ses franchises et dépose ce qu'il lui plaît dans l'urne des notes. Certes, cette liberté symphonique a souvent des inconvénients assez graves pour les auditeurs; mais les auditeurs sont libres aussi de ne pas écouter.

Lorsqu'un opéra français est joué chez eux, on reconnaît presque toujours les airs aux paroles; c'est suffisant.

La bande d'harmonie qui descendait de Duke-Street à Liverpool, le 18 juillet, et qui fixa mon attention, jouait un air au fond duquel, après de mûres réflexions, je crus découvrir *Le jeu, le vin, les belles*, de *Robert le Diable*. Ce chœur, exécuté en place publique par quarante musiciens, guidait les pas de la procession de la Société de tempérance.

Je comptai trois cents sociétaires, les enfants compris. La procession était divisée par classes. En tête marchaient les gens comme il faut. Ceux-là portaient des habits noirs, des gilets jaunes à boutons dorés et des cravates blanches laborieusement attachées. Ils tenaient à la main un long cierge de bois blanc très-effilé par le haut. Au centre marchait la partie plébéienne : elle était composée de marins et d'ouvriers. Les enfants fermaient la marche. Tous portaient au cou, en sautoir, un large ruban blanc sur lequel ces mots étaient brodés : *Total abstinence Society*. La procession se jalonnait d'une grande quantité de drapeaux ou bannières de toutes formes et de toutes couleurs. La première bannière donnait l'adresse de la Société; elle annonçait aux passants que la Tempérance logeait Jordan-Street, à Liverpool. Sur la seconde bannière, un peintre avait essayé de dessiner une étoile avec beaucoup de rayons jaunes, surmontée de cette inscription : *The Star of Abstinence* (l'Étoile de l'Abstinence). Des drapeaux insignifiants venaient ensuite. Il y en avait d'énormes, et ceux qui les arboraient sur le flanc droit avaient la figure décomposée par la sueur. La bannière palladium de la Société s'avançait, entourée d'une espèce de bataillon sacré, armé de longs glaives de bois bordés de papier blanc. L'étoffe de ce palladium est bleue ; un peintre anonyme et complétement étranger à la peinture a retracé sur l'étoffe la pensée secrète de la Société: c'est un symbole en hiéroglyphes ; la devise court dans un ruban ; deux mots simples : *Domestic comfort*. A gauche est une forme jaune, représentant, je crois, un homme en habit bleu. Cette chose tient un petit drapeau où brille ce mot : *Sobriety*. A droite est une autre forme rouge qui pourrait bien avoir été une femme dans l'intention primitive de l'auteur. Cet objet vague porte une banderole avec ce mot significatif : *Honesty*. L'homme et la femme ont été d'ailleurs suffisamment indiqués par ces attributs respectifs de leur sexe, sans qu'il ait été obligatoire pour le peintre de dessiner des figures humaines avec un luxe inutile de fidélité anatomique.

Il faut de la tempérance dans tout. Malheureux les peuples dont les artistes peignent un homme et une femme d'après nature ! Voyez !... Où en sont les Grecs pour avoir fait leurs Apollons et leurs Vénus ?... Les armoiries de la Société sont peintes au milieu, toujours par les mêmes procédés ; elles sont divisées en quatre tableaux. Le premier veut représenter un laboureur doré qui ensemence un champ également doré. Le second est rempli par une corne d'abondance versant des trésors. Il y a une phrase qui explique cette figure ; aussi je n'ai pas hésité d'en donner le sens. Le troisième tableau représente une campagne heureuse avec des épis. Le quatrième, une ruche d'or sans abeilles ; le peintre a reculé devant les abeilles. C'est le peintre lui-même qui porte cette bannière. Personne, au reste, ne peut lui disputer cet honneur. Je le félicitai sur son talent, et le priai de me permettre de prendre une copie de son ouvrage. Il me remercia avec une grande modestie, et m'envoya, le soir, sa bannière dans un fourreau de popeline. J'ai eu le bonheur de la posséder une nuit. Cet artiste se nomme Withead ; il est brasseur.

Deux guéridons bleus terminaient la marche. On y lisait, dans des couronnes de houblon, ces deux devises : *May God prosper total abstinence; sobriety brings peace and domestic comfort.* Une cinquantaine d'enfants vêtus de bleu entouraient ces deux guéridons, et mangeaient des tartines au beurre pour se former de bonne heure à la sobriété.

Je me mêlai à la procession comme un sociétaire, et je la suivis. Elle monta la rue escarpée du Ranelagh, elle longea Lime-Street et descendit à Clayton-Square, où on fit une station. Là, je m'attendais à un meeting en plein air. Les porte-drapeaux essuyèrent leurs fronts; les musiciens mirent leurs instruments sous le bras, et les sociétaires regardèrent aux croisées du square, pour voir s'ils faisaient sensation. Personne ne prenait garde à eux; les croisées ne daignèrent pas se hisser : il n'y avait que moi de spectateur. La musique reçut ordre de jouer; ils firent un fracas horrible, mais sans idée arrêtée d'exécuter un air plutôt qu'un autre; chaque musicien improvisa sa partie; c'était à briser les vitres, mais les vitres anglaises sont à l'épreuve de tout. Ces cas de symphonie dévorante sont prévus. L'orchestre, poussé à bout, ralentit sa verve; insensiblement les musiciens s'arrêtèrent; deux ou trois tinrent bon quelque temps encore, comme pour faire rougir leurs confrères d'avoir défectionné. La grosse caisse fut héroïque : elle ne cessa qu'après tous, mais percée à jour par un véritable suicide instrumental. La station dura une heure sur Clayton-Square. Un des chefs tempérants fit servir des rafraîchissements, de l'ale simple, du *soda water* et du *ginger-beer* aux musiciens. La procession elle-même, prenant excuse de la chaleur du jour, se servit ensuite, et consomma silencieusement quelques centaines de pintes d'*half and half* et de porto. Après, on se remit en marche; les musiciens chancelaient.

On se dirigea vers Jordan-Street, quartier général de la Société. Chemin faisant, on avait fait quelques recrues; le but de la procession était de rallier à la bannière de la tempérance tous les passants qui, frappés de l'éclat de cette pompe publique, se laisseraient entraîner à un culte si séduisant. Le président disait au vice-président : « Ça va bien ! très-bien ! c'est beau ! c'est très-beau ! c'est bon ! c'est très-bon ! » Le vice-président faisait écho. Les autres sociétaires marchaient à l'aventure et d'un air indifférent à tout ; les marins riaient sous cape, et les enfants jouaient avec les franges des guéridons.

Nous entrâmes dans la grande salle du meeting, à Jordan-Street. Au même instant défilait une procession tory d'un meeting électoral ; celle-là marchait au son de trois musiques. Où prennent-ils tant de musiciens, les Anglais ? il n'y en a pas un seul chez eux. Cette triple bande d'harmonie entraînait mille électeurs vers Adelphi. Vingt bannières flottaient sur cette colonne conservatrice ; elles criaient en lettres d'or, sur un fond d'étoffe rouge : *Church and queen! — Hurra for the queen and for the people! Queen and people!* Elles emportaient dans leurs plis soyeux des Bibles et des couronnes peintes, et donnaient un peu de fraîcheur à tous ces fronts inondés de la sueur du fanatisme politique et du mois de juillet. Oh ! avec quel dédain d'amère philosophie les sociétaires de la tempérance regardèrent ce club ambulant ! et avec quel orgueil ils élevèrent leurs bannières du *star*, du *domestic comfort*, et des couronnes de houblon, au-dessus des drapeaux tories ! Le président secoua la tête d'un air de compassion, comme un sage revenu des erreurs du monde, et qui déplore les folies qui passent sous ses yeux. La procession tory n'honora pas d'un seul regard la Société de tempérance, et ses trois musiques firent trembler Jordan-Street jusque dans ses veines de gaz.

L'heure du mystère était sonnée ; le meeting de la tempérance fut ouvert par une explosion d'orchestre.

Le président parut à la tribune, essuya son front, se demanda la parole et se l'accorda. C'était un homme fort jeune, contre l'usage des présidents ; il portait sur sa figure fraîche et rose les indices des passions vaincues ou absentes ; son front rayonnait de béatitude ; ses lèvres n'avaient pas une flétrissure, son œil se baignait mollement dans un azur tranquille ; on aurait cru voir saint Bruno en gilet blanc et en frac noir.

« Frères, dit-il, voici la quatrième fois que nous nous assemblons pour faire fleurir la Société à l'ombre fécondante du meeting. Je suis heureux de vous annoncer que la Société prend chaque jour un accroissement sensible. En ce moment, nous sommes quatre cents sociétaires, à Liverpool, qui nous abstenons de tout ce qui déshonore l'homme et le rend semblable aux animaux. Vous avez vu combien notre procession a fait rougir d'eux-mêmes tous ces hommes profanes qui persévèrent dans le bourbier de l'intempérance ; ils se sont dérobés aux regards des purs ; ils se sont cachés profondément dans leurs maisons ; ils se rendent justice. Le repentir les amènera bientôt sous le drapeau de l'étoile de totale abstinence. Maintenant, approchez, ô vous qui avez demandé une place au banquet des sobres ; approchez, mes nouveaux frères, et répondez. »

Quatre novices sortirent des rangs et s'assirent sur la banquette de réception.

Voici l'interrogatoire qu'ils subirent ; on m'en a donné copie littéralement. C'est le plus âgé qui répondait aux questions.

LE PRÉSIDENT. Récipiendaire, que venez-vous faire ici ?

LE RÉCIPIENDAIRE. Je viens vous demander asile contre le démon de l'intempérance, afin que ma chair reste pure et que mes pieds soient fermes dans le sentier.

LE PRÉSIDENT. Que pensez-vous du *ginger-beer?*

LE RÉCIPIENDAIRE. Je pense que cette liqueur, composée de gingembre et de houblon, est indigne du palais de l'homme, et quelle souille l'esprit.

LE PRÉSIDENT. Que pensez-vous de l'ale ?

LE RÉCIPIENDAIRE. L'ale simple est une liqueur qui cache son venin sous une apparence de douceur ; l'ale double est du poison, clair comme le jour. La première est un assassin hypocrite, la seconde un assassin effronté.

LE PRÉSIDENT. Quelle est votre opinion sur le porter ?

LE RÉCIPIENDAIRE. Tous les porters sont ennemis de la raison ; le *witbread* est un filou qui se met un masque d'écume pour vous voler la sagesse ; le *luxton* est un tison ardent qui brûle la racine des cheveux ; je ferai une exception en faveur du *barclay-perkins*....

— Point d'exception ! s'écrièrent les brasseurs ruinés de la Société.

LE PRÉSIDENT. Récipiendaire, vous avez blessé les sentiments de la Société ; j'appelle la sagesse sur votre front. Vous rétracterez votre opinion sur le *barclay-perkins*.

LE RÉCIPIENDAIRE. Je la rétracte.

LE PRÉSIDENT. Très-bien. Dites-nous ce que vous pensez du sherry et du porto.

LE RÉCIPIENDAIRE. Ce sont des monstres qui nous attendent dans le coupe-gorge du dessert pour séparer notre tête de notre corps.

LE PRÉSIDENT. Que pensez vous de l'eau pure ?

LE RÉCIPIENDAIRE. L'eau pure vient du ciel ; l'eau de Mersey rajeunit le corps ; l'eau du Lee est le bain de l'âme ; les anges ne boivent que de l'eau.

LE PRÉSIDENT. Êtes-vous prêts à sacrifier nos ennemis sur l'autel de la tempérance ?

LE RÉCIPIENDAIRE. Nous sommes prêts.

On apporta sur un plateau des vases de différentes formes, contenant de l'ale, du porter, du sherry, du porto ; le président étendit les mains sur ces coupables et les anathématisa ; un cri d'horreur retentit dans la salle : sur un signe du président, le récipiendaire brisa les vases sur le parquet avec une muette indignation. Ce fut un beau tableau.

On s'assit ensuite dans la pièce voisine, autour d'une table de cinquante couverts. Deux cents convives environ figuraient comme comparses à ce banquet ; ils s'abstinrent totalement, et veillèrent au drapeau. Ceux qui avaient l'honneur de manger mangèrent pour leur frères spectateurs. Au dessert, on servit du claret et du *soda water*. On porta vingt toasts à l'abstinence et autant à la sobriété. Au dernier toast, les convives s'endormirent sous la nappe, et les musiciens achevèrent les flacons.

Il est impossible de prendre ces comédies au sérieux ; j'ai connu pourtant des philosophes qui voyaient dans l'établissement de ces Sociétés de totale abstinence une foule de félicités promises à l'avenir du peuple. Je ne connais pas de Sociétés américaines de tempérance ; je ne puis parler que de la procession et du meeting de Liverpool : si les autres sociétés ressemblent à celle-là, le raisonnement des philosophes est au-dessus de ma faible intelligence.

La procession que j'ai vue me paraît peu féconde en félicités futures ; c'est une folie qui, sans doute, n'offre pas de graves inconvénients, mais qu'on pourrait supprimer demain sans que l'avenir du peuple fût compromis. Ensuite, s'il fallait traiter une pareille question par son côté sérieux, je ne crois pas qu'on ait attendu l'orateur de Jordan-Street pour annoncer au peuple qu'il existait une vertu nommée la tempérance ; les sages de Liverpool, en renchérissant sur cette vertu, en essayant d'imposer au peuple la totale abstinence, ont inventé une bouffonnerie de plus à ajouter au sottisier du genre humain. Le peuple de Liverpool est malheureux, plus malheureux qu'un peuple ordinaire ; il sue au chantier dix-huit heures par jour, six jours par semaine ; le septième il est forcé de garder son grenier, de lire la Bible ou de faire semblant ; l'année lui donne, pour le consoler du travail, cinquante-deux dimanches homicides d'ennui. Ajoutez à cela un ciel toujours pluvieux, toujours froid, un brouillard que l'Océan ourdit en collaboration avec deux rivières, et qui perpétue les ténèbres des sept fléaux d'Égypte. Eh bien, il reste à ce peuple une liqueur détestable, mais qui le console de tout, et voici des sages bien repus qui lui crient de s'en abstenir. Après tant de malheurs, un peuple est déjà bien assez digne de pitié s'il est contraint de boire de l'ale et de l'*half and half;* non, il faut tout lui enlever. « Buvez de l'eau, lui crie-t-on, et soyez tempérant. » Ce que je dis ici, d'ailleurs, ne sert qu'à faire ressortir la stupidité des modernes créateurs des vertus antiques : car je suis fort rassuré sur leurs principes, et je ne crains pas la contagion. Le peuple est plus sensé que ses professeurs ; il regarde passer la procession, et boit une pinte d'ale à son dîner quand il a de l'argent. Infortuné pays ! le ciel lui a refusé les vignes et lui a donné de tels prédicateurs !

## PIERRE PUGET.

L'exhumation des vieilles chroniques françaises a un côté fort utile : elle fournit tout naturellement l'occasion de remettre en lumière et de glorifier certains hommes ou certains faits domestiques que les tendances matérialistes du siècle refoulent avec insouciance dans le domaine de l'oubli. A Marseille, ville contemporaine des Tarquins, nous avons un passé si riche de noms illustres, qu'il est indispensable, par intervalles, d'en exhumer quelques-uns pour nous demander à nous-mêmes si nous avons été justes envers ces glorieux morts, et si nous n'avons rien autre chose à faire que d'oublier pour être reconnaissants.

En général, la reconnaissance n'est pas une vertu civique. Les villes ont peu de mémoire ; elles sont trop distraites par le bruit qu'elles font. Si par hasard un jour, après deux mille ans, une voix dit à une cité :

« Vous avez eu pour enfants deux hommes illustres, Euthymène et Pythéas ! »

La cité ouvre les yeux, réfléchit, calcule, et commande à un marbrier une tête de Janus échevelée, qu'elle place sur une borne ; et la voilà quitte avec Euthymène et Pythéas, qui avaient attendu leur buste deux mille ans. Le Français est vif et léger ; mais, en matière de reconnaissance, il prend vingt siècles de réflexion.

Beaucoup de nos compatriotes ignorent peut-être qu'un médecin illustre nommé Crinias, né à Marseille, gagna une fortune immense à Rome, et qu'il employa cette fortune à faire bâtir des tours et des murailles pour défendre Marseille. C'est justement cette enceinte qui protégea notre ville dans le mémorable siége de 1524. Après la mort de Crinias, on lui éleva un petit monument et un buste à la montée des Accoules. Un jour que les pierres manquaient dans le voisinage, on trouva commode de démolir ce monument, et le buste de Crinias disparut avec son nom. Plus de trace de ce médecin sublime qui bâtit une ceinture de remparts à sa ville natale. On a donné toutes sortes de noms à toutes sortes de rues, même des noms que la pudeur défend de décliner; on n'a jamais songé à donner à une de nos rues le nom de ce médecin. C'est pourtant le genre de reconnaissance le plus facile, et celui qui coûte le moins au trésor public.

A Florence, ville de gratitude et de souvenir, on a élevé des statues à tous les grands hommes morts, et, sur la place du Dôme, on admire les deux statues colossales d'Arnolphe et de Brunelleschi.

Chez nous, on oublie ; et, si par hasard on se souvient, on fait tailler un buste par un marbrier de Rive-Neuve. Avec les illustrations de son passé antique et merveilleux, Marseille devrait avoir un peuple de statues. Elle a payé sa dette envers les morts avec quelques bustes. Notre reconnaissance ne descend que jusqu'aux épaules des grands hommes. Presque toujours elle économise même cette économie. Ainsi, puisque nous payons en bustes les services immortels, nous chercherions en vain les bustes des grands philosophes marseillais aimés de César et de Cicéron, des grands citoyens qui arrosèrent de leur sang la brèche du Connétable, ou des saints martyrs qui ont sacrifié leur vie pour la foi ou l'humanité, depuis Victor le guerrier jusqu'à Belzunce le prêtre. Oubli complet pour tous. On a cherché une rue bien sombre, bien étroite, bien fétide, et on a écrit sur l'angle avec une faute d'orthographe le nom de Belzunce. Encore un héros payé à bon marché. Nous avons un arc de triomphe à la porte d'Aix ; les sculpteurs y ont ciselé beaucoup de Renommées, beaucoup de Victoires, beaucoup d'allégories, ornées de trompettes de métal ; on y a chanté en strophes de pierre nos batailles d'Allemagne et d'Égypte ; le travail est beau, et les sujets admirablement choisis sans doute, je le proclame hautement : mais, avec cette rage d'oubli qui est le vice marseillais par excellence, on n'a pas songé à graver le moindre bas-relief, la moindre figure allégorique, sur la façade ouest, celle qui reçoit la poussière de ce boulevard des Dames, où le plus mémorable événement de notre histoire marseillaise s'est accompli. Il est bien de se souvenir de la bataille d'Héliopolis sur une page d'arc de triomphe, mais ce ne doit pas être au détriment de quarante batailles marseillaises livrées sur le sol même où s'élève ce monument triomphal. Espérons que Méhémet-Ali fera graver sur une face des pyramides ou sur un obélisque d'Héliopolis les exploits domestiques des Marseillais.

Ainsi notre Panthéon, qui serait le plus riche de l'univers, se résume en quelques bustes de marbrier. Nous avons le buste d'Homère, le buste d'Euthymène et Pythéas, le buste de M. de Villeneuve, le buste de Bonaparte et le buste de Puget.

Au fond, je conçois les bustes pour célébrer la mémoire de quelques grands hommes de l'ordre civil ou militaire. Mais un buste à Puget, un buste à un sculpteur de statues colossales, un grain de pierre à notre Phidias ! oh ! ici la lésinerie a un aspect criminel qui fait monter la rougeur au front, car nous sommes tous complices de cette mauvaise action. L'artiste géant qui créa Milon de Crotone, Andromède et saint Sébastien, a obtenu un masque de pierre sur un abreuvoir de chevaux dans sa ville natale ! Il y a de quoi nous vanter d'être Phocéens !

Malheureux Puget ! il a expié bien chèrement, pendant qu'il

vivait, la faute d'avoir du génie ! L'humiliation d'un buste devait au moins lui être épargnée après sa mort. Il avait rêvé, lui, la gloire de son pays; il avait deviné l'avenir de Marseille ; il comprenait que cette ville devait grandir, et il s'était chargé de la meubler comme une galerie de roi.

Un jour, il se présenta chez M. l'échevin Terrusse, et il lui dit :

« Il faut à Marseille une Bourse digne de l'immense commerce qui est dans son avenir; il lui faut un palais magnifique pour loger ses enfants, qui trafiquent avec l'univers. Voici mon plan : ma Bourse, je la bâtirai sur le quai sud du port, je lui donnerai trois péristyles de colonnes, et dans l'intervalle des colonnes je placerai une statue. Je ne demande rien pour tout ce travail ; je le ferai pour la gloire de mon pays; je le ferai gratuitement, comme je fais les maisons de la Cannebière et du Cours. Marseille doit être un jour la première ville commerçante du monde : il faut que sa Bourse soit la plus belle de l'univers. »

L'échevin Terrusse secoua longtemps sa tête sur ses épaules avec cet air fade et stupidement railleur né à la place Vivaux, et, après avoir éteint un long éclat de rire forcé, il envoya promener Puget sur le Cours.

Puget, désespéré, s'embarqua et partit pour Gênes. En voyant toutes ces rues faites de palais de marbre par des architectes italiens, il songeait à Marseille, et ne comprenait pas que Marseille ne lui mît pas le ciseau à la main comme Gênes avait fait pour Tagliafico, pour Fontana, pour Bartolomeo Ghiri, pour Philippe Carlone. Il fit des plans superbes pour sa chère ville, avec d'autant plus d'espoir de réussir cette fois, que la noblesse et le clergé de Gênes avaient glorifié son génie et lui avaient commandé de magnifiques travaux. Mais ce n'était pas ce que voulait Puget : sa seule ambition était, comme il le disait, de travailler pour Marseille, avec du pain noir et l'eau des Méduses. Après avoir ciselé à Gênes son *Saint Sébastien*, dont s'enorgueillit en nous humiliant l'église de Carignano, il rentra sur la terre natale, et, le front ceint de l'auréole italienne et tenant à la main les palmes génoises de son *Saint Sébastien*, il rendit une nouvelle visite à l'échevin Terrusse, place Vivaux.

« *Sia maï aqui, moussu Puget*[1] ! » lui dit l'échevin.

Un peu déconcerté par cette réception, le grand artiste ouvrit ses cartons et exhiba ses plans. Il avait dessiné sa Bourse merveilleuse et son quai monumental; il avait complété les édifices bourgeois de la Cannebière et de la rue de Rome; il avait enfin étalé une série de croquis représentant les statues de tous les grands hommes sortis de Marseille, depuis les jours de Tarquin l'Ancien.

L'échevin recommença son éclat de rire sérieux et ses ondulations d'épaules ; et ne daigna jeter qu'un regard oblique et dédaigneux sur les cartons de Puget.

En travaillant gratis, un artiste ne s'enrichit pas. Puget était pauvre, mais son indigence l'inquiétait moins que le dédain de l'échevin Terrusse.

« Au moins, écrivait-il à cet échevin; au moins donnez-moi un morceau de marbre, et je vous ferai quelque chose; il ne sera pas dit que Puget de Marseille n'a rien fait pour Marseille. »

L'échevin Terrusse trouvait que le marbre était trop cher, et, comme l'échevin de Toulon, il offrit à Puget de la pierre de Cassis.

L'infortuné artiste, après plusieurs années pleines d'amertume, reçut enfin un morceau de marbre plat qui avait été envoyé comme échantillon à un fabricant de cheminées, et que l'échevin Terrusse fit confisquer parce qu'il gênait la voie publique au coin de la rue des Ferrats.

Le viguier dit à Puget :

« Marseille est heureuse de faire enfin quelque chose pour vous. Voilà du marbre, et, lorsque vous serez arrivé à la moitié de votre travail, vous recevrez cinquante livres tournois. »

Et Puget commença son bas-relief de la *Peste de Milan*, qui

---

1. *Vous êtes encore là, monsieur Puget!* La traduction ne rend pas la brutalité insultante de l'original.

est à la Consigne aujourd'hui, et qui est le seul ouvrage que Marseille possède de son Phidias.

Ainsi, de toutes les grandes choses que Puget avait rêvées pour sa ville, il ne lui restait sous le ciseau qu'une plaque de marbre à exploiter. Au moment convenu, il se présenta chez le caissier de la ville pour recevoir les cinquante livres promises. Le caissier lui dit que sa caisse était vide, à cause de la suppression de l'impôt du piquet.

Mais cette dette n'était pas la seule que la ville avait contractée avec Puget. L'artiste, outré de tant de refus et d'injustices, se constitua créancier de la ville comme architecte de la Cannebière et du Cours, et menaça de faire valoir ses droits au parlement. L'échevin Terrusse manda Puget chez lui, et lui dit en provençal :

« Vous êtes une mauvaise tête, monsieur Puget ; si nous avions malheureusement quatre marbriers comme vous sur les bras, nous n'aurions pas le temps de respirer.

— Monsieur, lui dit l'artiste avec cette dignité simple qui est le maintien des hommes de génie, j'ai parlé face à face à Louis XIV, qui m'a bien accueilli ; j'ai dîné chez monseigneur de Colbert et chez le doge de Gênes, et j'ai toutes les peines du monde à trouver une bonne grâce sur une figure de compatriote ; on me traite ici comme si j'étais Génois ou Ponantais. Il faut que cela finisse. Savez-vous bien, monsieur l'échevin, qu'à Versailles le roi m'a dit à son petit lever : « Monsieur Puget, après la messe, vous serez devant le bassin de Latone, et « nous irons ensemble voir votre *Andromède* et votre *Milon*, « qu'on nous a dits très-beaux. » Et c'est ce qui a été fait. La basque de cet habit, monsieur l'échevin, a côtoyé l'habit du roi ; il y avait autour de nous plus de vingt belles dames avec des ombrelles de velours et des robes de reine, et toutes m'ont dit avec des sourires d'ange : « Monsieur Puget, vous êtes un « grand sculpteur ; et Sa Majesté est très-contente de vous. » Vous ne savez donc pas cela, monsieur l'échevin ? »

L'échevin, effrayé de ces noms imposants de roi, de Versailles, de majesté, avait quitté son éclat de rire, et ressemblait à un condamné qui voit s'ouvrir devant lui les portes du château d'If.

« Calmez-vous, calmez-vous, monsieur Puget, dit-il. Nous savons que le roi vous a fait bon accueil à Versailles; mais que voulez-vous? la ville est pauvre, elle est obérée, elle n'a pas de revenu, elle a des dettes; nous n'avons pas un denier. Prenez patience.

— Les villes ont de l'argent quand elles veulent se donner la peine d'en avoir, monsieur l'échevin, dit Puget. Les villes ont bon crédit, parce qu'elles ne meurent pas et que les enfants payent pour les pères à perpétuité jusqu'à la fin du monde.

— Écoutez-moi, monsieur Puget, dit l'échevin, j'ai une proposition à vous faire.

— Voyons, monsieur l'échevin, faites votre proposition.

— Avez-vous une maison à vous, monsieur Puget?

— Si j'avais une maison à moi, monsieur l'échevin, je ne viendrais pas ici vous réclamer cinquante livres; je vendrais ma maison.

— Aussi, monsieur Puget, avouez que vous faites un mauvais métier. Les gens comme vous, vous le savez, meurent tous à l'hôpital.

— Parce que, monsieur l'échevin, il y a trop de gens comme vous qui n'y meurent pas.

— Voyons, monsieur Puget, arrangeons-nous à l'amiable. Nous avons par-ci par-là quelques terrains à vendre ou à céder; voulez-vous quelques cannes de terrain pour y bâtir une maison? Vous ne devez pas manquer de pierres, vous.

— Pourrai-je choisir le terrain, monsieur l'échevin?

— Ah! monsieur Puget, cela n'est guère possible; il faudra prendre ce que nous vous donnerons. Je voudrais bien pouvoir vous offrir vingt cannes carrées dans nos beaux quartiers de la Coutellerie, de l'Évêché ou de la Grand'Rue, mais la ville n'a rien de ce côté; tout y est cher au feu. On a vendu hier, au coin de la rue des Consuls, un terrain à un écu la canne. L'acheteur a fait une folie, mais il prétend que cela augmentera si la paix dure encore trois ans. Nous avons des terrains à la rue de Rome; c'est un mauvais quartier, mais il peut prendre quelque valeur quand vos belles maisons de la Cannebière seront achevées. Voulez-vous un terrain rue de Rome, monsieur Puget?

— Monsieur l'échevin, dit Puget après réflexion, il vaut mieux quelques cannes de terrain que rien du tout. J'accepte.

— Et vous êtes payé, monsieur Puget?

— Excepté pour mon bas-relief de la *Peste de Milan*.

— Eh bien, on vous donnera cent livres pour cette chose-là.

— Si je vendais ce que vous appelez cette chose au doge de Gênes, monsieur l'échevin, j'en retirerais trois mille écus.... Oh! ne riez pas ainsi, monsieur l'échevin.... Je donne mon travail pour rien.... mais c'est égal.... Je veux au moins, en mourant, laisser un bas-relief à Marseille, puisque Marseille ne veut pas me payer une seule statue grande comme mon petit doigt.

— Monsieur Puget, dit l'échevin avec un air paternel, voulez-vous que je vous donne un bon conseil?

— Donnez des conseils, cela ne ruine pas, monsieur l'échevin.

— A votre place, monsieur Puget, je quitterais ce métier qui ne vous donne pas de l'eau pour boire, et je prendrais un état. En ce moment, on bâtit beaucoup à Marseille : soyez architecte et renoncez à vos statues, qui vous donnent beaucoup de peine et dont personne ne veut. Il me semble, monsieur Puget, que vous devez y voir clair maintenant. Nous avons à Marseille deux cents maisons qui font le commerce du Levant et des Indes et qui sont fort riches; une seule de ces maisons vous a-t-elle commandé une statue?

— Pas une, monsieur l'échevin.

— Depuis trente ans vous demandez à la ville de Marseille

de vous acheter une statue ; la ville, depuis trente ans, vous en a-t-elle acheté une seule ?

— Non, monsieur l'échevin.

— Vous voyez donc bien ; monsieur Puget, que votre état de marbrier ne vaut rien, puisque tout le monde est contre vous. »

Puget tira un long soupir de sa poitrine de marbre et dit :

« Vous avez raison, monsieur l'échevin, c'est moi qui ai tort ; je suivrai votre conseil, je serai maître maçon. »

L'échevin prit un air triomphant, et Puget se retira le désespoir dans le cœur.

« Heureux, disait-il, les grands sculpteurs de l'Italie, Michel-Ange, Donatello, Lucca della Robbia, Philippe Carlone! Ils ont trouvé des papes éclairés, des princes généreux, des bourgeois enrichis et prodigues qui ont payé leurs mille chefs-d'œuvre ; et moi je demande depuis trente ans un bloc de marbre à Marseille, et elle me refuse cinquante livres pour un bas-relief de trois mille écus ! »

Le front courbé sous le poids de ces injustices, le grand artiste descendait sur le quai, en donnant des regards aux carrefours sombres et fétides qui aboutissent au port et aux lignes de masures indigentes qui se lézardaient au soleil et bordaient honteusement les rives où s'amarraient les vaisseaux. Si on eût donné au sublime architecte marseillais le pouvoir de réaliser ses rêves, il eût renversé du bout de son doigt ces ignobles amoncellements d'échoppes ; il eût bâti des maisons élégantes, des portiques aériens, des colonnades splendides, des lignes d'architecture lumineuses comme les horizons du Midi ; il eût peuplé de statues ces créations de pierre ; il eût suspendu des jardins, des fleurs, sur ces corniches méridionales, protégées contre le vent du nord et favorisées d'un printemps éternel ; il eût balayé du pied ces rues squalides de la vieille cité, où l'air et la lumière manquent, où la vie s'éteint de langueur dans les ténèbres humides, où la peste a vingt fois dévoré des moissons de pauvres locataires sur leurs grabats. A la place de toutes ces monstruosités antichrétiennes, Pierre Puget voulait bâtir et faire rayonner ces merveilleuses créations maritimes de Claude Lorrain : les péristyles illuminés de rayons et joyeux d'azur céleste ; les grandes lignes de l'architecture idéale ; les églises aux coupoles d'écailles de marbre coloré ; les larges escaliers qui se baignent dans les eaux bleues ; les gondoles pleines de fleurs, de musique et de femmes ; enfin toutes les choses charmantes que l'artiste peut faire éclore dans les beaux pays où son œuvre se marie avec la mer, le soleil, la gaieté, merveilles qui restent à jamais dans le néant lorsque l'homme stupide s'obstine à refuser l'honneur d'être le collaborateur de Dieu.

Des hauteurs sublimes de ce rêve, Pierre Puget descendit sur le terrain que lui avait donné la ville pour bâtir sa maison. Par acte notarié chez le tabellion Rampin, Puget se vit possesseur de quelques pouces de terre que la libéralité municipale lui octroyait, en forme de caisse de mort, à l'angle des rues de Rome et de la Palud.

« Nous avons fait une bonne affaire, » avait dit l'échevin Terrusse en se frottant les mains.

Puget, en étendant jusqu'à leurs limites naturelles ses pieds et ses mains, remplissait l'immensité du terrain que venait de lui donner la ville.

« Il y avait tout juste, disait-il, assez de place pour loger un peu à l'étroit la cage d'un oiseau. »

Toutefois Puget, n'ayant que cette seule ressource pour léguer, à défaut de chef-d'œuvre, une bonne épigramme monumentale à sa ville maternelle, tira un parti merveilleux de son terrain et de sa cage. Il emprunta des pierres à ses voisins qui bâtissaient la rue de Rome, et il se bâtit lui-même, avec la plus noble des truelles, une charmante petite maison ; un bijou de pierre, une cage d'artiste, avec un escalier si bien ménagé, qu'il ne tient aucune place dans l'intérieur. Il fallait être un architecte de génie pour pratiquer un escalier sur un terrain où il n'y a pas de place pour une maison. Sa cage finie, Puget creusa une niche sous le toit, et y plaça une tête de Christ avec sa couronne d'épines ; c'était un symbole pour le passant et une consolation pour l'artiste crucifié par l'échevin.

« Au moins, disait Puget, à Toulon les échevins m'ont permis de bâtir à mes frais une belle fontaine sur la place au Foin, et ils m'ont donné deux blocs de pierre de Cassis pour ciseler deux cariatides ; avec ces blocs, j'ai pu me venger, et sculpter sous un balcon public les deux atroces figures de mes échevins de Toulon ; mais ici, à Marseille, on ne me donnera pas une aune de pierre d'Arles pour faire la caricature de mon échevin marseillais, qui ne veut pas me payer mon bas-relief de la *Peste de Milan*. »

Hélas ! ce bas-relief ne fut jamais payé. L'artiste laissa la moitié de sa pensée dans les mystères du marbre vierge ; et c'est ainsi que ce chef-d'œuvre est arrivé jusqu'à nous : tableau incomplet sorti des mains d'un artiste puissant qui a tout achevé dans sa vie, excepté le seul travail que sa ville natale lui ait commandé, et qu'elle ne lui paya point. Cette petite maison de Puget est pleine encore des lamentations domestiques de ce grand homme, et, quand l'obligeance du propriétaire actuel vous permet de la visiter, on éprouve un serrement de cœur et un accès de tristesse qui sont la plus belle oraison funèbre dont le noble sculpteur puisse se réjouir.

Après la mort de Puget, la ville n'acheta pas sa maison, vendue aux enchères deux mille sept cents francs. L'obscur acquéreur de cette sainte relique détruisit le toit, et vendit douze mille francs la tête du Christ.

Tant d'outrages, les posthumes compris, méritaient une expiation solennelle et civique. Elle se fit attendre cent ans, cette expiation, mais enfin elle arriva.

Un jour, on vit s'arrêter devant la maison de Puget un maçon et un marbrier de cheminées. Ces deux ouvriers placèrent un tronçon de pierre sur un abreuvoir de chevaux et de chiens hydrophobes, et sur le tronçon ils inaugurèrent, au milieu des hennissements des quadrupèdes désaltérés, une figure pleine de grimaces et de rides, avec cette inscription : A P. PUGET.

Telle fut l'expiation accordée aux mânes du grand homme.

C'est cette expiation qu'il faut expier aujourd'hui; car il nous reste quelque chose à faire pour honorer la mémoire du sublime sculpteur à qui nous avons donné la misère pendant sa vie et l'insulte après sa mort.

## UN VOYAGE EN PROMENADE.

### I

La terre n'a été créée que pour les ports de mer. Le but de la nature est évident; il est gravé en échancrures de rocs sur toutes les cartes géographiques. Un port de mer est un trottoir au bord d'un ruisseau; on fait une enjambée, et l'on tombe sur le domaine de l'inconnu. La nature, qui a donné à l'homme un trésor d'ennuis pour désoler sa courte vie, lui a donné aussi, par compensation, les distractions inépuisables de la mer. Otez la mer de ce monde, il ne reste que la terre, chose fort plate, malgré ses montagnes; habitation monotone qui vous offre aujourd'hui ce qu'elle vous a offert la veille, ce qu'elle vous offrira demain. Je faisais ces réflexions l'autre jour en me promenant sur le port de Marseille, seul coin de la France où je peux me dispenser d'avoir la tentation de faire un voyage autour du monde, puisque le monde y prend la peine de venir faire un voyage autour de moi; et, comme je donnais audience au beau trois mâts *l'Iris*, qui arrive du Bengale, le paquebot *le Grégeois* me ramassa sur le quai, déploya ses roues comme l'aigle ses ailes, et m'emporta vers la haute mer. Il faut nécessairement être dans un port maritime pour éprouver une de ces émotions violentes qui nous promettent une journée à la Titus; une journée où les heures sont remplacées, sur le cadran de la montre, par une douzaine d'amusements.

Un jeune lieutenant de la marine royale, M. Léonce Bodin, m'avait ainsi fait prisonnier de paix, et ce ne fut que devant un excellent déjeuner servi à bord du *Grégeois* que je connus ma destination. Le paquebot se rendait à Toulon en longeant la côte. C'était pour moi un voyage de long cours accompli en cinq heures, sur une mer unie comme un miroir. La côte de Marseille à Toulon n'est pas connue. Je possède dans mon cabinet les vues de toutes les côtes de l'univers, en cent mille livraisons; je les sais toutes par cœur, et mieux que ceux qui les ont peintes et publiées; je les ai même souvent révélées aux capitaines qui les ont découvertes; mais je ne crois pas qu'il existe un seul projet de livraison de la côte de Toulon à Marseille; et l'autre jour encore j'aurais mieux aimé peindre Coromandel ou Malabar que ce rivage provençal, mon père et mon voisin. Les artistes arrivent chaque semaine à Marseille; ils dînent à l'hôtel d'Orient, et partent le lendemain pour visiter Malte, Alexandrie, Smyrne et Constantinople. Ils s'en reviennent avec une cargaison de minarets, de mosquées, de cactus, de palmiers, de nopals, de sable blanc, de têtes de chameaux, de rochers bruns, le tout entremêlé de Turcs mélancoliques et d'esclaves noirs qui attendent leur émancipation. Aucun de ces peintres n'a jamais honoré d'une humble aquarelle ce puissant chaînon méridional qui lie la France et l'Italie par des anneaux de mille couleurs, cette côte splendide qui flotte entre le double azur du ciel et de la mer. La France est le plus inconnu de tous les pays : elle a fait toutes les découvertes, excepté la sienne; dans ses rêves d'ambition politique, elle convoitera six arpents de terre bourbeuse du côté du Rhin; et elle négligera ses anciennes villes et ses grandes routes; dans ses rêves d'ambition artistique, elle enverra ses peintres au Van-Diémen; et laissera dans leur éternel incognito ses plus beaux paysages; elle qui baigne sa tête dans l'Océan, sous des dômes de sapins, et ses pieds dans la Méditerranée, sous des guirlandes d'orangers.

De Marseille à Toulon, la nature a déroulé un album qui attend encore un peintre : c'est la plus belle insurrection volcanique de montagnes et de collines qu'on puisse voir; par intervalles, la rive s'échancre et laisse poindre au fond d'un golfe d'heureuses petites villes endormies. La couleur des terrains varie à chaque bond du paquebot; le soleil et les volcans y ont prodigué leurs teintes sombres ou éblouissantes avec une variété infinie de nuances : c'est une frange merveilleuse que la terre a brodée au bas de sa robe, et qu'elle laisse flotter dans la mer.

Heureusement, dans presque toute sa longueur, cette côte est inhabitable; l'homme n'a pu parvenir à la gâter avec ses hideuses maisons et à la déchirer avec sa charrue. Elle garde sa forme primitive et semble montrer avec orgueil sa virginité stérile, qu'aucun souffle humain ne peut flétrir. On dit que ces montagnes, si merveilleuses à leur surface, recèlent d'épouvantables horreurs dans la nuit de leurs entrailles. Il y a, sur un plateau du Bec-de-l'Aigle, un grand œil noir, connu et redouté du pâtre, et qui donne le frisson aux chasseurs perdus dans ces régions désertes; car il découvre subitement, à la pointe de ses pieds, un gouffre béant d'où s'exhalent une vapeur froide et des bruits mystérieux.

Un jour, le plus curieux et le plus intrépide des chasseurs de la Ciotat confia sa vie à une corde démesurée, retenue aux lèvres de l'abîme par les mains vigoureuses de ses amis. C'était l'inverse de l'expérience de Montgolfier. Le hardi explorateur, soutenu par les aisselles, descendit, une lanterne à la main, dans ce monde souterrain d'une profondeur inconnue; il épuisa la longueur de la corde, et ceux qui la déroulaient entendirent un cri épouvantable qui ébranla le creux de la montagne, comme ferait un marteau d'airain dans une cloche de la même grandeur.

Lorsque ce malheureux amateur des gouffres reparut à la lumière du soleil, il terrifia ses amis. Sa face était blême comme une peau de cadavre ; ses yeux, largement ouverts et fixes, semblaient s'attacher à quelque chose d'affreux et d'inconnu qui retenait impérieusement les regards; ses cheveux s'agitaient sur ses tempes convulsives, et des paroles tirées avec effort d'une poitrine haletante révélaient les mystères inouïs de l'abîme, ses ténébreuses chutes d'eau, sa végétation colossale pendue à des voûtes humides, ses larges et sombres feuilles pariétaires, heurtant le visage comme des ailes d'oiseaux de nuit, ses vents glacés, sifflant aux cheveux comme de fortes haleines sorties de gueules énormes et invisibles, ses échos inépuisables, descendant de la voûte avec les déchirements des racines des pins, montant des enfers avec les mugissements sourds des vagues brisées contre les roches du rivage. L'infortuné avait laissé sa raison au fond du gouffre : rien ne la lui rendit au retour, ni la gaieté de la mer, ni le sourire du soleil, ni l'enchantement du plus adorable des paysages ; il était fou, il resta fou ; et aujourd'hui encore, assis immobile sous la treille de sa maison, semble prêter une oreille forcée à des harmonies infernales, ouvrir ses paupières sur des visions qui hérissent les cheveux.

Le Bec-de l'Aigle et le cap Sicié sont les deux points culminants de cette côte. Ces deux montagnes sont colorées d'une façon étrange ; elles tombent à pic sur la mer avec des formes effrayantes et gracieuses tout à la fois. Lorsqu'on passe dans les eaux vertes et calmes qui sont leur miroir, on ne se douterait pas que l'on se promène entre les deux cités que la mer et le commerce ont faites puissantes entre toutes ; on croirait que le bâtiment côtoie quelque bordure africaine entre la baie de la Table et le Zanguebar, ou que l'on passe sur quelques bancs de perles et de corail dans le détroit de Ceylan. Le hasard me servit encore ce jour-là pour donner à cette côte une physionomie tropicale. Le commandant du *Grégeois*, M. de Montlouis, me montra une armée de marsouins qui nous accompagnaient en lutinant sur les eaux tranquilles. J'avais cru jusqu'alors que les marsouins n'appartenaient qu'aux mers lointaines, et qu'ils avaient été créés pour charmer les ennuis des navigateurs.

Tout de suite M. le lieutenant Léonce Bodin me proposa une partie de chasse et mit à ma disposition ses fusils. J'invoquai le grand nom de M. Chay, qui poursuivit un chastre sur cette même rive, et je me préparai à faire une Saint-Barthélemy de marsouins. Ces poissons me firent l'honneur de redouter mon adresse, ils disparurent en un clin d'œil; un seul eut le malheur de s'obstiner à contempler le phénomène des roues de notre paquebot : il reçut, à deux cents pas, une balle tirée par le fusil que j'avais dans les mains. Le même triomphe réjouit le capitaine Bougainville dans les eaux de Juan-Fernandez, dans la mer du Sud.

J'étais en train de m'applaudir de ressembler à cet illustre navigateur sous le rapport des marsouins, lorsque je découvris, par-dessus l'isthme argenté des Sablettes, un spectacle qui abaisse tout amour-propre et humilie tout orgueil. Toulon se révélait sous sa haute montagne grise, avec son turban de voiles et sa chevelure de mâts. Arriver à Toulon par la voie de mer, c'est se donner une émotion incomparable : on est tenté de démentir le témoignage de ses yeux; car la fable et le songe ne peuvent atteindre à cette puissante réalité.

Ce tableau immense est aussi, comme toute autre chose en France, encore inconnu. On continuera de siècle en siècle à citer, avec tout l'acharnement de l'enthousiasme, Gênes, Naples, Constantinople, Rio-Janeiro ; mais personne ne parlera de Toulon, pas même les Toulonnais, qui n'ont pas encore découvert leur ville. Jamais en aucun autre lieu du globe on n'a vu une plus complète association de la grandeur, de la puissance, de la beauté, de la grâce, sous un plus doux ciel et dans un plus splendide cadre d'horizon. Rien ne peut égaler ces montagnes radieuses qui se séparent pour laisser couler la Méditerranée ; cette rade qui est aussi une mer ; cette bordure de collines qui la couronne d'arbres ou d'une étincelante aridité ; ces vaisseaux superbes qui ressemblent à des îles noires cerclées de nacre et plantées de mâts ; ces cales couvertes qu'on prendrait pour des églises gothiques dépouillées de leurs murailles ; ces hospices plus beaux que des palais de rois, où le malade respire les aromates de la colline et les exhalaisons embaumées du golfe ; ces grandes lignes des citadelles qui serpentent du sable de la rive au sommet de la montagne ; tout ce tableau d'animation éternelle, où la main de l'homme a osé se faire assez puissante pour s'associer à la main de Dieu.

On aime, dans ces moments d'émotions solennelles, à couper les ailes à son enthousiasme et à chercher l'ulcère inévitable qui, dans ce monde, est au fond de toute beauté. On s'attacherait trop à la vie, si toute illusion n'était pas la mère d'un désenchantement, si toute grandeur créée n'avait pas son heure d'éclipse. J'ai traversé au vol de douze rames cette magnifique rade de Toulon, et je suis entré dans l'arsenal pour y chercher des tableaux d'un autre genre, et me donner cette philosophique tristesse qui doit trouver son heure dans les jours les plus riants.

Il m'est arrivé plusieurs fois en douze ans de publier des histoires de forçats prises sur le vif. Un jour même je fus assez heureux pour délivrer deux pauvres enfants de leur enfer terrestre, grâce à l'intercession du duc d'Orléans. L'histoire de ces enfants ne saurait être trop connue. Je la rétablis ici telle que je l'écrivis, il y a quelques années, sous l'impression du premier mouvement.

## II

### Aly et Soliman.

Elle est bien triste, l'histoire de ces deux pauvres Algériens, et malheureusement c'est une histoire vraie. Il n'y a pas d'espoir de se consoler au dénoûment avec ces trois mots : « C'est une fiction. »

Nous avons pris Alger : c'est une fort belle conquête pour le commerce du Midi ; nous tenons garnison sous l'Atlas ; la civilisation exportée à Alger s'étend, hors des murs, à une portée de fusil de Bédouin. Pour adoucir les mœurs des naturels du pays, nous suivons la méthode espagnole : nous livrons aux tribus une bataille qui ne finit pas ; nous leur tirons des coups de canon ; nous faisons des ordres du jour et des bulletins ; notre exploration au nord de l'Afrique est aussi avancée que celle de Levaillant au midi. Au bout du compte, je crains fort que nous n'en rapportions, comme lui, qu'un animal empaillé.

Annibalis spolia et victi monumenta Syphacis.

En attendant, on s'entre-tue pour tuer le temps. Le choléra s'est mis du côté des Bédouins ; tous les jours quelques familles prennent le deuil. Il en coûte de vouloir civiliser les gens à tout prix, des gens qui nous regardent, nous, comme des barbares, et qui viendraient nous civiliser s'ils avaient de l'artillerie légère et des vaisseaux à trois ponts. Nous comptons nos morts, nous pleurons sur eux, c'est de toute justice ; mais les barbares qui tombent, nous n'y prenons pas garde. Ces barbares ont pourtant des femmes qu'ils aiment, des enfants qu'ils élèvent dans la crainte de Dieu et la haine des chrétiens, des familles qu'ils nourrissent de leur chasse et de leur travail. Lorsque le soir, dans une tribu, ces pauvres gens pleurent un père, ce n'est pas un lion de l'Atlas qui l'a dévoré, c'est une balle chrétienne et baptisée qui l'a étendu mort.

Et l'on voudrait que les orphelins et les veuves tinssent ce langage :

« Qu'Allah soit béni ! c'est pour notre bien que les chrétiens sont venus ; rallions-nous au drapeau des chrétiens. Ils nous tuent nos pères, nos maris, nos enfants, mais ils nous civilisent. Abjurons les préjugés de nos aïeux. Il y a quatre siècles, et plus, que nous sommes dans l'erreur. Les chiens de chrétiens sont nos frères. Autrefois, lorsque nous ne les connaissions que de nom, nous les avions en horreur ; mais aujourd'hui c'est un devoir et un plaisir de les aimer. Ils ont détruit la ville sainte, ont tué beaucoup des nôtres, ils ont pris l'or de la Casauba, ils ont abattu le croissant de la porte Bab-Azoun; oh! c'est juste le moment de renoncer à nos vieux préjugés : vivent les chrétiens! »

Un soir deux enfants, deux de ces orphelins que nous avons faits pour venger un coup d'éventail, se promenaient mélancoliquement dans un vallon qui descend de l'Atlas, Aly et Soliman, l'un âgé de quatorze ans, l'autre de quinze. Ils pensaient à leur tribu dévastée, à leurs bestiaux détruits, à leurs parents morts, et ils versaient d'abondantes larmes, comme des enfants civilisés; ils échangeaient entre eux des raisons qui leur paraissaient justes. Aly disait à Soliman :

« Mais qu'avons-nous fait à ces chrétiens, qui sont venus du bout du monde pour tuer la mère qui nous a nourris et notre père qui était si bon? On dit que le dey a donné un coup d'éventail à un chrétien : c'est une affaire qui ne devait regarder que le chrétien qui reçu le coup, n'est-ce pas? Nous étions à deux jours de marche d'Alger lorsque cela s'est passé; nous n'avons jamais vu ni le dey ni le chrétien battu; pourquoi nous a-t-on pris nos bestiaux, tué notre père et notre bonne mère, ravagé notre tribu? Comprends-tu cela, toi, Soliman? »

Le frère répondait :

« Je crois que les chrétiens sont privés de raison. La raison n'a été donnée qu'aux enfants du Prophète; il faut plaindre les chrétiens comme nous plaignons les fous, ces malheureux que Dieu abandonne.

— Oui, si ces fous restaient chez eux, je les plaindrais pour suivre la loi du Prophète; mais ils viennent nous tuer chez nous, et alors comment veux-tu les plaindre? Je voudrais être grand et fort, avoir un cheval, me battre avec un de ces chrétiens et venger mon père. Le sang de notre père est là, le vois-tu? il est encore rouge comme ces grenades. »

Les deux enfants pleuraient de rage, et Aly serrait étroitement dans sa main droite le manche d'un petit couteau.

En ce moment ils aperçurent dans un massif de grenadiers un jeune chrétien qui cueillait des fruits.

Aly était au comble de l'exaltation.

« En voilà un, s'écria-t-il, un de ces chiens ! je vais le tuer avec mon couteau. »

Soliman arrêta le bras de son frère.

« C'est une action criminelle, lui dit-il ; il est seul, cet enfant, et nous sommes deux ; il est sans armes, nous sommes armés : mon frère, crains d'offenser Dieu.

— Et quand ils sont venus, eux, s'écria le fougueux Aly, n'étaient-ils pas deux contre un, cent contre un, avec leurs vaisseaux, leurs canons, leurs ruses de guerre, leur science infernale de destruction ? Crois-tu qu'ils seraient venus nous attaquer, s'ils n'avaient été sûrs de leur coup ? Ils nous ont tués sans risque pour eux, comme je vais tuer ce chrétien sans risque pour nous. »

Et il tua le jeune chrétien.

Des soldats passèrent auprès ; ils virent le cadavre et les assassins. Aly et Soliman furent garrottés et conduits à la ville.

Aly confessa son crime, Soliman ne nia point sa complicité.

Ils furent jugés. On leur demanda leur âge, leur profession, leur domicile. Un procureur du roi fit un réquisitoire qui commençait par : *S'il est un crime qui....* Un avocat les défendit pour la forme. Ils furent condamnés aux travaux forcés à perpétuité ; on les trouva trop jeunes pour la guillotine.

Mais il n'y a pas de bagne dans la ville d'Alger ; cette ville garde encore des traces de la barbarie : elle est dépourvue d'établissements philanthropiques, de chiourmes et d'argousins ; on lui fera un bagne, si la civilisation de l'Atlas avance toujours. Aly et Soliman sont destinés à servir de germe à la pépinière future des galériens africains ; ils sont la base vivante du monument à venir, la première mise de fonds de l'établissement. On les embarqua sur un vaisseau à vapeur, on leur jeta des fèves et trente livres de chaînes aux pieds. Ils arrivèrent sur la terre hospitalière de France, à Toulon.

Là, leur hôtellerie, c'est le bagne; il leur fut recommandé par leurs nouveaux camarades de prendre les mœurs de la communauté, d'étudier les usages, les habitudes, les goûts du galérien français, afin de pouvoir rapporter au bagne de l'Atlas la civilisation du bagne de Toulon.

Eh bien! savez-vous ce qui est arrivé? Du premier coup d'essai, les jeunes barbares se sont récriés d'horreur contre la moralité du dortoir; ils ont appelé la foudre du ciel contre les vieux habitués qui leur parlaient un langage à faire dresser les cheveux; les barbares ont fait la leçon aux civilisés flétris; bien plus, Aly et Soliman s'environnent comme d'un mur de respect qui les protége contre la dépravation générale; ce sont les deux anges de la cité promise aux flammes. Ils ont versé du sang, ils portent justement le nom d'assassins; et pourtant ils montrent tant de docilité, de repentir, de résignation, qu'ils font oublier leur crime. On ne songe qu'à leur jeunesse, à leurs malheurs, à la déplorable fatalité qui leur conseilla le meurtre un jour d'irrésistible désespoir.

Nous les avons vus au bagne; de tous les tableaux de cette funèbre galerie, de toutes les douleurs de ce purgatoire terrestre, rien ne nous a émus comme le groupe immobile d'Aly et Soliman.

Henri Monnier et moi, nous avions obtenu le triste privilége d'explorer les plus secrets recoins du bagne, de descendre dans des cachots où le jour ne descend pas, de visiter les lieux d'expiation où il y a des pleurs et des grincements de dents. Nous devions cette faveur à deux hommes qui portent un nom vénéré, même dans cette société du bagne qui ne vénère rien; c'est comme si nous citions M. Auban, chirurgien de l'Arsenal, et M. le commissaire Esmenard. On nous exposa ce groupe vivant, qu'en deux coups de crayon Henri Monnier reproduisit avec une vérité si saillante, que tous les forçats admis par faveur à la séance se récrièrent d'étonnement. L'artiste leur indiqua une pose; ils s'y soumirent avec une docilité muette et touchante; c'était l'immobilité du marbre; la vie n'était sensible chez eux que par l'éclat de leurs yeux africains. Dès que leurs portraits furent terminés, on accourut des salles voisines pour voir et admirer; eux seuls ne témoignèrent aucun empressement; ils ne jetèrent qu'un rapide et mélancolique regard sur le papier qui les reproduisait. Monnier leur donna une gratification; alors un éclair de sourire courut sur leurs figures basanées; ils retombèrent aussitôt dans leur rêverie habituelle; le cachot se rouvrait pour eux.

Voilà deux malheureux auxquels personne ne songe dans le monde; ils n'ont point de parents, point d'amis, point de protecteurs; ce sont les orphelins de l'Atlas : ils sont criminels parce qu'ils ont été orphelins; ils ont versé le sang parce qu'ils ont agi dans un ordre d'idées qui leur a paru juste : en remontant à la source du crime, nous sommes forcés d'admettre que le crime vient de nous et que nous les punissons parce que nous avons pris Alger.

Si nous raisonnons sèchement en criminalistes, avec toute la logique sévère du Code, nous sommes parfaitement dans notre droit : en général, les nations ne se donnent jamais tort; elles ont une logique qui se plie à tout, un droit flexible qui met leur conscience de nations en repos. On a insulté notre consul, nous avons déclaré la guerre au dey; nous avons pris Alger; c'est notre conquête, c'est notre département d'outre-mer; dès ce moment, nous exerçons haute et basse justice sur la terre soumise; si les naturels du pays commettent des crimes, à nous, les vainqueurs, revient le droit de punir les crimes : car il faut toujours que les crimes soient punis.

Il n'y a rien à répondre à cela en droit.

Mais la philosophie répond à tout, et presque toujours elle donne tort au droit. La philosophie n'est pas criminaliste; elle ne copie pas des livres, elle en fait. Quelques lignes de bon sens tirées à propos coulent à fond Grotius et Puffendorff.

La philosophie n'admet pas que l'on puisse impunément fusiller des hommes et des femmes purs de tout crime, et charger de chaînes ensuite deux malheureux enfants qui se croyaient autorisés à user d'un droit dont vous avez usé les premiers contre leur nation.

Nous savons qu'il faut faire malheureusement des concessions aux lois et aux usages sur lesquels repose l'existence des peuples; nous savons que, par suite du grand imbroglio de notre organisation sociale, il serait fort difficile de gouverner avec des idées philosophiques, et que la puissance de tout mettre en harmonieux accord, législation, bon sens, morale, droit des gens, n'appartient qu'aux peuples naissants, lesquels ne tardent pas de tout noyer encore dans le chaos, à mesure qu'ils progressent. Mais il est pourtant des cas exceptionnels où l'on peut faire fléchir la rigidité du Code, où l'on peut s'avouer tout bas que la raison du plus fort est toujours la mauvaise, et qu'un gouvernement doit se faire quelquefois philosophe clandestinement dans les petits détails, sans compromettre sa dignité, sa force, son existence. Certainement ce serait un luxe d'absurdité philosophique d'absoudre d'avance tout Algérien qui tue un Français, attendu que nous avons fait feu les premiers, que tout Bédouin mort était innocent du soufflet consulaire et pouvait être vengé impunément par les siens : mieux vaudrait abandonner la conquête.

Des raisons prises dans le droit politique des nations nous ont poussés en Afrique ; le vent et le canon nous ont été propices, c'est au mieux; nous voilà maîtres reconnus : les Bédouins sont nos sujets, soumis à nos lois, justiciables de nos tribunaux.

Aujourd'hui donc, un de ces cas d'exception se présente où la loi peut s'incliner devant une philosophique mansuétude, sans qu'il en résulte un de ces ébranlements sociaux que la clémence occasionne quelquefois. Ce sont deux enfants : leur âge est déjà un titre à la pitié; deux sauvages, si l'on veut, qui raisonnent d'après les principes du droit naturel, et qui, fort ignorants de l'Évangile, croient encore qu'on peut rendre œil pour œil, dent pour dent. C'est une erreur excusable au pied de l'Atlas; il nous semble qu'il est démesurément sévère de corriger une pareille erreur, et chez de tels coupables, par la perte absolue de la liberté de toute une vie, par le supplice infamant du bagne, par trente livres de ferrailles aux pieds et aux mains. Un peuple qui se dit chaque jour qu'il est grand, et qui l'est en effet, doit être réfléchi dans l'application des peines, même contre des sauvages, qui n'ont pour réclamer contre ce luxe de supplice ni députés, ni avocats, ni parents, ni journaux.

Nous ne pensons pas toutefois qu'on doive les rendre soudainement à la liberté du désert : d'abord parce qu'ils ne sauraient que faire de cette liberté, ces deux pauvres enfants; ensuite parce qu'il est un soin de prudence qui veut qu'on ne déchaîne pas dans la société deux ardents Africains révélés à la justice par une énergie teinte de sang. Ce qu'on ne doit pas faire aussi, c'est de les jeter en guise de fondement dans l'édifice d'un bagne projeté; c'est de tirer parti de leur soumission, de leur repentir, de leur moralité même, pour les offrir comme modèles à des galériens futurs, venus comme eux du fond de l'Afrique pour traîner la chaîne dans les chiourmes d'Alger.

C'est un calcul peu digne; en voici peut-être un plus convenablement moral.

Oui, il faut tirer parti de leur énergie : mal dirigée, elle a commis un crime; sagement conseillée, elle produira le bien. Puisque tous les rapports des surveillants sont déjà favorables aux deux jeunes Africains, on peut en tirer encore d'excellentes inductions pour leur avenir. Ce n'est pas un bagne nouveau qu'il faut fonder, c'est un lieu spécial de réclusion pénitentiaire, où l'enfance criminelle par fatalité d'occasion doit trouver des maîtres polis au lieu d'argousins, des salles d'études au lieu de pontons, des professeurs au lieu de garde-chiourmes, de bons livres au lieu de boulets.

Enfermez Aly et Soliman pendant quelques années, mais bien loin de l'argot, loin de la corruption, loin de cette fétide atmosphère qui rendrait criminelle même la vertu. Ne leur montrez pas la France hospitalière à travers des liasses de squalides galériens ; enseignez à ces vives intelligences africaines ce qu'on enseigne à nos enfants, la religion surtout, celle qui adoucit le naturel et rend meilleur. Donnez un métier à ces quatre bras robustes et basanés qui ne demandent qu'à être actifs et laborieux ; puis, quand la sagesse vous dira qu'il n'y a plus péril pour personne à les faire libres, ouvrez-leur la porte.

Selkirk, le voyageur, avait pris deux sauvages qui faisaient pis que tuer des hommes : ils les mangeaient. On les vit renoncer ensuite à leur premier instinct ; ils se rendirent en missionnaires dans leur tribu natale, pour prêcher à leurs compatriotes anthropophages l'horreur du sang et la crainte de Dieu.

Nous avons connu à Marseille un Malais dont la figure portait les cicatrices de vingt blessures reçues dans les batailles ; c'était le guerrier le plus sanguinaire des îles de la Sonde. On l'a baptisé, il est reparti pour l'Inde ; en ce moment il prêche l'Évangile à Madagascar, on court à ses sermons.

Aly et Soliman sont les deux sauvages que nous avons pris : ils ont l'âge propice à la bonne culture. Au lieu de les élever dans un bagne, il faut les instruire pour civiliser Alger. Aux barbares qu'on veut convertir il faut envoyer des frères convertis ; il n'y a pas de plus efficace moyen. Aly et Soliman auront connu la France ; au lieu d'un châtiment mérité, ils y auront trouvé une instruction paternelle. Voilà ce qu'ils diront à la veillée, devant les tribus orientales, devant ces peuples du désert qui savent si bien écouter, et sur lesquels l'histoire en récit fait tant d'impression. Ce sont de pareils missionnaires qu'il faut députer aux nouveaux Français de l'Atlas ; cela vaut mieux que des blockhaus, des bulletins, des ordres du jour et des coups de canon.

## III

Quand je séjourne à Toulon, je ne manque jamais de de visiter en détail le bagne ; mais il ne m'est arrivé que cette fois seulement d'y trouver deux êtres qui ne paraissaient pas avoir mérité toute la rigueur de leur sort. La justice les avait frappés, la justice intervint ensuite pour adoucir leur châtiment. Ces exemples sont rares. Je n'ai rien vu depuis qui méritât une ombre d'excuse à quelque crime. Il me semble que ce sont toujours les mêmes condamnés que je vois; et, bien que le costume contribue beaucoup à donner aux yeux cette illusion, on est pourtant obligé d'admettre que tous ces visages de galériens ont été faits pour ces habits. Le crime donne aussi un uniforme à la physionomie; de sorte que ces misérables enfants du vol et de l'assassinat ont tous un air de famille qui frappe de prime abord.

Dans cette foule de criminels vulgaires qui défilent incessamment par grappes rouges, avec une insouciance qui parodie la résignation, trois noms se distinguent et se recommandent, à titres différents, à l'examen de l'observateur ou à l'oisiveté du curieux.

Il faut citer d'abord un condamné à jamais célèbre dans les fastes marseillais. C'est un homme qui a érigé son crime en phénomène, et qui a failli échapper au châtiment par l'exagération de la faute. Arnaud de Fabre est le faussaire par excellence; son nom restera dans Marseille comme la crise des assignats et le *maximum*. Un nombre incroyable de familles ont été dépouillées par Arnaud de Fabre, et, si l'autorité n'avait pas mis sur pied gendarmes et fantassins le jour où le criminel monta au poteau, une vengeance populaire inévitable lui aurait évité le voyage de Toulon. Jamais une ville n'avait bouillonné sous pareille colère. Un homme seul était calme : c'était le condamné du pilori.

Le stoïcisme païen et la résignation chrétienne n'offrent pas un exemple qui puisse être comparé à cet incompréhensible faussaire. Depuis son entrée au bagne, Arnaud de Fabre s'est constamment dérobé à toute investigation de curiosité et d'entretien. Peu de visiteurs même ont vu sa figure. Grâce à un ordre spécial que je devais au crédit de l'excellent docteur

Auban, il me fut permis d'entrer dans une salle où Arnaud de Fabre travaillait seul.

On venait de le délivrer de son compagnon de bagne; il était assis à l'orientale, sur un grabat, devant un pupitre, à son aise et calme comme dans son ancien cabinet. Il tenait une plume, qu'il déposa avec précaution sur des manuscrits lorsqu'il entendit ouvrir la porte. Nous nous approchâmes de lui; il nous salua très-poliment, avec un sourire de béatitude qui ne luit que sur le visage des élus.

Cette figure si fraîche, si sereine, si bonne, contrastait tellement avec le costume et le bonnet vert, qu'on aurait cru voir une de ces erreurs vivantes qui accusent la justice humaine. La conversation suivante s'engagea entre Arnaud de Fabre et l'un de nous :

—« Vous travaillez à vos Mémoires?

—Non, monsieur; je m'occupe d'un service que je veux rendre à quelqu'un.

—Vous écrivez une lettre un peu longue, il me semble?

—C'est une pétition.

—Pour vous, Arnaud de Fabre?

—Oh! non; moi, je ne demande rien; je travaille pour un de ces messieurs.

—Un de vos camarades?

—Oui; il m'a prié de cela. Il faut obliger autant que cela se peut.

—Et comment vous trouvez-vous ici?

—Mais assez bien.

—Vous paraissez vous porter à merveille?

—Grâce à Dieu, oui. L'appétit est bon.

—Êtes-vous content de l'ordinaire?

—Je ne me plains pas.

—Cependant vous devez avoir eu d'abord quelque répugnance à mener cette vie, toute nouvelle pour vous? »

Arnaud de Fabre fit un sourire, et le chef de chiourme, nous tirant à part, nous dit :

« Je n'ai jamais vu de condamné plus extraordinaire. Le lendemain de son entrée ici, Arnaud de Fabre était déjà tout formé aux habitudes du bagne. Il mangeait de bon appétit, il dormait à merveille ; il travaillait sans se plaindre ; il ne s'inquiétait de rien, il ne s'étonnait de rien. »

Nous laissâmes cet étrange condamné à ses travaux épistolaires. Il nous salua comme il aurait salué des clients dans son étude, puis il raffermit ses lunettes, mit de l'ordre dans ses manuscrits, reprit délicatement sa plume, et, frottant son front pour ressaisir le fil de ses idées, il se pencha sur son pupitre et continua son ouvrage.

De cette salle, qu'Arnaud de Fabre avait changée en cabinet d'étude pour y exercer dans l'isolement sa monomanie de faussaire, nous passâmes à la salle des *incorrigibles*. A côté du crime plat et bourgeois, nous devions voir le crime orageux et sanglant.

Cette dénomination donnée à cette salle semblerait annoncer des écoliers mutins qu'un maître a mis en pénitence. Eh bien ! ces *incorrigibles* sont des tigres en ménagerie ! rien moins que cela.

Le héros de ce repaire est Tragine ; tous les autres baissent, de respect, le front devant lui, comme les démons subalternes devant Satan.

Tragine est arrivé au bagne avec cette auréole de sang et de boue que la publicité jette au front des grands scélérats. Un homme de cette importance ne pouvait accepter le rôle vulgaire de galérien travailleur. Tragine aurait cru déroger et s'avilir en maniant la scie, le marteau, la truelle, la bêche, en se mêlant à la tourbe rouge et verte qui creuse des bassins, taille des pierres, charrie des briques, équarrit les poutres, plante les pilotis. Le crime qu'on a fait illustre a sa fierté, lui aussi. Érostrate au bagne n'aurait pas salué un roi. Tragine a donc regardé du haut de son orgueil le chantier de l'Arsenal ; il s'est classé dans les incorrigibles, et on attend quelque nouvelle faute pour l'écrouer définitivement dans le bagne du bagne.

Une grille de fer fortement cadenassée sert de porte à cette salle. A côté de la grille est un poste de soldats : en cas de révolte, les armes sont prêtes, on fait feu ; les balles ne peuvent s'égarer sur des innocents.

Il y avait là une trentaine d'incorrigibles qui s'amusaient nonchalamment à carder, avec leurs griffes, des liasses d'étoupes, pour calfater les vaisseaux. La fange vivante du bagne est donc comme l'engrais de la puissante végétation d'une escadre. Tragine, seul, ne daignait pas s'abaisser à ce travail ; il était couché sur le dos, les bras en croix, et il faisait la sieste, comme un criminel de bonne maison qui tient à ses habitudes. A côté de lui gisait, à l'abandon, son contingent d'étoupe, à l'état primitif, avec ses mille nœuds gordiens. Ses compagnons, silencieux, ressemblaient à des esclaves respectant le sommeil de leur maître ; ils jetaient sur le tigre au repos des regards obliques et empreints d'une touchante vénération ; et quand le terrible condamné, secoué par un rêve sanglant et convulsif, crispait les nerfs de son mufle ou de ses pattes, les hideux courtisans, interrompant leur travail, cherchaient à deviner sur cette face blême à quelle scène tragique le songe avait ramené la pensée du galérien endormi.

Rien, et pourtant nous avions encore quelque chose de plus horrible à voir, ne peut donner une idée de cette salle infecte, qui sue le crime par toutes les fentes de ses murailles, et qui est l'univers de ce peuple de damnés. Le crépuscule y pénètre à midi ; les exhalaisons fiévreuses de ces locataires semblent se matérialiser dans cette cage et flotter comme un brouillard livide autour d'eux ; des objets sans nom et sans forme couvrent les grabats ; quelque chose de plus honteux que l'extrême misère enveloppe ce tableau ; on n'y entend que des râles sourds, des grincements de dents et de ferrailles, de stridentes acclamations d'argot, des blasphèmes créés par le génie du bagne ; on trouve là tout ce qui appartient à la langue et au domaine du crime, tout, excepté le remords.

## IV

### Le cachot.

Il faut, en passant, rendre justice à l'ordonnateur général : tout est admirablement établi dans ce monde ; nous ne périrons pas faute de contre-poids. Le monde moral a ses antipodes comme le monde physique ; tout alpha trouve son oméga ; Rothschild balance Duclos ; le Panthéon regarde la Morgue ; Londres, la populeuse, a sous ses pieds l'île déserte de Bligh. Quand nous sommes chaudement dans une loge, aux Italiens ou à l'Opéra, il y a quelque chose, de par la France, qui sert de pendant à cette loge ; nous avons trouvé ce pendant : c'est une loge aussi.

Nous montrâmes notre billet à l'ouvreur, et il nous fut permis d'entrer. Nous étions munis de flambeaux comme pour les catacombes ; il fallut du temps à la lumière pour se faire jour dans ces ténèbres d'un noir compacte ; toutes les précautions ont été prises pour en exclure jusqu'à l'atome égaré d'un rayon de soleil.

Le soleil a tout vu dans ce monde : il descend au fond des puits du tropique ; mais il ne visite jamais ce cachot.

Nous entrevîmes là, sur un étalage de pierre, sept fantômes vivants : ils avaient des balancements de bêtes fauves et parlaient une langue rauque. Après la salle des incorrigibles, l'odeur de cette nouvelle ménagerie était intolérable ; je pris des forces dans ma raison, afin de résister ; Henri Monnier, qui a le dévouement courageux de l'artiste, se mit tranquillement à dessiner, aux flambeaux, cette horrible scène.

Ces prisonniers sont des forçats intraitables, qu'on ne peut plus mettre aux galères, puisqu'ils y sont ; ni fustiger, parce qu'ils sont blasés sur les coups ; ni envoyer à l'hôpital, parce qu'ils sont en bonne santé ; ni tuer, parce que leur nouveau crime s'est arrêté juste à la peine de mort ; ni renfermer dans une prison claire et commode, car on les mettrait à leur aise en les affranchissant ainsi du travail. Que faire donc de ces hommes? Dans la société ils se sont rendus criminels, et la société les a envoyés au bagne; mais le bagne à son tour se constitue société, et, lorsque ses citoyens déchirent son code, alors s'ouvre le formidable cachot : c'est le bagne du bagne.

Tous les raisonnements de la philanthropie viennent échouer là. A qui la faute? à Dieu, aux hommes, à la loi? Qui le sait? L'humanité nous crie qu'il est odieux de jeter des coupables dans un souterrain, de les priver d'air et de lumière, de les condamner à une faim éternelle avec une ironique nourriture de quelques onces de fèves; de leur refuser ce qu'on accorde aux lions captifs, un soupirail et un rayon de soleil. La société, qui tremble toujours pour sa vie, répond que ce sont des criminels indignes de pitié; des êtres encore au-dessous des incorrigibles, qui connaissaient la punition et qui l'ont bravée; des hôtes formidables, dont le voisinage est périlleux même au bagne; des créatures exceptionnelles dont personne ne veut, pas même le bourreau.

La philanthropie est en lutte perpétuelle avec la loi : la première donne de bonnes et touchantes raisons dans ses plaidoyers; la seconde a l'air de se défendre victorieusement : quand on résume les débats, on se rend souvent coupable soi-même d'un déni de justice.

Ce qu'il faut avouer, c'est que la société, comme nous l'avons faite, est très-difficile à régir; nous portons la peine de quatorze siècles d'existence en corps de nation; chaque génération a légué à sa fille son héritage d'immortalité; aujourd'hui, ce trésor de legs accumulés nous est pesant. On dit qu'il faut moraliser les hommes; mais voilà mille huit cent trente et quelques années qu'on les moralise; la série des sermons évangéliques prononcés depuis Jésus-Christ, imprimée en petit texte, servirait d'enveloppe au globe entier; chez un peuple de trente-trois millions de têtes, vous trouverez toujours de quoi garnir les chiourmes de Brest, de Toulon, de Rochefort, quand vous enverriez un Fénelon dans chaque famille. Ensuite, voyez ce qui arrive : vous croyez avoir jeté toute votre lie sociale dans un bagne ; eh bien, ce bagne est encore tourmenté par des crimes intérieurs qui ne ressortissent plus à la juridiction ordinaire de la société ; il faut que ces crimes soient encore punis : comment ? inventez.

On devrait prévenir ces crimes.

Il n'y a que deux manières de prévenir des crimes, comme il n'y a que deux motifs qui retiennent les hommes dans le bon chemin :

> Oderunt peccare mali formidine pœnæ ;
> Oderunt peccare boni virtutis amore.

Le Code ou la morale : l'un est parfaitement connu du criminel ; il n'en déchire l'article qui le menace qu'après l'avoir lu ; l'autre est, dans un bagne comme en beaucoup d'autres lieux, un nom vide de sens.

Ce nom isolé de morale a d'ailleurs quelque chose de sec et d'athée, qui serait d'un vain secours à qui voudrait réformer les mœurs d'un bagne pour en prévenir les crimes. La religion vaut mieux : d'abord elle apporte avec elle la vraie morale, et ensuite elle peut produire de beaux fruits, si elle se révèle parmi les chiourmes avec sa pompe naïve, ses cérémonies touchantes, ses versets de consolations.

Dans le malheur consommé, rien ne remet l'âme à la quiétude comme la prière de la chapelle, la messe du dimanche, celle qu'on entendait en famille, à l'âge où tous les cœurs sont purs. Eh bien ! on dit la messe au bagne tous les dimanches, et le prêtre explique l'Évangile du jour : nous avons assisté à cette cérémonie, et nous avons presque désespéré de la moralisation.

La chapelle est un vestibule qui peut à peine contenir cinquante personnes. Le choix de cette étroite localité fait présumer justement que l'auditoire n'a jamais été nombreux et ne peut l'être.

Une heure avant l'*Introït*, deux sacristains galériens construisent l'autel; ils y placent une nappe jaunie, six vases de fleurs artificielles, six flambeaux indigents et une croix. Le prêtre arrive : il est convenu qu'un prêtre du bagne sort des rangs les plus obscurs du sacerdoce; c'est un homme qui reçoit, moyennant indemnité, la corvée de la messe dominicale; le métier perce trop sous la chasuble. Les dévots se placent au pied de l'autel : ce sont ordinairement des vieillards qui suivent, à genoux, dans un paroissien dévasté, les versets et les répons; les indifférents sont debout, et acceptent la messe comme une distraction hebdomadaire : rien, d'ailleurs, ne peut les arracher momentanément à leur idée fixe de réclusion; à droite et à gauche, cette chapelle d'occasion leur montre ses deux nefs; ce sont deux longues salles ornées de grabats, ce sont deux dortoirs de galériens; l'odeur grasse qui s'en exhale neutralise la vapeur du grain d'encens brûlé sur l'autel.

Dans cette grande population du bagne, on trouve donc cinq ou six vieillards qui prennent la messe au sérieux; tous ont été appelés, voilà ceux qui sont venus!

Il y a quelque chose de touchant dans l'expression religieuse, dans la pose décente de ces rares prédestinés qui prient avec ferveur sous la livrée rouge du bagne; il n'est pas permis d'élever contre la sincérité de leur foi le moindre soupçon d'hypocrisie; tout est conviction et vérité dans les mouvements de leurs lèvres, dans les frissons de leurs doigts desséchés, dans l'incarnat mystique de leurs joues creuses, dans cette expression de regard qui les lie au sacrifice de l'autel. Ces vieillards sont, à mes yeux, les hommes les plus vertueux du monde; si la messe ne servait qu'à consoler un instant ces existences flétries, il faudrait bénir la messe. Si tous les forçats ressemblaient à ces doyens du crime, il faudrait fuir le monde et aller respirer la sérénité de la vertu dans un bagne.

Voilà tout ce que la sonnette dominicale a pu convoquer de néophytes! Dans ce quart d'heure d'évangélique rosée que la religion donne à l'enfer terrestre, quelques langues d'élus sont rafraîchies : au dehors, l'indifférence, la raillerie, l'incrédulité, l'impénitence finale, le crime obstiné, le désespoir sombre, la résignation stupide, toutes ces abstractions personnifiées s'entassent, se roulent, s'endorment sur des grabats à mille places, pour fêter le jour de la cessation du travail. Le dimanche n'est le jour du Seigneur que pour cinq ou six forçats à cheveux blancs.

L'*Ite missa est* est prononcé; la vision s'évanouit. Le prêtre fuit comme le Panthée de Virgile, en emportant ses dieux et les choses sacrées; l'autel s'écroule ; la chapelle redevient le parloir des garde-chiourmes : dès que la sonnette du clerc se tait, le bruit des ferrailles recommence. Le quart d'heure d'évangélisation ne recommencera que dans huit jours : personne ne s'en plaint ni ne s'en soucie.

Il faudrait un père Bridaine qui se dévouât courageusement, et sans regarder en arrière, au service spirituel des bagnes; un prêtre qui aurait la physionomie, les gestes, l'organe, l'entraînement, l'organisation physique qu'exigerait une aussi terrible mission, et qui se condamnerait à une œuvre aussi méritoire, comme d'autres se condamnent au silence infructueux du trappiste, à la réclusion contemplative de la Chartreuse, aux voyages évangéliques de la mer du Sud et du Japon.

Mais voilà ce qu'on ne trouve plus. Beaucoup se dévouent à prêcher à Saint-Thomas-d'Aquin, devant un auditoire parfumé de femmes heureuses; pas un Bridaine ne se lève pour aller planter sa chaire au milieu des chiourmes de Brest, de Rochefort, de Toulon ! En France, nous ne faisons depuis longtemps qu'inventer des théories et des mots; nous parlons humanité, religion, justice, morale, civilisation, mieux qu'on n'en a parlé avant nous; nous savons tout ce qu'il faut faire pour rendre le monde meilleur, mais nous ne faisons rien : on se contente de savoir, on est répulsif à l'application. Alors ne nous plaignons plus du spectacle de la maladie, puisque nous n'avons pas le courage du médecin.

Au reste, ce n'est que dans le pur intérêt de l'humanité qu'on est amené à ces réflexions ; car on dirait que ces misérables prennent à tâche d'éloigner d'eux l'intérêt qui se lie aux infortunes extrêmes, méritées ou non. Ils auraient si peu à faire, si peu à dire, pour arracher des larmes ! On pleure à la Comédie-Française, devant une actrice qui ment merveilleusement au public ; on donne si souvent des pleurs vrais à des malheurs faux ! et ici, dans ce théâtre où rien n'est menteur, ni le personnage, ni le décor, ni le public, on se croit quitte envers l'humanité en payant quelques plaintes, en jetant quelques syllabes décousues de compassion à ce lamentable dépérissement de l'homme physique et de l'homme moral ! Et qui sait encore si la fibre secrète qui éveille notre pitié n'est pas une fibre d'égoïsme, si elle n'est pas excitée, à notre insu, par cette pensée : « Si j'étais là comme eux ? »

Ce qu'il y a d'étrange, c'est que ces malheureux ne songent pas même à jouer le malheur ; cela leur serait pourtant si aisé !

Il y a d'ingénieux mendiants qui se peignent des plaies à fleur de peau pour provoquer l'aumône et la compassion. Ceux-ci n'ont rien à peindre : un seul mot tombé de leur bouche avec un accent emprunté à la vérité, un seul soupir de peine flagrante nous gonflerait le cœur, à nous qui entendrions ces notes dolentes de la souffrance consommée. S'il nous est déchirant d'entendre dire : « Je suis bien malheureux ! » à un acteur aimé, riche et applaudi, que ferions-nous devant ces parias enchaînés, qui murmureraient à notre oreille un seul « Ayez pitié de moi ! »

Mais ce ne sont pas là les mœurs de la communauté du bagne : l'extrême malheur y est fanfaron, absolument comme le bonheur dans notre société. Sans doute ils ont entre eux des heures secrètes et mystérieuses où ils échangent de désolantes paroles ; mais en présence de visiteurs, ils tiennent à honneur de faire de l'insouciance et de la gaieté. Alors ce sont tous des Régulus qui se roulent en riant sur la pointe des clous, des Scévola qui badinent avec le tison qui ronge leurs os. Voilà la définition de l'honneur au cachot du bagne.

Nous en avisâmes un, jeune, vif, gai, complétement nu, moins les chairs ferrées : c'était le héros de la prison ; ses camarades lui donnaient quelque déférence. J'ignore si nous sommes nés pour l'égalité ; mais dès que six hommes sont réunis quelque part, même dans un cachot, ils ont la manie de créer une espèce de roi et de se soumettre à lui.

Ce jeune homme avait une mobilité si perpétuelle de mouvements, que Monnier était forcé de le dessiner au vol.

« De quel pays es-tu ? » lui dit Monnier.

Le forçat répondit lentement sans nous regarder :

« De Paris. »

Et il se mit à faire des soubresauts comme un mandrill. Après une longue pause, nous lui adressâmes cette nouvelle question :

« Et où demeures-tu, à Paris ?

— Faubourg Saint-Germain, n° 27. »

Cette réponse fut suivie des éclats de rire de ses camarades, qui d'ailleurs riaient de tout ce que faisait ou disait le jeune galérien.

Nous leur donnâmes du tabac en assez grande quantité ; ils se jetèrent dessus comme des tigres sur une proie. Le pain ne vient qu'après le tabac dans les besoins de la vie malheureuse et prisonnière.

Pendant qu'ils partageaient en portions égales, avec une joie touchante, cette gratification tant désirée, nous remarquâmes qu'ils se communiquaient entre eux quelque idée qu'ils n'osaient pas nous soumettre. Le Parisien se chargea de porter la parole. Il prit une pose aussi décente que sa nudité pouvait le permettre, et nous demanda un peu de tabac à priser. Cette espèce de tabac n'avait pas été comprise dans notre gratification. Nous envoyâmes un garde au bureau. Le nouveau cadeau arriva un instant après et fut accueilli par des applaudissements, comme autrefois un galion de Lima sur la côte de Lisbonne. Le tabac fut déposé précieusement dans une boîte commune, où chacun se vota le droit de puiser à son tour, mais avec discrétion. Ainsi, dans ces moments de délices, tout fut oublié : tortures, ferrailles, carcans, stigmates, cachot, liberté. Le bonheur de six hommes fut estimé deux onces de tabac.

Voilà la définition du bonheur au cachot du bagne.

Quand on s'est volontairement enfermé ainsi avec ces malheureux dans ce terrible cachot, on éprouve par intervalles une émotion singulière ; il vous semble que le retour au monde libre vous est interdit, qu'on s'est fait victime d'un guet-apens, et que c'est tout à fait sérieusement que la porte verrouillée s'est refermée sur vous.

Cette folle émotion qui vous tourmente n'est pas à dédaigner ; on s'y abandonne même avec plaisir, comme lorsqu'on s'amuse à gagner des vertiges sur le bord d'un précipice défendu par un parapet. Nous avions passé trois grandes heures sous cette voûte plate et gluante, en compagnie de ces fantômes, et n'ayant d'autre clarté que celle qui mourait autour de notre chandelle de suif. Je ne pouvais supporter plus longtemps l'air de cette cage, si toutefois cette cage a de l'air ; je me fis ouvrir la porte, et je sortis précipitamment avec toute la folle joie d'un prisonnier qu'on met en liberté.

C'est alors, en se retrouvant sous le ciel, que tout paraît serein autour de vous. Dans le passage subit du cachot au bagne, il y a une sensation qu'on n'éprouve que là : le bagne vous semble peuplé de gens heureux ; les visages des forçats sont gais ; leurs travaux n'annoncent rien de pénible ; ce sont des ouvriers en camisole rouge, qui gagnent leur vie à calfater des vaisseaux, à bâtir des cales couvertes, à creuser des bassins, à scier des poutres, à tresser des câbles. Comme on a toujours devant ses yeux les spectres noirs du cachot fétide, on trouve naturellement que la misère du forçat libre est du bonheur, et du bonheur qui peut être envié. Je ne crois pas qu'il y ait au monde une position qui porte envie au cachot ; mais, à coup sûr, le cachot porte envie au bagne.

En sortant du hideux souterrain, on retire bien des plaintes trop tôt données à la chiourme, on contemple avec un sang-froid stoïque le chantier immense arrosé par tant de sueurs. C'est un chantier plein de gaieté, de vie et de soleil ; c'est une plage où la Méditerranée elle-même s'emprisonne, où les vaisseaux de ligne viennent se reposer comme dans une hôtellerie, où des merveilles d'architecture s'équarrissent à l'égyptienne, sur des bases aux larges talus.

Qui sait ? peut-être est-ce un bien que l'invention de ce cachot : il y a entre la combinaison fortuite du cachot et du bagne une chance de bonheur relatif qu'on doit bien se garder de détruire dans ces localités souffrantes, où le bonheur se fait ce qu'il peut. Il faut que le cachot voie son paradis dans le bagne libre, et le bagne libre son enfer dans le cachot.

Voilà tout ce que la société peut donner de factices consolations à ceux que Dieu même ne console plus !

## V

Toutes les horreurs qui affligent les yeux et la pensée sont domiciliées en hôtel dégarni à l'arsenal de Toulon.

On passe de cet échantillon de l'enfer à l'hôpital. Autre spectacle de désolation. Un hôpital est toujours triste : c'est le dernier mot des misères humaines ; mais l'hôpital d'un bagne ne laisse rien à désirer à l'imagination qui cherche la limite du hideux.

Ce n'est pas au premier aspect que ce lieu dolent se révèle sous sa laideur idéale ; la galerie est très-bien tenue, le parquet n'a pas la moindre souillure, le lambris est blanc, et les croisées, largement ouvertes, y versent la vie et le soleil. Il faut soulever les linceuls pour voir à quels genres de malades on doit donner sa pitié.

Lorsque nous y entrâmes, le docteur Auban était au chevet du lit d'un condamné, jeune homme de vingt ans. Le malade parlait avec un organe fort doux ; sa figure était calme, son regard lumineux et plein de bonté. M. Auban s'entretenait avec lui comme un père avec son enfant, et une émotion triste les agitait tous les deux. A voir avec quelle onction, avec quel attendrissement l'honnête homme parlait au criminel, on aurait dit qu'il ne s'agissait que de donner un peu de force morale à un convalescent pour l'aider à regagner promptement la santé.

Eh bien, il y avait là sur ce lit l'avant-dernière scène d'un drame horrible. Ce malheureux, objet de tant de soins touchants, ce malade que le docteur visite avec tant de zèle, que le prêtre console dans ses douleurs, et qu'une femme, ange de charité, garde comme la prunelle de ses yeux, ce jeune homme est un assassin relaps. Gommare est son nom. La veille du jour de notre visite, il avait donné plusieurs coups de couteau à un sous-adjudant des chiourmes, et il s'était cassé le bras en tombant après cet acte de vengeance. La justice demandait d'abord que le malade fût guéri de sa fracture; le criminel devait être jugé ensuite. Voilà pourquoi Gommare était à l'hôpital du bagne.

Une personne de notre société engagea un court entretien avec le malade.

« Comment avez-vous passé la nuit, Gommare?

— Assez bien, assez bien.

— Souffrez-vous encore beaucoup?

— Non, monsieur; je puis supporter la douleur très-facilement.

— Vous avez eu hier une bien mauvaise idée, et aujourd'hui vous devez avoir un grand repentir de ce que vous avez fait?

— Que voulez-vous? C'est un malheur! Ce sous-adjudant était mon ennemi; il me persécutait, il me rendait la vie insupportable; il m'a poussé à bout, et j'ai voulu me venger.

— Vous êtes entré au bagne pour un motif semblable, n'est-ce pas?

— Oui, monsieur. J'étais soldat, j'ai frappé mon chef d'un coup de sabre à la tête, et l'on m'a condamné à mort. Nous étions trois condamnés. On nous a amenés sur le lieu du supplice, et, au moment où j'allais être fusillé après les deux autres, on m'a annoncé ma grâce. Ma mère avait obtenu une commutation.

— Gommare, c'était une bonne leçon, celle-là! Pourquoi n'en avez-vous pas profité?

— Le sous-adjudant m'empêchait de fumer; il me cassait ma pipe sur la bouche.

— Vous avez été mis dans un mauvais cas....

— Oh! monsieur, je connais ma position, je sais ce qui m'attend, mais c'est égal. Il n'y a que ma pauvre mère qui m'inquiète; moi, je n'ai peur de rien.

— Voilà une fonction bien pénible pour moi, nous dit l'excellent docteur Auban, visiblement ému; il faut que je donne tous mes soins à ce jeune homme blessé, il faut que je le guérisse, et, lorsqu'il sera guéri, il comparaîtra devant le tribunal maritime spécial, qui l'attend avec un arrêt inévitable. »

Quelques jours après, nous avons appris que Gommare avait été condamné à mort. Malheureux enfant, qui n'a pas assassiné pour assouvir quelque passion basse, qui a été criminel dans l'irritation d'un coup de sang! Puisse la clémence être clémente deux fois!

A quelques pas du lit de Gommare, on nous fit remarquer un condamné agonisant, qui ressemblait plutôt à un cadavre qu'à un malade. Voici ce que cet homme avait fait la veille.

Il s'était procuré, on ne sait comment, un pantalon, une veste et un chapeau, qu'il avait cachés sous son matelas d'hôpital; puis, choisissant le moment favorable, et sans se laisser abattre par la fièvre de l'agonie, il s'était habillé en ouvrier, et il avait traversé hardiment l'Arsenal jusqu'au pont tournant. Là un fort coup de vent lui enleva son chapeau, qui roula à côté de l'hospice. Le galérien, qui venait de passer devant un garde-chiourme de sa connaissance, ne voulut pas se retourner, aimant mieux perdre son chapeau que sa liberté; mais le garde-chiourme courut après le chapeau, et, ne comprenant pas qu'un ouvrier se laissât ainsi découvrir la tête par le mistral sans au moins se retourner, il hâta le pas pour examiner en face ce stoïcien de chantier, et, en lui rendant le chapeau ramassé, il reconnut, malgré le déguisement, un de ses pensionnaires galériens.

Ce malheureux n'avait pu se résigner à mourir sur un lit d'hôpital : il allait chercher la mort sur la montagne en face de la mer. Pour acheter ce dernier soupir, il venait de déployer plus de savantes combinaisons qu'il n'en faut à un ambassadeur en Orient. Tout marchait bien. Le forçat recueillait le prix de son adresse et de son courage. Sa fortune était faite ; il avait secoué le hideux linceul de l'hospice, il avait quitté la livrée du bagne ; il choisissait déjà dans l'horizon le pic lumineux et embaumé d'aromates où il allait savourer la volupté de son agonie ! Un coup de mistral détruisit ce beau rêve !

C'est effrayant de penser, en examinant les conditions de certaines existences, à quelle chance un homme peut attacher le bonheur !

## VI

Toulon est une ville de contrastes moraux et physiques. L'homme y apparaît dans sa grandeur et sa misère ; les liasses de galériens y coudoient chaque jour les escouades de nos pauvres soldats, venus malades de notre terre promise d'Afrique. Les premiers sont frais, insoucieux, pleins de vigueur ; les seconds, pâles, tristes, abattus. Il en est de même pour les monuments.

Toulon a épuisé toutes ses carrières pour bâtir des édifices cyclopéens ; Toulon a construit des Louvres pour ses hospices, des Versailles pour ses lazarets, des cathédrales pour ses vaisseaux en chantier, des labyrinthes crétois pour ses magasins, des galeries babyloniennes pour ses cordages, des forges de Lemnos pour ses arsenaux, des lacs pour ses carénages, des piédestaux de rocher pour ses citadelles ; et certes personne ne blâmera Toulon d'avoir dépensé tant d'or, de pierres et de sueur, au service de la France. Mais on ne comprend pas que cette puissante ville, qui fend les montagnes et comble la mer à sa fantaisie, n'ait jamais songé à se bâtir un théâtre avec une pincée de ce ciment qu'elle a prodigué autour d'elle à l'infini.

L'autre jour, une triste pensée me vint à l'esprit au moment où je quittais ces merveilles d'architecture navale et terrestre, sans égales au monde, pour aller applaudir un chef-d'œuvre de Meyerbeer.

On verra bientôt que mon observation a un côté grave. A Toulon, le spectacle est aimé avec fureur : cela se conçoit. Ce peuple de marins, qui arrive journellement du bout du monde avec ses privations dures et ses longs ennuis, adore le théâtre, et principalement la musique, qui est presque tout le théâtre aujourd'hui. Or, qu'a-t-on fait pour satisfaire tant de braves gens à l'endroit de leur passion favorite? On a élevé, ou, pour mieux dire, on a abaissé dans un égout de la ville quelques soliveaux de bois de pin liés avec du plâtre, et garnis à l'intérieur de papier vert. Dans les galeries, les escaliers, les corridors, un enfant peut à peine passer de front ; les nains se courbent pour ne pas toucher les lambris.

On ne peut se faire une idée de l'indigence lépreuse qui suinte à travers les mille crevasses de ce taudis. Un jour l'incendie fit mine de vouloir le dévorer ; l'incendie, cette fois, avait raison. Une absurde prévoyance éteignit le feu. Un miracle perpétuel conserve ce théâtre depuis soixante ans ; les bombes même du général Dugommier l'ont respecté. Depuis soixante ans on parle de le démolir, et toujours on vous montre le plan du théâtre futur.

Cette incurie routinière qui endort en France les administrations municipales, en dépit de quelques hommes inécoutés, maintient cet abominable *statu quo* de plâtre et de bois pourri ; et comme la Providence, toute maternelle qu'elle est, a ses moments d'abandon, ce théâtre s'écroulera ou s'incendiera un jour de représentation extraordinaire. Ce sera un désastre pire que Trafalgar ou Aboukir.

J'ai vu souvent, aux soirées de *Robert* ou de *la Muette*, tout ce qu'il y a d'illustre, de grand et de noble, d'éclairé dans notre marine, encaissé comme le lest le plus vil dans la cale fétide de cet horrible ponton.

A l'ancre, dans la rade, il y avait dix-huit vaisseaux, le bras droit de la France allongé vers l'Orient. Au tomber du jour, une flottille de canots à la voile et à la rame s'était élancée au port. Officiers et soldats envahissaient le théâtre avant les premières mesures de l'orchestre. Ce qu'on appelle les loges resplendissait d'épaulettes. Au centre de son magnifique état-major de héros, l'illustre amiral Hugon attirait tous les regards de la foule. Aux banquettes supérieures, lézardées de vétusté, se penchaient mille têtes flamboyantes et bronzées, comme elles se montrent sur les bastingages un jour de combat.

Le théâtre, dans un de ces soirs, porte sur ses pieds croulants la fortune navale de la France, et un bec de gaz, égaré sur ces combustibles antiquailles, peut faire sauter dix-huit vaisseaux.

Il suffirait de trois minutes pour dévorer ce qu'il y a de plus noble et de plus dégoûtant à Toulon, son théâtre et son armée. C'est que la fuite est impossible : les issues manquent, les vomitoires sont des étouffoirs; les corridors, même en temps normal, étranglent ceux qui passent. Écroulement ou incendie, tout ce qui serait là périrait sans gloire ; et un demi-siècle ne réparerait pas la démission d'un pilier centenaire ou l'erreur d'un bec de gaz.

« C'est fort juste, tout cela, me dit un interlocuteur toulonnais qui entendait cette doléance ; aussi nous songeons sérieusement à bâtir un théâtre neuf et sûr.

— Monsieur, lui dis-je, à l'âge de treize ans, je vins à Toulon pour la première fois, et votre père dit à mon père ce que vous me dites aujourd'hui.

— Mais, reprit mon interlocuteur, c'est la place qui nous manque ; et puis le génie contrarie tous nos plans.

— Oui, l'on sait que le génie ne songe qu'à ses remparts, et voudrait voir plaines, mers et montagnes exclusivement couvertes de citadelles ; mais le génie a souvent l'esprit de faire des concessions au bout de dix ans de lutte. Vous avez eu déjà cinq fois l'occasion de le ramener à votre avis. Quant à la place, s'il n'y en a pas sur terre, il y en a sur mer. Au reste, rien n'est si facile à trouver qu'une place dans une ville : vous n'avez qu'à démolir quatre maisons ; et puis votre état de choses à l'endroit du théâtre est si intolérable, que vous devez tout tenter pour donner à vos braves marins le seul plaisir qu'ils vous demandent à la voile et à la rame. Que ne faites-vous une chose bien simple, en attendant la permission du génie ou la place absente ? N'avez-vous pas dans votre port cinq ou six vaisseaux invalides, de beaux et grands ex-trois-ponts vétérans qui pourrissent les pieds dans l'eau ? Prenez un de ces vaisseaux, établissez trois rangs de loges dans ses vastes entrailles, amarrez-le au quai de votre port, et inscrivez le mot *théâtre* sur la corniche de l'arrière. Vous conviendrez, j'espère, que ce théâtre vaudra mieux que l'ancien, et qu'il servira de transition convenable à celui de l'avenir, s'il arrive jamais. Ensuite vous aurez avec mon théâtre des avantages charmants et introuvables ailleurs. On pourra lever l'ancre et se promener en rade pendant les représentations. Dans les entr'actes, il y aura sur le pont un foyer vaste et délicieux. Si les décors des pièces exigent des vues de montagnes, des golfes, des citadelles, des rades, des villes, des clairs de lune, vous enlèverez le châssis à coulisses de l'arrière, et vous aurez des fonds meilleurs que les toiles de Sanquensia. En hiver, votre salle sera tiède à cause de son exposition permanente au midi ; en été, elle sera rafraîchie au degré voulu par les brises de mer. Si j'avais l'honneur insigne d'être la ville de Toulon, j'aurais ce théâtre maritime dans quinze jours, avec le travail de cinq cents forçats. »

Mon interlocuteur avait d'abord souri de mon idée, parce que, du premier coup, elle ressemble à une plaisanterie ; puis il la discuta sérieusement avec moi, et il finit par dire qu'elle méritait d'être prise en considération. Je terminai avec ces paroles :

« On dit, en parlant d'une belle salle de spectacle : « Voilà « un beau vaisseau ! » Eh bien ! lancez à l'eau ce théâtre naval, et cette fois l'éloge sera vrai. »

En sortant du théâtre, je rentrai dans mes souvenirs de cette journée sans heures, et il me sembla que bien des mois s'étaient écoulés depuis le moment où mon fusil avait tué un marsouin.

Il y avait dans ce lointain d'un passé vaporeux tant de grandes et de petites choses amoncelées, qu'il ne tenait qu'à moi de croire que j'avais passé le tropique et tué un marsouin devant les Açores, sur le paquebot *le Grégeois*. Les jours comme les lieux perdent leur valeur mathématique selon les événements ou les ennuis qui les traversent. Une promenade peut donc s'élever dans notre imagination à la hauteur d'un voyage. Décidément, pour économiser l'argent, les insomnies, les insectes, les jeûnes, les tempêtes, les maux de cœur, je me promènerai toujours, afin d'avoir tous les bénéfices du voyage sans en avoir les désagréments.

# LA FONTAINE D'IVOIRE.

Lorsque la girafe destinée au jardin des Plantes de Paris eut été débarquée à la douane de Marseille, comme marchandise prohibée non classée par le tarif, le conseil municipal chargea deux savants de mener paître dans les bois cet animal fabuleux. Ces messieurs, hommes instruits quoique savants, trouvèrent une idée : ils se dirent que, puisque la girafe venait d'Afrique, on devait la conduire dans des pâturages de physionomie africaine, ayant roches nues, bois de pins, sable brûlant. L'animal et sa cour scientifique sortirent de la ville et se dirigèrent vers un village brûlé par le soleil du Midi et par les torches révolutionnaires, village sans arbres ni sources, village hydrophobe, qui ne boit qu'à la pluie, et dont tous les habitants sont hydropiques. Ce village s'appelle Mazargues, de deux noms celtiques, disent les savants, qui signifient maisons arrosées par les eaux.

De ce village éternellement altéré, la girafe entra dans une campagne dévastée par les sauterelles, le vent et le sable marin. L'horizon est barricadé au midi sous de hautes montagnes blanchies par six mille ans de coups de soleil; par intervalles, elles laissent couler vers la plaine quelques vallons vêtus de pins, forêts d'une fraîcheur brûlante, aux ombrages sudorifiques; des milliers de cigales y chantent l'hymne du soleil, que des milliers de grillons traduisent ensuite en hymne de la nuit. Des odeurs balsamiques courent dans l'air; elles s'exhalent des pins, des touffes d'aspic, des buissons de thym et de lavande, des vagues voisines qu'on entend rouler sur les écueils et qu'on ne voit pas. C'est l'Afrique, non pas celle du dey d'Alger ni des Hottentots, mais l'Afrique mystérieuse, intérieure, non visitée, recueillie, avec ses vallons vierges de pas anglais, ses collines primitives, son silence de solitude, ses reflets de sable en plein soleil, ses bruits de vagues invisibles et ses mélodies de bois de pins qu'un orchestre ne redira jamais.

La girafe rendit grâce aux savants, et elle s'écria comme Scipion : *Te teneo, Africa !* Elle tordit gracieusement son cou d'autruche, et elle prit son vol comme un oiseau quadrupède; elle abandonna ses antilopes nourricières, son guide algérien, ses deux savants, et le sténographe qui dressait procès-verbal de la cérémonie pour le compte de M. Cuvier. Nous courûmes tous, comme une gendarmerie de naturalistes, sur les traces de la belle fugitive; il est probable qu'elle fut reprise, puisque je l'ai vue hier dans son palais, faubourg Saint-Marceau; mais, quant à moi, je ne fus pas complice de son arrestation. A force de courir après l'animal, je m'égarai sur cette terre d'Afrique; en cherchant les traces de la girafe, je perdis les miennes; en essayant de retourner sur mes pas, je ne trouvai plus mes pas, le vent les avait effacés sur le sable; j'étais enlacé de montagnes, de vallons, de précipices, de bois; j'avais à choisir entre vingt sentiers croisés, sentiers trompeurs, tracés à dessein par une main inconnue; ils aboutissent tous à des rochers taillés à pic comme des remparts, et dont les touffes de saxifrages, agitées au vent, semblaient rire de mon embarras. Le soleil était près de se coucher, je ne pouvais m'orienter sur son cours : de hautes montagnes me dérobaient l'horizon du couchant. Je n'avais d'espoir que dans la constellation d'Orion, qui se lève sur la colline appelée *Tête de Puget*. Mais Orion se lève fort tard, nuit close, et il m'était terrible d'attendre la nuit dans cette sollitude. C'était justement un vendredi; je me mis à maudire la girafe, parce qu'il faut toujours maudire quelque chose dans son désespoir.

Avançant, reculant, et surtout m'arrêtant, je me trouvai compromis dans un massif de pins grêles qui paraissaient avoir été écaillés par des doigts de fer; cela me fit frémir. Je me demandai la raison de mon frémissement, et je ne me répondis pas. Mon silence m'alarma davantage; je tâchai de me rappeler une chanson, j'en sais mille : pas une ne me vint à l'esprit; je n'avais dans l'oreille que le chant du cor de l'ouverture de Weber et l'épouvantable unisson de ré bémol d'*Euryante* : *Chasseur égaré dans les bois*. Le jour tombait, il y avait même en face de moi une gorge béante déjà noire comme à la nuit. Un instant je crus voir la girafe sortir de cette gorge; je faillis tomber de peur : c'était une roche jaunâtre, aiguisée en pointe et tachetée de feuilles sèches. J'aurais ri volontiers, mais j'avais oublié comment le rire se faisait : l'aspect du lieu devenait toujours plus satanique. Si j'avais l'honneur d'être Berlioz, je volerais à la nature la symphonie qu'elle exécutait alors pour moi, dût-elle m'attaquer en contrefaçon. Les instruments étaient peu nombreux, mais ils versaient une large harmonie : un ruisseau pleurait, les aiguilles des pins frissonnaient, les saxifrages murmuraient avec mélancolie, les feuilles jaunes et sèches tourbillonnaient à la brise, le grillon exécutait son nocturne; la montagne tirait des accords de toutes ses cavernes, la mer de tous ses écueils ; un pin gigantesque, en inclinant et relevant un de ses longs rameaux dépouillés, ressemblait à l'Habeneck de cet orchestre mystérieux des bois. Dans cette ravissante ouverture du drame de la nuit, il n'y avait pas une fausse note, pas un accord contre les règles, pas une erreur de composition ; la nature orchestre supérieurement ses œuvres musicales ; elle combine avec un art incomparable tous les sujets qui exécutent ses partitions inédites. Peu lui importe d'avoir des auditeurs ; elle se fait jouer pour son plaisir d'égoïste, elle se complaît à son ouvrage, elle s'applaudit, et ne fait lever le rideau qu'à l'heure où la campagne est déserte, où les villes s'illuminent de clartés pâles, où les pauvres humains s'enferment entre quatre murs tapissés de paysages pour échanger entre eux les longs bâillements de la veillée et les paroles nauséabondes qu'ils appellent les charmes de la conversation.

Oh! que j'aurais bien voulu être enfermé, le soir de la girafe, entre ces quatre murs dont je parle avec dédain ! Le jour était mort, je comptais sur la lune ; mais la lune ne devait se lever que le lendemain avec le soleil. C'est bien la peine d'avoir une lune ! Je ne demandai qu'une faveur au crépuscule, le dernier de ses rayons pour me montrer le bon sentier. J'aurais bien prié Dieu, mais j'avais peur d'offenser le démon ; à coup sûr, je marchais sur ses domaines, et je respecte toujours l'autorité régnante dans les pays que je visite. De pins en pins, de buissons en buissons, j'atteignis les limites de la terre végétale ; un arceau brisé dans sa clef de voûte était devant moi : c'était mon Rubicon ; je me recommandai aux patrons de l'alcôve de ma mère, et je franchis l'arceau. J'étais entré dans un puits, mais un puits assez large pour boire un jeune lac; il y faisait presque jour, parce que le soleil avait tellement aiguisé ses rayons sur les immenses parois des rochers, que la fraîcheur de l'ombre n'avait pu éteindre encore tant de parcelles lumineuses incrustées pendant le jour : ce que je dis là est, je crois, une erreur en physique, mais je ne crois pas à la physique. Ce puits était formé de roches calcaires à pic comme un Colisée naturel; à droite et à gauche, je voyais des galeries étagées, qui avaient l'air d'attendre des spectateurs ; après l'arceau, il y avait une jolie petite caverne tapissée de lierre, avec deux sièges proprement taillés : c'était comme un bureau pour déposer les cannes et les parapluies. Un vieux pin rabougri murmurait des plaintes devant ce bureau, et, dans mon état de trouble, il me sembla que ce vieux pin me demandait mon billet. J'entrai hardiment, d'un pas d'auteur, et je courus à l'avant-scène ; là, c'était à faire frémir les deux Ajax. Une large et haute voûte minait le pied de la montagne, une source d'eau vive tombait du roc : je l'appelai la *Fontaine d'Ivoire*, non pas dans ce moment, car je ne songeais guère à baptiser des fontaines, mais longtemps après. Des tentures de lierre noir couvraient cette voûte et lui donnaient l'aspect d'une chapelle funéraire : au centre montait un catafalque qui avait pris la forme d'un aqueduc ; le sol était jonché de hideux débris; le lierre et la source chantaient en duo le *Dies iræ* de Mozart. J'interrompis un instant une des deux parties pour lui demander un verre d'eau, car j'avais fièvre et soif.

J'entendis un bruit de pas derrière moi, je n'osai regarder; les cailloux du sentier grinçaient sous des pieds ferrés. Au hasard je risquai un œil de ce côté : c'était un pâtre, du moins je le suppose, car deux chèvres le suivaient lentement.

« Mon ami, lui dis-je ; où est le chemin qui conduit à la ville ? »

Citation empruntée à l'églogue de Mœris. Le berger ne me répondit pas, mais de sa main il me désigna un sentier suspendu au flanc d'une montagne. Je n'avais pas encore remarqué cette montagne; le sommet était abominable à voir ; il montait au ciel dans une forme révoltante et qu'on ne peut décrire : c'était comme une impudique pensée de granit lancée au ciel pour arrêter le vol des sorcières. Des coups de tonnerre avaient détaché de cette masse d'énormes blocs gisant à mes pieds; oh! c'est qu'il doit s'être passé là des choses qui appellent la foudre en plein azur! Au bas s'allongent les ruines d'un camp romain ou d'une métairie abandonnée; un chêne poitrinaire s'est réfugié là comme un ermite en méditation, à l'abri du vent, sous la montagne. Des pins échevelés semblent descendre des cavernes du pic, comme une troupe de bandits qui courent au voyageur. Toutes les harmonies de ce lieu sont dolentes; il y a dans les crevasses des rochers des oiseaux non classés par l'ornithologie; ils chantaient aux chauves-souris des airs sombres comme une absoute. La nuit arrivait noire, mystérieuse, toute pleine de confidences que la gamme de la brise glisse à l'oreille à travers les touffes de cheveux. Je levai les yeux au ciel pour me réjouir aux étoiles; une seule constellation luisait sur un fond obscur, la grande Ourse, magnifique fauteuil d'étoiles renversé à demi, comme si le Dieu du ciel venait d'être détrôné par Satan. Je me mis alors à marcher dans la direction des sept étoiles; mon chemin s'éclaircissait peu à peu. Je sortis du puits, tout joyeux de n'avoir pas été surpris par le coup de minuit dans cet horrible amphithéâtre où tant de scènes allaient être jouées par des acteurs de l'enfer. Une lueur de foyer humain m'annonça la campagne cultivée; je reconnus avec joie un portail rouge : c'est une maison isolée fort remarquable; là vit un patriarche, un vieillard, qui a subi des jours orageux. Il a été bourreau; il a eu, dit-il, beaucoup à souffrir de la malignité des hommes, il s'est fait misanthrope; il cultive son jardin, boit du lait, vit de ses rentes, et fait peur aux passants.

Quelques années après, sous la lune d'avril, à onze heures du soir, je me rendis à la fontaine d'ivoire; le souvenir de ma découverte m'avait longtemps poursuivi; j'y pensais toujours. Lorsqu'on me montrait en voyage un site effrayant, je répondais par habitude : « Cela ne vaut pas la fontaine d'ivoire; » alors on m'interrogeait, et je répondais ce qu'on vient de lire.

A mon retour, je n'étais pas seul, j'étais accompagné de cent musiciens et artistes et de trois fourgons d'instruments de cuivre. J'avais fait appel à tout un orchestre d'amis, et on m'avait répondu avec zèle. Ce fut une fête comme il n'y en aura plus sous cette fade planète.

Vous avez entendu l'ouverture de *Freyschütz* à l'Opéra, au Conservatoire, à Favart; c'est une pastorale, un menuet que vous avez entendu. Mes musiciens s'assirent sur des siéges de roche, dans la voûte tapissée de lierre et de nids de chauves-souris. Nous avions apporté une énorme cloche fêlée sur un fardier; on la suspendit sous la voûte : elle sonna minuit pendant un quart d'heure; nos oreilles saignaient. La montagne est creuse, elle sonna comme la cloche : à chaque coup les réseaux de lierre se crispaient comme une toile d'araignée. Il y eut beaucoup de plaintes dans l'air, plaintes exprimées dans cette langue que la nuit parle, et qui ressemblaient à de sourdes protestations d'êtres invisibles qui se révoltent contre une usurpation de localité. L'ouverture de *Freyschütz* commença. Je m'étendis sur un lit de cailloux plats antédiluviens. Weber avait travaillé pour cette nature. A peine le cor eut-il fait invasion dans le jeu de l'orchestre, que tous les objets environnants prirent un caractère de funèbre physionomie; les montagnes ouvrirent leurs caverneuses oreilles, et le souffle de l'air anima le clavier de leurs mille échos; les pins parlèrent aux mousses des pics, les collines aux herbes de la plaine, les ruisseaux d'eau vive aux cailloux polis, les grillons aux chênes verts, les vagues marines aux tristes écueils; tous ces murmures, toutes ces plaintes, toutes ces voix de la nuit, emportaient au ciel l'infernale harmonie de Weber. Je regardai les musiciens; ils avaient les cheveux hérissés comme des feuilles d'aloès.

Nous craignions de manquer de trombones : il en vint six pour attaquer l'évocation de *Robert*. Des voix se demandaient : « Quels sont ces musiciens?... » Personne ne les connaissait. On disait derrière moi : « Ce sont des musiciens du 23e de ligne. » Je me retournai pour voir qui disait cela : c'était une feuille de lierre ou personne. Le chef d'orchestre, qui était tout en feu et ne prenait garde qu'à sa partition, cria :

« Musiciens, à vos places! Êtes-vous là, monsieur Benedit? »

Le jeune artiste s'avança pour chanter l'évocation; il était pâle comme un démon incarné.

« Ne chantez pas, lui dis-je, cela vous fera mal.

— Impossible, me répondit-il, je suis sous l'obsession de l'art; il faut en finir avec Meyerbeer, il faut voir clair dans ses notes.

— Ce sera une terrible nuit, n'est-ce pas?

— Terrible! Avez-vous bien compris l'ouverture de Weber?

— Très-bien!

— Demain, au jour, nous saurons la musique.

— Oui, ce lieu est le Conservatoire du démon. »

Ce chaleureux jeune homme, artiste tout âme et conviction, appuya fortement ses pieds sur le sol humide de la caverne et dit au chef d'orchestre :

« Je suis prêt. »

Je crus que la montagne entière s'était faite trombone ou qu'elle s'écroulait. Benedit, avec sa magnifique voix, dit : *Nonnes qui reposez....* et resta court. Le chef d'orchestre s'écria, tourné vers les six trombones :

« Que diable avez-vous dans le corps? »

Les trombones sourirent et parlèrent bas aux contre-basses, qui ne répondirent pas.

Tous mes musiciens étaient profondément artistes : la solitude, le lieu, la nuit, avaient d'abord un peu agi sur leurs nerfs; mais ensuite ils se jetèrent de verve, tête première, en pleine symphonie, et ce fut alors un concert dont l'exécution foudroya la montagne. Une seule bougie jaune brûlait sur le pupitre du chef, comme le treizième cierge qu'on éteint aux ténèbres du vendredi saint; on ne voyait que le visage des musiciens, leurs instruments étaient dans l'ombre. Toutes ces têtes agitées de convulsions ressemblaient à des têtes de possédés se débattant sous l'exorcisme. Quand le jeune chanteur eut laissé tomber dans l'abîme le dernier *Relevez-vous*, tous les regards cherchèrent des fantômes dans le noir espace. Il s'en trouva qui se voilèrent les yeux à deux mains, car ce qu'ils entrevoyaient était insupportable à la paupière. Sur un rocher à pic, tendu comme un immense linceul, on vit passer une liasse d'ombres rouges que la lune même n'osa pas regarder, car elle prit le premier nuage venu et se couvrit les yeux comme nous. Et quand éclata le duo, que de choses inouïes furent entendues! que de choses invisibles furent vues! que d'émotions gaspillées dans les coulisses de carton et retrouvées ici! *Auras-tu le courage d'y pénétrer, seul, sans pâlir?* A cette formidable demande, le jeu funèbre des trombones jeta partout dans les vallées de lamentables points d'interrogation; toutes les plaintes des abbayes ruinées tombèrent des nues sous la caverne comme à un rendez-vous de notes déchirantes; l'air fut inondé de toutes les vibrations des lieux désolés; nous entendîmes des coups sourds de fossoyeurs, des roulements de balanciers dans le squelette des clochers gothiques, des vagissements de nouveau-nés dévorés par des guivres, des paroles de fantômes aux oreilles de Job, des grincements de marbres tumulaires, des mélodies d'épitaphes où la brise chantait la partie du *ci-gît*, des frôlements d'herbes grasses, des battements d'ailes de phalènes, des soupirs de goules, des éclats de timbre fêlé, des cris de vierges vampirisées, des déchirements de suaires, des cliquetis d'étincelles de chats noirs, des bruits de ferraille de spectres galériens, des trios lointains d'orfraies, de grands-ducs et d'hyènes; nos mains se collaient sur nos oreilles, mais le flot subtil de ces harmonies nous envahissait par tous les pores. Toute notre chair s'était faite oreille et absorbait les retentissantes émanations de l'air. Oh! qu'il en coûte de sonder les profonds mystères de la musique! Voulez-vous savoir jusqu'où peut aller la puissance d'une note dictée à minuit, par un démon, à l'oreille de Weber, de Mozart, de

Meyerbeer? prenez cette note, et jetez-la d'un coup d'archet sur le rocher de la fontaine d'ivoire.

Les musiciens étaient couchés, pâles, sur leurs instruments; l'intrépide chef d'orchestre, notre excellent et admirable M. Pépin, les réveilla de sa voix entraînante :

« Allons, allons, s'écria-t-il, les chœurs! où sont les chœurs? Place, place au finale de *Sémiramis! Qual mesto gemito!* »

Le cuivre n'eut pas besoin d'annoncer le *guido funèbre*; le funèbre cri de Ninus sortit de la montagne comme d'une pyramide babylonienne haute de mille coudées. Toutes les impressions de terreur ressenties depuis le meurtre d'Abel coururent autour de nous avec les redoutables notes de Rossini; nous tremblâmes avec tous ceux qui avaient tremblé; à chaque coup de tam-tam sur la porte de la tombe, la montagne s'entr'ouvrait en laissant évaporer par une crevasse je ne sais quelle forme vaporeuse à tête couronnée. Je regardai en dehors de la caverne : c'était une véritable nuit de Babylone. Les roches saillantes, les pics gigantesques, les montagnes amoncelées, les immenses arceaux granitiques, tout ce paysage grandiose, éclairé fantastiquement par les étoiles, ressemblait à cette architecture infinie créée par Martinn, le Byron de la peinture. Aux massifs de pins élevés aux nues par les montagnes insurgées, on aurait cru voir le jardin suspendu de Sémiramis. La mer roulait des flots solennels comme l'Euphrate; le démon de la nuit éparpillait dans l'air tiède ces parfums orientaux qui conseillent l'adultère. On ressentait au cœur tous les frissons de l'épouvante et l'exaltation irrésistible de la volupté; la grande énigme de la musique se révélait à nos sens claire et sans voile. Cette langue insaisissable de notes fugitives, cette langue qui ne dit rien et dit tout, et dont les villes ne connaissent encore que l'alphabet seul, oh! comme elle était comprise de nos sens dans cette nuit de révélations! La gamme s'était matérialisée. La partition n'était plus un recueil d'hiéroglyphes; toutes les idées métaphysiques du maître inspiré prenaient un corps, une figure, un relief d'animation, et on les embrassait avec délices comme un vol de femmes aériennes, on les repoussait comme des spectres hideux, on les écoutait avec ravissement ou terreur, comme la voix d'une amie ou le cri d'un démon. Le chœur babylonien était terminé et la vallée le chantait encore ; les mille échos, pris au dépourvu par la rapidité du chant final, avaient des flots de notes en réserve à rendre à l'orchestre muet. La montagne, les bois, les pics, les cavernes, ces puissants choristes, continuaient l'hymne que les faibles voix humaines avaient achevé ; jamais Rossini n'eut des interprètes plus grands, plus dignes de lui : le chef d'orchestre, l'œil en feu, la poitrine haletante, l'archet levé vers la montagne, semblait conduire encore l'orchestre des échos. Puis un grand cri se fit entendre ; jamais les hommes n'ont entendu pareil cri, depuis la nuit formidable où les cieux voilés laissèrent tomber sur la terre ces mots : *Le grand Pan est mort !...*

## UN QUART D'HEURE ANGLAIS.

Dans toutes les parties de plaisir à la campagne, il y a toujours un monsieur qui a des affaires en ville, et qui chagrine la société par des plaintes intermittentes sur son équivoque position. Nous étions à Greenwich une pléiade de désœuvrés en train de visiter la galerie des tableaux de marine, où les exploits du pavillon anglais sont peints à l'huile de baleine sur des lambeaux de voile d'artimon et de perroquet. Jamais plus comique musée n'excita la gaieté folle du voyageur. Le gouvernement qui a payé ces tableaux a défendu expressément à l'artiste de faire un chef-d'œuvre, de peur que la gloire du peintre n'éclipsât la gloire de l'amiral ; et, il faut être juste, le peintre a dépassé les espérances des Mécènes britanniques. Chaque bataille navale est représentée au moment où deux ou trois vaisseaux ont disparu sous les flots : ce sont toujours ces vaisseaux absents que l'artiste a voulu peindre ; il y a par-dessus une large couche d'indigo tourmenté qui essaye d'être la mer. On aperçoit au fond un nuage de points microscopiques : c'est l'escadre. La bordure des tableaux est fort belle, à demi dorée, brodée à jour en point d'Angleterre, et décorant ainsi parfaitement une muraille. A Londres, on fait si bien les cadres, qu'on pourrait se dispenser d'y intercaler un tableau.

Le monsieur qui avait des affaires en ville et qui était avec nous à la campagne disait à chaque instant :

« C'est bien, c'est bien ; nous avons tout vu. Allons dîner à *Sceptre-and-Crown*, et partons. Il faut que je sois rendu ce soir à dix heures au club de Piccadilly, où l'on m'a promis de me montrer O'Connell.

— A dix heures ? répondait-on en chœur au monsieur ; eh ! mon Dieu ! vous avez du temps du reste. A dix heures ? il n'en est que six ! Il nous faut trois quarts d'heure pour dîner et dix minutes pour aller à Londres par le chemin de fer. Nous ne remontons pas la Tamise au retour. »

Le monsieur se résignait quelques instants, puis il disait dans un *aparté* à haute voix :

« Oh ! je manquerai O'Connell ; il part cette nuit pour Dublin. Je le manquerai, c'est fâcheux, et pour de mauvais tableaux comme ça !

— Monsieur, lui disait un Anglais obligeant de notre société, monsieur, soyez tranquille ; vous arriverez avant l'heure. En dix minutes on va de Greenwich à Londres ; j'ai fait cette route mille fois. »

Le monsieur se résignait encore ; puis il regardait encore sa montre, frappait du pied la terre et poussait un *ah !* sourd comme un soupir de désespoir concentré. Le *ah !* était suivi d'un : « Je manquerai O'Connell ! »

Enfin on nous servit à dîner à *Sceptre-and-Crown*. Devant

nous passait la Tamise superbe, grand chemin des vaisseaux de l'univers; devant nous se succédaient les paquebots, si nombreux qu'ils ont épuisé tous les noms de la fable et de l'histoire. A l'horizon, nous regardions Londres, cette planète incrustée sur la nôtre, avec son immense couronne de clochers, de mâts et de tours. L'aubergiste de *Sceptre-and-Crown* a spéculé sur cet admirable panorama; il sait qu'on ne vient pas chez lui pour dîner, mais pour voir, et il se contente de vous servir par la croisée Londres et la Tamise à 25 francs le couvert.

« Ah ! s'écriait le monsieur qui avait des affaires en ville, ah ! nous aurions bien mieux dîné à Leicester-Square, et je n'aurais pas manqué O'Connell !

— Mais, lui disait notre Anglais, vous verrez O'Connell. En dix minutes, onze au plus, nous sommes à Londres. On va nous servir un plat délicieux, le plat national de Greenwich : des white-beats avec du punch glacé. »

Le plat national gémissait dans la poêle de la cuisine, et nos oreilles étaient déchirées par l'éternelle symphonie en *ut* mineur de la friture hydraulique des petits poissons. Rien ne paraissait : ce n'était qu'un plat servi à notre ouïe et qui n'arrivait pas à l'estomac. Le maître d'hôtel fut mandé à la barre de la table pour donner des explications sur les retards du plat national.

« C'est la faute de M. Hodges, » dit le land-lord de la cuisine.

Et, après cette excuse laconique et mystérieuse, il sortit pour répondre aux plaintes de son hôtellerie affamée. Le nom de M. Hodges retentissait partout.

Quel est ce M. Hodges qui retarde ainsi les fritures à *Sceptre-and-Crown ?* Telle fut la question que nous posâmes sur la nappe à défaut d'autre plat. Le monsieur qui avait des affaires en ville se leva furieux en disant :

« Vous ne voyez pas que c'est une excuse d'Anglais ! M. Hodges n'existe pas ; on veut gagner du temps, et à minuit on nous servira pour tout plat national le *God save the King!* dans un orgue de Barbarie. Levons-nous et partons. Cette maudite taverne me fera manquer O'Connell ! »

Il arrive souvent qu'une minorité factieuse entraîne sur ses pas une majorité paisible. Nous nous levâmes tous, et nous descendîmes au vestibule pour payer le dîner que nous aurions mangé à minuit. L'agent comptable de l'hôtel fut beaucoup plus raisonnable que nous ne l'avions supposé : il n'exigea que la moitié de l'écot, douze francs et demi, à cause de la circonstance atténuante de l'éclipse totale de notre festin.

« Et maintenant, dit le monsieur qui avait des affaires en ville, courons au bureau du railway. Sept heures sonnent à l'hôpital. »

Du seuil de la porte de *Sceptre-and-Crown*, on aperçoit la rue solitaire qui mène à Greenwich-Park. Au commencement de cette rue, un Anglais parlait vivement à un groupe d'invalides et de villageois. Quand il se tut, l'auditoire cria : *Hourra for Hodges!* « C'est M. Hodges ! » Telle fut notre exclamation, et nous eûmes la curiosité de voir cet homme mystérieux qui retenait les petits poissons dans l'office des hôtels.

M. Hodges marchait d'un pas rapide, portant sous son bras un énorme rouleau d'affiches bleues, et suivi d'un petit groom suspendu à une grande marmite pleine d'amidon fondu. Le monsieur qui avait des affaires en ville, nous voyant tous courir après M. Hodges, se mit dans une fureur atroce. Nous lui dîmes que nous courions après une étude de mœurs, et qu'en voyage on ne doit rien négliger de ce qui constitue l'instruction du publiciste et de l'homme d'État.

« Voilà pourquoi je ne veux pas manquer O'Connell ! s'écria notre affairé compagnon.

— Vous le verrez, lui dit l'Anglais. En dix minutes, douze au plus, vous êtes rendu à Londres. Le chemin de fer de Greenwich est le gigantesque point du génie anglais. »

M. Hodges s'arrêta devant le pan de mur du jardin de Greenwich, trempa un large pinceau dans l'auge d'amidon, barbouilla le côté blanc d'une affiche bleue, et placarda cette proclamation :

TO THE ELECTORS OF WEST KENT
M. HODGES YOUR OLD TIME FRIEND
SOLICITS YOUR VOTES TO
REPRESENT YOU A FOURTH TIME IN PARLIAMENT
MEN OF WEST KENT

L'affiche posée, M. Hodges gagna le chemin escarpé du parc supérieur, placardant à droite et à gauche avec une dextérité d'afficheur dramatique ; mais il ne s'apercevait pas que de jeunes tories facétieux à gilets rouges arrachaient les proclamations bleues au milieu des éclats de rire d'une centaine de marins allemands qui composent à peu près tout le personnel des invalides anglais entretenus aux frais de la nation à l'hôpital de Greenwich. M. Hodges poursuivait son entreprise de l'air d'un homme qui accomplit un devoir et s'inquiète peu de ce qui se passe derrière lui.

Le monsieur qui avait des affaires en ville nous arrêta violemment au pied de la montagne et nous menaça de partir seul, nous rendant responsables des malheurs que son isolement pouvait lui attirer à la recherche du chemin de fer.

« Convenez pourtant, dit un des nôtres, que ces études de mœurs anglaises ne sont pas à dédaigner.

— Soyez tranquille, dit l'Anglais ; en dix minutes, treize au plus, nous arrivons à Londres. C'est le triomphe du chemin de fer. La distance est supprimée ; le mot *éloignement* est rayé du dictionnaire des nations. Tout le monde est le voisin de tout le monde. J'ai le cap Comorin au bout de ma botte ; je tiens un pôle dans chaque main ; je danse sur la corde de l'équateur. Le même jour je prends un sorbet dans les glaciers du Samoïède, une limonade dans les bois de citronniers de Bombay, une tasse de café dans les jardins de Moka, un bol de thé à Kanton, une soupe de nids d'oiseaux à Pondichéry. Et vous craignez, vous, de ne pas rencontrer O'Connell à dix heures du soir, lorsqu'en dix minutes nous arrivons à Londres, quatorze minutes au plus ! »

Notre affairé monsieur baissa la tête de résignation, et dit :

« Allons au bureau du railway. »

L'Anglais, qui connaissait le West-Kent, se mit à la tête de notre notre troupe en disant :

« Suivez-moi. Le railway, messieurs, est au bout du village. »

Nous traversâmes des rues, des places, des *squares*, des promenades, des cimetières, des marchés, des *lanes*, des parcs, des *courts*, des *hills*; et comme le soleil se couchait, l'Anglais nous annonça que nous entrions enfin dans le faubourg du village. Un faubourg de village ! Nous cheminions depuis une heure, et une voix dit :

« Londres ne doit pas être fort loin.

— Dans un quart d'heure, nous traversons le faubourg de Greenwich, dit l'Anglais, une petite demi-heure au plus.

— Ah ! mon Dieu, s'écria l'autre, je manquerai O'Connell ! »

Nous traversâmes encore tout ce que nous avions traversé ; les rues et les maisons nous poursuivaient dans le faubourg, comme dans le village, avec une obstination monumentale.

« Ce petit village, disait l'Anglais, a pris un accroissement merveilleux. Il doit ce progrès à son chemin de fer et à son heureuse exposition pour les maladies de larynx.

— Mais où est donc ce bureau de railway ? s'écria notre monsieur avec un accent de désespoir qui nous perça le cœur.

— Nous le touchons du doigt, dit l'Anglais, et nos peines sont finies. Postés dans les wagons, nous arrivons à Londres en dix minutes, quinze au plus. »

Après une heure et demie de marche haletante, nous sortîmes du faubourg de Greenwich. Le gaz brillait sur la terre et l'étoile brillait au ciel.

« Nous voici dans les jardins, dit l'Anglais.

— Et le bureau ? demanda le monsieur.

— Le bureau est là.... là.... Que diable ! on ne peut pas tracer un railway dans une rue de village; il faut sortir dans la campagne pour le trouver. Cela ne peut pas être autrement. »

Nous traversâmes une allée de jolis cottages ornés de grilles de fer, et, à l'extrémité d'une longue prairie, l'Anglais s'arrêta devant, disant :

« Voilà le bureau ! »

Deux heures s'étaient écoulées depuis les affiches de M. Hodges; nous étions tous inondés de sueur, haletants, brisés.

Une faible voix s'éleva dans les ténèbres en se plaignant, comme une voix d'ombre élyséenne, de ce qu'on ne voyait pas le bureau.

« Le voilà ! le voilà ! » dit l'Anglais.

Sa main, verticalement levée, désignait un point noir dans le ciel.

« Nous sommes donc au pied d'une montagne? dit la dolente voix.

— D'une montagne artificielle, dit l'Anglais. Vous sentez bien, messieurs, qu'il a fallu mettre Greenwich au niveau de London-Bridge. Greenwich, par sa position topographique, est placé à cinq cents pieds environ au-dessous du pont de Londres. Alors (admirez le génie de la civilisation), alors il a fallu élever cette montagne de bois, afin que la tête du viaduc s'appuyât sur le sommet. Nous n'avons plus que quatre cents marches à monter pour arriver au bureau. Mais, comme l'air est très-vif sur la montagne et que nous sommes tous en moiteur, je vous conseille de vous asseoir une petite demi-heure sur ces banquettes, car il y a vraiment de quoi prendre une fluxion là-haut, sur la pyramide de Chéops, comme nous l'appelons. »

Nous nous assîmes avec une résignation muette. Notre silence n'était interrompu que par les soupirs intermittents du monsieur qui avait des affaires en ville et qui paraissait arrivé au paroxysme du désespoir.

L'Anglais disait à cet infortuné voyageur :

« Monsieur, soyez tranquille ; car, écoutez bien : en supposant que vous manquiez O'Connel ce soir au club de Piccadilly, vous prenez demain le coche de Golden-Cross, et vous allez à Birmingham. Là, vous trouvez un chemin de fer qui vous jette à Liverpool; vous demandez Trafalgar-Dock, et vous vous embarquez sur un paquebot pour Kingston. A Kingston, vous trouverez un charmant petit chemin de fer qui vous mène en dix minutes à Dublin; et à Dublin vous ne manquerez pas O'Connell, dans Sakeville-Street, à midi, devant Post-Office, où il attend l'arrivée du Royal-Mail.

— Eh! monsieur, s'écria l'infortuné, il faut que j'assiste après-demain soir à une réunion d'actionnaires, boulevard des Capucines, à Paris.

— C'est différent, dit l'Anglais. Montons au bureau du railway. »

Il fallut se soumettre à cette rude ascension, qui nous fit perdre une demi-heure, parce que nous faisions des pauses après chaque centaine de degrés. Enfin nous voilà dans les nuages, au niveau de London-Bridge.

Nous prenons nos billets au bureau, et nous entrons dans les wagons.

« On va partir à l'instant, » nous dit l'employé.

Quel instant! les damnés ont des minutes plus courtes. D'impatientes voix s'écriaient :

« Ah çà ! dites-nous donc ce qu'on attend pour partir ! »

A quoi l'employé répondait :

« Nous attendons la fin du meeting de M. Hodges, qui doit nous amener cent voyageurs. »

Neuf heures sonnent: nous partons au vol du condor. La hauteur des stores nous dérobait le parapet du viaduc, de sorte que, en plongeant nos regards dans l'immensité de l'horizon, il nous semblait que nous courions sur un sillon de nuages, et que chaque pression de notre char aérien faisait éclater un coup de tonnerre. A des profondeurs infinies, on distinguait les orbes de gaz qui éclairent les docks de Surrey, les docks du commerce et l'immense faubourg riverain, depuis Limehouse-Reach jusqu'à Saint-John's-Church. On eût dit, à voir cette merveilleuse *illumination*, que les étoiles étaient tombées, et que nous foulions aux pieds toutes les constellations du firmament. A ce sublime spectacle, je reconnus l'Angleterre, cet étrange pays que l'on parcourt avec des sourires de pitié triste et des cris d'enthousiasme, avec des épigrammes et des hymnes d'admiration.

« Arrivés ! arrivés ! voilà London-Bridge ! » s'écria l'Anglais d'un air triomphant.

Le monsieur qui avait des affaires en ville demanda le plus court chemin pour aller au club de Piccadilly.

« Prenez l'omnibus de Charing-Cross, lui dit l'Anglais ; le voilà devant vous ; il va partir à l'instant. »

Le voyageur français prit congé de nous et occupa la seule place restée vacante sur l'impériale de l'omnibus. Il pleuvait selon l'usage.

L'omnibus allait bon train. Neuf heures sonnaient à Saint-Paul.

« Bon ! dit le monsieur, j'arriverai juste à temps pour voir O'Connell faisant le dernier rob de son whist. »

Devant Mansion-House, la voiture s'arrêta, et déposa sur le pavé une vingtaine de voyageurs. Le cocher descendit pour adresser des paroles flatteuses à ses chevaux et pour les caresser.

« On s'arrête fort peu de temps ici sans doute ? demanda le Français à son voisin d'*out-side*.

— Un petit quart d'heure, répondit l'Anglais. C'est une station pour attendre les bourgeois de Cheapside et de Sainte-Mary-Lebone, qui se rendent à Temple-Bar et dans les environs.

— Bien, merci. »

Un long soupir et un appel à la résignation. Les bourgeois de Cheapside et de Sainte-Mary-Lebone mettaient fort peu d'empressement à courir à l'omnibus.

Le campanile de Saint-Paul laissa tomber sur Ludgate-Hill dix coups de bronze distincts et lents.

« Neuf ou dix ? demanda le Français d'une voix sourde, comme s'il se fût parlé à lui-même.

—Dix, répondit l'Anglais. Et même Saint-Paul est toujours en retard, à cause des échéances de commerce.

—Pardon, monsieur, demanda le Français, dans les clubs, joue-t-on le whist en cinq ou en dix? »

L'Anglais ouvrit de grands yeux, et attendit pour répondre une seconde interrogation.

« En cinq points, monsieur.

— Je suis perdu! » dit le monsieur d'O'Connell.

Cependant l'omnibus partit au galop; mais, après un quart de mille fort lestement franchi, il tomba dans un embarras de procession et de musique furibonde qui se rendait au meeting de Fleet-Street. La voiture n'avançait que lentement, de peur d'écraser la constitution anglaise. A Temple-Bar, elle s'arrêta. Seconde station.

« On attend ici les bourgeois de High-Holborn qui vont prendre les grandes places à Drury-Lane et à Covent-Garden, dit l'Anglais.

—On ne prend pas de fiches à votre whist, demanda le Français?

— Non, monsieur.

—Les *honneurs* comptent-ils?

—Oui, monsieur.

—Ah! mon Dieu! avec quatre honneurs et le trick, un rob est enlevé à la minute. Je suis perdu! Ces Anglais font un whist absurde; mieux vaudrait jouer à pile ou face. »

Après une pause :

« Sir O'Connell joue-t-il lestement au whist?

—Que diable me demandez-vous là? s'écria l'Anglais avec un sourire sérieux, à l'anglaise.

—Mille pardons!... c'est que.... ceci est plus grave que vous ne pensez.

—Alors je vous répondrai que sir O'Connell joue aussi lestement que sir Clercq et sir Berthold à Philarmonic-club.

—Je n'ai pas l'honneur de connaître ces messieurs. »

Onze heures sonnaient à Sainte-Mary-du-Strand. Le cocher

avait engagé une trilogie avec ses chevaux. Il pleuvait toujours, mais légèrement, comme dans toutes les nuits de la belle saison.

Devant Somerset-House, troisième station.

« Encore ! s'écria le Français au comble du désespoir.

— Cette station est la dernière, dit l'Anglais ; mais elle sera beaucoup plus longue, parce que j'aperçois la procession qui remonte du *comitee-room* de sir Evans, candidat de Westminster.

— Mais ces incidents sont rares, n'est-ce pas ? Je suis tombé par un hasard fatal dans un soir de processions.

— Ces rencontres sont au contraire très-fréquentes. A Londres et dans le Strand, il y a toujours quelque procession, tantôt pour un motif, tantôt pour un autre ; les prétextes ne manquent jamais. Cela gêne furieusement la voie publique et les omnibus. Mais, si vous avez hâte de faire votre partie de whist, que ne prenez-vous un cabriolet ?

— Dieu me garde de vos cabriolets de Londres ! C'est un suicide à deux roues inventé par Pitt et Cobourg pour exterminer les Français en détail pendant la paix, sans violer le droit des gens.

— Prenez alors un bon patent-safety. Vous êtes au niveau du sol, et, s'il vous arrive un accident, vous tombez de la rue dans le cabriolet.

— Eh ! avec cette pluie, où trouver un patent-safety ?

— En voilà un, monsieur, qui descend de Drury-Lane ; arrêtez-le au vol. »

Le patent-safety fut hélé.

« Vous êtes trempé jusqu'aux os, monsieur, poursuivit l'Anglais. Moi, voyez, j'ai un bon water-proof qui m'a garanti. Il faut que vous perdiez encore une petite demi-heure pour refaire votre toilette.

— Croyez-vous que j'y sois obligé ?

— Comment donc ! Oseriez-vous entrer dans un club en costume de marin naufragé ? Ce serait un déshonneur qui retomberait sur votre nation. Chaque pays a ses mœurs.

— Allons, dit le Français, résignons-nous.... Cocher, menez-moi bon train à Jonhey's-Hotel, Leicester-Square. »

Après les salutations d'usage, le cabriolet s'élança du Strand, inondé de processions, dans King's-William-Street.

Minuit sonnait à l'horloge aux quatre cadrans de Saint-Martin lorsque notre Français descendit devant la colonnade d'ordre pæstum du grand club de Piccadilly. Il était en grande toilette de bal, et les domestiques le saluèrent, quoiqu'il les saluât.

« Sir O'Connell est-il encore au club ? » demanda-t-il à une livrée errante.

La livrée répondit :

« Sir O'Connell vient de partir dans sa chaise pour Birmingham.

— Je l'ai manqué ! dit l'infortuné voyageur, laissant tomber ses bras dans une longueur démesurée. Oh ! fatalité ! ajouta-t-il en se promenant sous les colonnes d'ordre pæstum ; oh ! dérision du destin anglais ! Nous sommes sortis de *Sceptre-and-Crown-Tavern* à six heures ; il ne fallait que dix minutes pour arriver à Londres, et minuit sonne à Charing-Cross ! J'ai dépensé soixante-quinze francs en auberge, en wagons, en omnibus, en cabriolet, pour ne pas dîner et pour manquer O'Connell ! O civilisation ! Que m'arriverait-il de pire sur la prairie sauvage du dernier des Mohicans ? »

# CARDAN LE BIGAME.

## I

Devant la rade de Toulon, et sur le versant occidental de cette crête de montagnes qui lie le pic de Coudon aux gorges d'Ollioules, on rencontre à chaque plateau les plus charmantes maisons de campagne qui soient en Provence : elles ont toutes le même point de vue, la mer, la rade, les vaisseaux, c'est-à-dire le tableau le plus riant et le plus varié. Dans les soirées de la belle saison, les familles se rassemblent sur les terrasses de ces petites villas, et se dédommagent de la chaleur accablante du jour par la fraîcheur qui monte de la mer aux approches de la nuit.

Les premières étoiles de la veillée de la Saint-Jean 183.... venaient de se lever sur la crête crise et nue du Coudon, lorsque dans le silence de la campagne un coup de canon retentit, et s'éteignit d'échos en échos de la colline de Lamalgue dans les profondeurs du val d'Ollioules. Un mouvement électrique de terreur courut avec les échos et troubla les veillées de la plus courte et de la plus belle des nuits d'été.

Partout, sur les terrasses où causaient les jeunes femmes et les jeunes gens, on entendait ce cri :

« C'est un galérien évadé. »

Il semble alors que chaque famille isolée va voir tomber au milieu d'elle quelque tigre à face humaine échappé de la ménagerie de l'arsenal de Toulon.

Si quelque observateur avait pu suivre au vol cette longue traînée d'effroi qui courut de visage en visage à travers les veillées de la Saint-Jean, il aurait remarqué avec surprise la sérénité d'une seule famille, assise sous une treille, entre la rade et la montagne de Six-Fours. Cette sécurité de quelques personnes au milieu de la terreur générale était pourtant facile à expliquer.

Depuis quelques jours, Mme de Mellan et sa fille Anna étaient arrivées de New-York à Toulon pour terminer une importante affaire de famille, et elles avaient loué une jolie maison de campagne à peu de distance de la mer et du grand chemin. Un vieux domestique et deux femmes de chambre créoles étaient assis sur la terrasse avec les deux dames, lorsque le coup de canon retentit. Personne ne pouvant donner à ces étrangères l'explication de ce signal d'alarme, elles le regardèrent comme un accident fort naturel dans une ville de guerre, et elles n'interrompirent pas même leur conversation.

L'aveugle hasard, ou, pour mieux dire, l'intelligent conducteur de la fatalité, poussa le galérien évadé dans la direction de la campagne habitée par Mme de Mellan. C'était un homme qui a laissé un nom illustre dans le *pandémonium* du crime; c'était le fameux Cardan, flétri et condamné pour bigamie compliquée de faux. Il avait mis deux mois à scier l'anneau de fer qui le liait à son camarade; et, un jour que celui-ci dormait au soleil, dans le chantier de Mourillon, Cardan rompit le dernier fil de l'anneau et s'évada. Le camarade, après un très-court sommeil escroqué à la vigilance du garde, se vit seul et se blottit dans une caverne de poutres et de planches, pour s'évader à son tour au moment propice; mais on le découvrit le lendemain. Ce ne fut qu'à la nuit close que l'on s'aperçut de la fuite de Cardan.

Ce célèbre forçat était alors âgé de trente ans; il en avait passé quatre au bagne. Sa taille haute et bien prise, ses manières distinguées, sa figure pâle et fière, annonçaient un criminel de bonne compagnie, avant que la veste rouge qui nivelle tous les rangs eût caché l'homme comme il faut sous l'enveloppe du galérien. Cette nuit-là, Cardan ne portait que le pantalon de coutil : il avait jeté sa veste aux orties; agile et vigoureux, ses bonds ressemblaient plutôt au vol d'un oiseau ou aux élans de la panthère qu'à la marche précipitée de l'homme. Arrivé sous les grands arbres de la maison de Mme de Mellan, il jugea le terrain avec cet instinct subtil que la nature donne à l'être fauve; et, grimpant comme un mandrill le long d'un pieu renversé sur la façade de derrière, il entra dans les appartements du premier étage; et, cinq minutes écoulées, il avait tout visité, tout vu dans les ténèbres, comme s'il se fût éclairé à la flamme de ses cheveux rouges ou de ses yeux.

Si cette espèce d'hommes appliquait au bien les facultés puissantes qu'elle applique au mal, le genre humain serait bientôt régénéré.

Cardan trouva quelques piles d'écus dans un secrétaire, et il les serra dans les premières feuilles de papier qu'il sentit grincer sous sa main. Il se contenta de cette petite somme suffisante pour les besoins urgents, et d'un bond il sauta de la croisée dans la terre labourée du jardin.

Aux premières lueurs de l'aube, il avait atteint le pic volcanique d'Évenos, qui mêle sa lave éteinte aux nuages. Là, il acheta la défroque d'un berger et quelques moutons, et, par des sentiers de chèvres, il descendit, le bâton à la main, dans la plaine du Bausset.

Sachant qu'une grande route mène toujours à une grande ville, Cardan suivit ce blanc et long ruban qui serpente de la chapelle de Sainte-Anne à la plaine de Cuges; et, chemin faisant, il saluait les gendarmes qui conduisaient les réfractaires; les marins en congé, les soldats arrivant d'Afrique, les saltimbanques et les orgues de Barbarie, tout ce curieux personnel de piétons qui peuple la route de Toulon à Marseille.

Il entra, protégé par la nuit, à Marseille, après avoir abandonné ses moutons, et prit une chambre modeste dans la rue du Baignoir, où on loge à pied et à cheval, mais surtout à pied.

En déroulant ses écus à la lueur d'une chandelle, il découvrit que les enveloppes étaient deux lettres, et il se mit à les lire par désœuvrement. Cette lecture, commencée avec insouciance, contracta bientôt les muscles de la face de Cardan et leur donna une expression singulière. Il se leva, le front penché, les yeux fixes, le poing serré, comme un bandit habitué à tous les crimes, et qui découvre, par subite inspiration, le moyen d'en commettre un nouveau. Les scélérats ont aussi leurs illuminations soudaines, et dans leur cerveau toujours en activité un plan infernal éclate tout armé de ses noirceurs et de ses piéges victorieux.

Ces deux lettres étaient fort longues; l'une était datée de l'île Bourbon, l'autre du cap de Bonne-Espérance. Elles rempliraient ici trop d'espace; il nous suffira de les analyser en peu de mots et de les réduire à leur plus simple expression. Ce résumé sera court.

Mme de Mellan, veuve depuis dix-huit mois, avait quitté New-York, où elle avait perdu son mari, et rentrait en Europe après vingt ans d'absence. Le désir de revoir son pays n'était pour rien dans ce voyage. M. de Mellan, né en Bretagne, était redevable de sa grande fortune à son noble ami M. de Kerbriant, gentilhomme ruiné par la Révolution et non indemnisé. M. de Kerbriant avait un fils unique commé Albert; ce jeune homme, n'ayant rien à espérer dans l'héritage d'une famille pauvre, s'était voué de bonne heure à la profession de marin, mais il n'avait pas malheureusement cette santé robuste que demande le service de la mer. M. de Mellan, à son lit de mort, fit une disposition suprême qui réglait le mariage de sa fille avec le fils de son bienfaiteur à des conditions si généreuses, qu'elles acquittaient noblement la dette de la reconnaissance. La veuve, Mme de Mellan, se soumit aveuglément aux dernières volontés de son mari; elle entama une correspondance avec Albert de Kerbriant, et ne trouva dans ce jeune homme qu'un empressement bien naturel à remplir la clause testamentaire du père d'Anna. Il fut donc convenu que les deux familles se réuniraient à Toulon vers le mois de juillet, époque à laquelle Albert de Kerbriant arriverait de Pondichéry sur un vaisseau de l'État, et que le mariage du jeune officier et d'Anna serait célébré sans 'retard. Mme de Mellan et sa fille étaient arrivées les premières à ce rendez-vous donné à travers l'Océan.

Un petit billet attaché à l'une de ces lettres annonçait la mort de M. de Kerbriant. Ce billet n'était pas de la main de son fils Albert, et il portait le timbre de Nantes.

Cardan conçut alors, après une longue méditation, une de ces idées extravagantes que le seul génie du mal peut faire réussir à l'aide d'infernales combinaisons. D'abord, il ne quitta pas subitement son costume indigent, de peur qu'une trop prompte métamorphose ne le compromît aux yeux de l'aubergiste; il se transforma pièce à pièce, achetant et revêtant en détail sa nouvelle toilette; puis il se logea dans une hôtellerie plus distinguée, ayant eu soin de déguiser non-seulement la couleur de ses cheveux et de son teint, mais encore sa taille, sa démarche et sa voix. Sûr de dépister les limiers de la police, il se mit en quête de trouver un ami digne de lui, dans un de ces repaires d'eau-de-vie et de tabac que les grandes villes recèlent honteusement à l'ombre des plus hideux quartiers.

Lavater et Gall sont deux enfants auprès d'un forçat évadé de Toulon. Celui-ci est doué, pour reconnaître un de ses pairs, d'un sixième sens, qui est l'odorat du crime. Cardan remarqua, dans un antre alcoolique du vieux Marseille, un jeune homme de vingt-cinq à trente ans, d'une figure pâle et nerveuse, avec des yeux d'un vert mat, ayant dans la nonchalance de son maintien tous les symptômes de l'horreur du travail, et dans son regard les reflets des mauvaises passions. Le costume de cet être annonçait, sous son délabrement, une certaine aisance que la paresse dévasta; chaque pièce de ses vêtements avait joué un rôle aux potences d'un tailleur en renom, à une date oubliée par le *Journal des Modes*. Mais ce qui surtout trahissait une misère fétide et une paresse incurable, c'était une de ces cravates fondues en charpie grasse, et

Dont la ganse impuissante
Dissimule si mal une chemise absente.

Pardon si je me cite moi-même pour compléter ce signalement.

Cardan se lia bientôt, par la sympathie de quelques petits verres d'*eau-de-mort*, avec cet homme, et il ne tarda pas à reconnaître dans ce nouvel ami une de ces organisations indolentes même pour le crime, et qui ne peuvent se rendre coupables que par l'influence extérieure d'un pouvoir dominateur. Cependant l'habile galérien employa plusieurs jours à sonder cet homme avant de l'élever à la dignité d'un complice; et, lorsqu'il crut devoir arriver à la confidence, après quelques largesses d'écus de cinq francs, il lui dévoila ses plans. Dès ce moment, l'un de ces deux misérables fut un esclave aveugle, et l'autre un maître souverain.

Pour mener l'entreprise à bien, il manquait à Cardan une somme d'argent plus forte que celle qu'il avait volée dans le secrétaire de Mme de Mellan, et qui d'ailleurs était presque épuisée. Cet obstacle fut bientôt vaincu. Les changeurs de Marseille ne sont pas inexpugnables comme leurs confrères de Paris : ils étalent trop négligemment, et toujours à la portée d'une main adroite d'escamoteur, leurs doubles napoléons et leurs piastres espagnoles. Cardan, qui rendait au besoin ses doigts invisibles, en changeant deux louis chez un de ces marchands d'or, enleva deux rouleaux avec tout le talent d'un prestidigitateur de profession ou d'un jongleur indien. Avec ce renfort métallique, il se sentait de force à conquérir le Pérou.

Le complice créé par Cardan se nommait Valentin Proghère. Il ne conserva que son prénom en devenant le valet de chambre de Cardan, devenu lui-même M. Albert de Kerbriant. La mission que Proghère reçut était fort délicate à remplir, malgré les lumineuses instructions données par la bouche du maître. Il s'agissait de se rendre en précurseur à la campagne de Mme de Mellan, et de sonder adroitement le terrain avant de commencer le drame sans péril pour l'auteur.

Proghère, vêtu en domestique de confiance de bonne maison, partit pour Toulon, et, arrivé dans cette ville, il s'embarqua sur un petit canot et descendit devant la campagne de Mme de Mellan, un peu avant le coucher du soleil. Il joua parfaitement son rôle; il annonça aux deux dames que M. Albert de Kerbriant était arrivé à Nantes sur un vaisseau marchand parti du cap de Bonne-Espérance; que les fatigues de la mer l'avaient forcé de donner sa démission plus tôt qu'il ne l'aurait voulu, et qu'il s'en revenait des Indes simple bourgeois, indépendant du service militaire, et résolu de fixer sa résidence au choix des dames de Mellan.

Pendant l'entretien, Proghère se tenait debout sur la terrasse, tout prêt à s'élancer en trois bonds dans la campagne, si le moindre éclair de méfiance paraissait sur le visage des dames. Cette précaution fut inutile. Mme de Mellan était une bonne femme qui avait passé toute sa vie dans une habitation patriarcale des savanes du Nouveau-Monde : elle ajouta foi plénière à tout ce que lui contait le précurseur de son gendre futur, et, dans l'ivresse de sa joie, elle embrassa tendrement sa fille, déjà tout émue à l'idée d'un mariage si précipité.

Le lendemain, à trois heures après midi, un grand bruit de roues et le claquement d'un fouet de postillon annoncèrent l'arrivée d'une chaise de poste dans la grande allée de la campagne.

« C'est M. de Kerbriant, mon maître, dit Proghère; je reconnais sa chaise. »

Un jeune homme vêtu de noir, et de la tournure la plus distinguée, sauta lestement de la voiture sur la terrasse, et, comme suffoqué par des sanglots de joie, il précipita ses lèvres sur les mains de Mme de Mellan. Cardan était si merveilleusement déguisé, que Proghère s'alarma un instant, car il ne le reconnut pas.

Le forçat évadé s'inclina devant Mlle Anna, et lui dit cette phrase préparée pendant quatorze lieues de poste :

« Je bénis la mémoire de votre père, de cet homme généreux qui m'a choisi pour son gendre; mais je suis heureux de vous dire, mademoiselle, qu'après mon voyage autour du monde, c'est vous que j'aurais choisie pour compagne aujourd'hui. »

Ces paroles furent suivies du long silence qui arrive toujours après les émotions profondes; mais, lorsqu'on eut accordé à de tristes souvenirs une part raisonnable de douleur muette, la conversation prit insensiblement une allure vive et gaie, surtout au moment du repas. Cardan fit preuve d'un tact exquis aux yeux des dames en parlant de toute chose, excepté de son mariage. Il raconta en détail son voyage, qu'il avait appris la veille sur une mappemonde, entremêlant son récit de tous les termes techniques de marine qu'il avait trouvés dans les livres spéciaux. A la fin, il prit une pose et un accent mélancoliques, et dit :

« J'ai fait cinq mille lieues, j'ai visité les cinq parties du monde, j'ai vu tous les peuples ; et j'ai reconnu, par cette expérience de vieillard qu'un pareil voyage donne à un jeune homme, j'ai reconnu que le bonheur, s'il existe, doit se rencontrer seulement au sein des devoirs domestiques, loin du monde et dans une famille isolée, faite de parents et d'amis. »

Mme de Mellan serra les mains de Cardan, et sa pantomime exprimait tout le bonheur qu'elle éprouvait d'entendre de si beaux sentiments dans la bouche de son gendre.

Par une transition habilement ménagée, Cardan amena sa future belle-mère à prendre une détermination fort importante pour lui. Il raconta de prétendus démêlés qu'il avait eus à Nantes avec de jeunes officiers, ses anciens camarades, qui venaient de lui reprocher ce qu'ils appelaient sa désertion en termes assez vifs pour provoquer une affaire d'honneur.

« Je ne crains pas une rencontre de ce genre, ajouta-t-il, on le sait ; mais il est toujours désolant de croiser l'épée avec de vieux amis qui envisagent ma démission avec tant d'injustice. J'aime mieux leur laisser le loisir de réfléchir sur leurs procédés. Lorsque mon commandant, qui me connaît, sera de retour dans un port de France, il plaidera ma cause mieux que moi. Aussi, j'ai bien résolu de ne pas me montrer à Toulon, et d'éviter des désagréments qui peuvent avoir des suites sérieuses et déplorables. Si ma belle-mère y consent, nous ferons quelque petit voyage dans l'intérieur, ou en Italie, ou en Espagne, à son choix ; et, quand nous rentrerons en France, ma conduite aura déjà été justifiée par mes camarades arrivés des Indes, et mes injustes amis n'auront que des excuses à m'offrir. »

Tout cela fut dit d'un ton simple et naturel qui aurait trompé les plus habiles. La bonne et naïve Mme de Mellan s'alarma tellement, pour sa fille surtout, à l'idée de ces querelles d'honneur, qu'elle proposa la première d'abandonner le territoire d'une ville où son gendre avait eu trop de relations pour ne pas trouver un ennemi et un injuste duel. La campagne même où elle s'était retirée n'était pas une garantie contre ses alarmes maternelles, puisque toutes les résidences voisines étaient peuplées de familles de marins qui échangeaient des visites dans les soirées de la belle saison.

Cardan ne témoigna aucun empressement de quitter sur-le-champ la campagne de Toulon; mais ce calme, fort bien joué, ne servit qu'à redoubler les craintes de Mme de Mellan, qui se crut obligée de faire violence à son gendre futur pour le décider à entreprendre un voyage; puis, tirant à part le galérien, elle lui dit en montrant Anna :

« Cette pauvre enfant est bien timide : elle n'ose vous regarder en face; il faut voyager quelque temps ensemble pour lui donner un peu de hardiesse. Rien ne mûrit promptement les liaisons comme un voyage : on est de vieux amis au bout d'un mois. Nous sommes indépendants de tout le monde, vous et moi, n'est-ce pas? vous pouvez épouser ma fille en Espagne, en Italie, comme en France, comme partout. Ainsi, commençons par mettre notre esprit en repos, et partons. »

Cardan s'inclina de l'air d'un homme qui se résigne, et il dit :

« Je ne veux pas refuser à ma belle-mère le premier service qu'elle me demande; partons! »

Dans les dispositions de départ qui furent faites entre Cardan et la bonne veuve, il fut convenu que Proghère, le prétendu valet de chambre, resterait à la campagne pour soigner les bagages et les petites affaires domestiques laissées en souffrance, et qu'on lui laisserait une certaine somme d'argent pour les dépenses prévues et imprévues.

Le lendemain, avant l'aube, Mme de Mellan, sa fille et le galérien, partirent en poste pour Marseille. Cardan se procura dans cette ville un passe-port pour l'Espagne, et, quelques jours après, il descendait, avec les deux dames ses victimes, à l'hôtel des Asturies, à Barcelone.

Les annales du crime offrent peu d'exemples d'une histoire où l'incroyable joue un plus grand rôle. Au reste, si ces événements n'étaient pas extraordinaires, ils ne seraient pas racontés.

## II

Deux semaines environ après le départ de Mme de Mellan, le jeune Albert de Kerbriant débarquait sur le quai de Toulon, devant l'hôtel de ville, et, sans se donner le temps de quitter les habits qu'il rapportait des Indes, il courait à la recherche de Mme de Mellan. Aux bureaux de la poste, on lui indiqua la campagne, et notre marin sauta sur le premier cheval de louage et s'y rendit en trois élans de galop.

Arriver des Indes avec la riante perspective d'un mariage millionnaire improvisé, toucher la terre, voir la maison qu'habite la jeune fille inconnue et adorée, tout cela n'arrive qu'une fois dans ce monde : aussi je crois qu'il n'y a rien de plus doux. Le jeune Albert tressaillit à la vue de cette treille italienne qui laissait apercevoir, à travers ses pampres, des nuages de cheveux et de mousseline blanche : là était sa famille future, son bonheur, sa fortune, son avenir. Il se précipita de cheval à l'extrémité de l'avenue, et, arrivé sur la terrasse dans une agitation extraordinaire, il prononça le nom de Mme de Mellan et le sien. Un groupe de dames et de jeunes gens se leva silencieusement au cri d'introduction du jeune homme, et tous les regards stupéfaits interrogèrent ce nouveau venu que personne ne connaissait.

Un instant étourdi par cette réception étrange, Albert de Kerbriant pensa qu'il s'était trompé de maison, et il s'excusa en ces termes :

« Pardon, mesdames, j'ai fait fausse route; ce n'est pas étonnant : il y a tant de maisons de campagne dans cette plaine sans rues et sans numéros, que j'ai pris celle-ci pour une autre; pourtant on m'avait donné d'excellentes indications. »

Une dame d'un âge mûr prit la parole et dit au marin :

« Peut-être vous ne vous êtes pas trompé, monsieur : nous n'habitons cette maison de campagne que depuis la semaine dernière; c'est bien Mme de Mellan qui était ici avant nous : les fermiers nous l'ont dit, et ils vous le diront comme moi.

— Mme de Mellan est donc rentrée en ville? demanda le jeune homme agité par un pressentiment sinistre.

— Non, monsieur; elle est partie en chaise de poste avec sa fille et son gendre.

— Son gendre! s'écria le marin avec une voix surnaturelle.

— Son gendre, ou du moins le jeune homme qui doit épouser sa fille Anna. »

Albert de Kerbriant fit un énergique appel à sa force morale; et, honteux de donner son émotion en spectacle à des étrangers, il se composa un visage, un organe et un maintien calmes, et dit :

« Excusez-moi, madame, si j'entre ici dans des détails qui peuvent vous paraître indiscrets. Encore une question, s'il vous plaît : auriez-vous entendu prononcer le nom de ce gendre, de ce jeune homme qui doit épouser Mlle Anna de Mellan?

— Oh! c'est un nom bien connu ici, dans cette maison; les femmes de chambre l'ont assez répété aux fermiers et aux fermières des environs : Mlle Anna épouse M. Albert de Kerbriant.

— Je le savais!... dit le véritable Albert.

— Vous voyez donc, monsieur, que nous sommes bien instruits. A cette heure, le mariage doit être accompli.

« — Avec M. de Kerbriant! » s'écria le jeune homme d'une voix effrayante qui fit tressaillir les témoins de cette scène.

Toutes les têtes firent des signes affirmatifs.

« Avec M. de Kerbriant! répéta le malheureux Albert sur le même ton de désespoir; vous voyez bien que c'est impossible! C'est moi qui suis Albert de Kerbriant et qui viens me marier avec Anna de Mellan! Ceci est un mystère infernal! Quelque bandit a intercepté mes lettres, a pris mon nom! Quelle révélation affreuse! »

Et il s'assit lourdement sur la banquette de la treille, en essuyant la sueur froide de son front.

Une surexcitation de colère le remit bientôt fièrement sur ses pieds; il comprit que toute sa raison, son calme de marin, son sang-froid d'homme, lui étaient nécessaires pour découvrir et châtier un acte infâme, sans exemple dans la société. Il prit congé des dames de cette maison de campagne, en s'excusant d'avoir troublé leur solitude; il courut recueillir aux environs des renseignements de la bouche des fermiers; et, quand il connut, par des rapports certains, l'heure, le jour et la voie de départ, il ne perdit pas un instant, et il se jeta sur les traces du ravisseur.

A Marseille, il courut tous les hôtels de luxe, et, aux premières informations qu'il prit à l'hôtel des Empereurs, l'intelligent et agile Castel reconnut tout de suite les deux voyageuses et le voyageur. Il dit à Albert de Kerbriant que les trois personnes auxquelles il portait tant d'intérêt avaient passé deux jours dans la maison, et qu'elles s'étaient embarquées pour Barcelone. Castel indiqua même le banquier où il avait conduit le faux Albert de Kerbriant, qui demandait une lettre de crédit de quinze mille francs pour sa belle-mère, dont il avait encore la procuration. Le jeune marin courut chez le notaire et le banquier désignés. Non-seulement les renseignements de Castel étaient vrais de tout point, mais Albert de Kerbriant reconnut encore chez le banquier sa propre signature, contrefaite avec un talent d'imitation qui révélait une main de galérien faussaire.

Ce fut un trait de lumière pour le jeune homme. Il prit des chevaux de poste ; et en moins de cinq heures il était à Toulon, chez M. le commissaire du bagne, qui lui annonça l'évasion de Cardan, bigame et faussaire, et lui donna son signalement.

Albert, le soir même, partait pour Barcelone, muni d'autres instructions précieuses et d'une lettre pour le consul de France.

Il fallait suivre au vol cette horrible intrigue : une minute perdue pouvait déterminer un malheur irréparable. A peine débarqué à Barcelone, Albert de Kerbriant courut chez le consul. La nuit couvrait la ville ; neuf heures sonnaient.

Le consul était au théâtre italien. Albert ne fit qu'un bond du consulat au théâtre ; on lui indiqua la loge du représentant de la France ; il y entra, et, s'excusant de sa visite importune, il exhiba sa lettre d'introduction qui expliquait tout.

Le consul pria le jeune de Kerbriant de le suivre dans l'arrière-loge, pour causer sans témoins et sans auditeurs.

Voici l'affreuse confidence qu'Albert recueillit dans cet entretien :

« Un étranger d'un âge indéterminé, dit le consul, s'est présenté chez moi, il y a trois semaines environ, s'annonçant sous le nom d'Albert de Kerbriant. Il venait, disait-il, visiter l'Espagne avec sa future belle-mère et sa fiancée. A l'expiration très-prochaine de son deuil, il devait se marier. Les manières de cet homme m'ont paru étranges : c'était un mélange de bon ton étudié, de langage noble et d'habitudes et d'expressions vulgaires. Il avait dans ses poses un calme d'emprunt, contrarié par des élancements nerveux. Il me rendait une visite, disait-il, pour me présenter ses hommages d'abord, et ensuite pour me consulter sur les formes à suivre dans les mariages en pays étranger. Je lui ai donné toutes les explications qu'il a pu désirer. Depuis cette visite, je l'ai revu deux fois ; et ce soir, si vous voulez le voir, il est en loge avec ces dames, presque en face de nous, à l'amphithéâtre. Le signalement que vous m'avez donné de cet étranger est frappant d'exactitude; avec cette différence pourtant que ses cheveux sont noirs et abondants, au lieu d'être blonds et courts; mais c'est sans doute une supercherie de coiffure qu'il sera fort aisé de découvrir. »

Albert de Kerbriant pria le consul de vouloir bien lui accorder une place dans sa loge, et un instant après il occupait son poste d'observation.

Du premier coup d'œil il jugea la moralité de cet homme, qui, ne se doutant pas qu'un regard scrutateur était fixé sur lui, gardait une immobilité sombre, et semblait n'appartenir que de corps à ce monde enthousiaste qui applaudissait un duo italien. Cardan, vêtu de noir, avec sa figure couverte de cette pâleur cuivrée, fard du galérien, avec son œil fixe, son front déprimé, ses narines convulsives, ressemblait à un être surnaturel, dégagé de toute préoccupation frivole et méditant quelque projet conseillé par l'enfer.

A côté de lui, comme contraste, s'épanouissait, dans sa naïve joie de jeune fille, Anna de Mellan; on aurait cru voir une colombe ignorant le péril, et posée sur le même rameau à côté d'un vautour. Albert de Kerbriant se leva au premier entr'acte, et saluant le consul du geste familier qui signifie : « Au revoir dans l'instant, » il se dirigea vers la loge du faussaire ravisseur. Le consul suivit Albert de loin. Le jeune homme frappa trois légers coups; la porte s'ouvrit, et, d'une voix calme et distincte, il nomma M. Albert de Kerbriant.

« C'est moi, monsieur, répondit Cardan.

— J'ai deux mots à vous dire en particulier, » dit Albert.

Cardan se leva, non sans trahir quelque émotion, et sortit dans le couloir.

« C'est donc à M. Albert de Kerbriant que je parle? dit Albert.

— Certainement, monsieur, répondit le galérien avec une voix enrouée par un trouble subit.

— Vous êtes bien sûr de cela?

— Voilà une singulière question ! » dit Cardan avec un sourire sérieux.

Albert saisit vivement les cheveux d'emprunt de Cardan, et la tête rasée du galérien se découvrit à nu.

« Tu es un bandit du bagne de Toulon ! »

Cardan poussa un rugissement sourd ; et, tirant un poignard, il allait se débarrasser de ce foudroyant inconnu avant que cette scène eût d'autres acteurs, lorsque Albert, qui avait prévu le coup, saisit adroitement le galérien par le bras et la cravate, et l'incrusta sur le mur voisin en appelant à l'aide. Aux cris du marin, on accourut de toutes les loges voisines. Cardan, qui n'avait pas quitté son poignard, fut arrêté par des hommes de police ; et Albert, se cramponnant avec une vigueur surhumaine au collet de son habit et au col de sa chemise, déchira linge et drap du même coup de griffe, et mit à nu l'épaule du galérien flétrie par deux lettres sur une peau brûlée au soleil de Toulon. Un murmure d'horreur éclata de tous côtés ; mais Albert ne perdit pas son temps à raconter son histoire : il avait un plus pressant devoir à remplir.

Mme de Mellan et sa fille prêtaient l'oreille avec inquiétude aux bruits alarmants qui venaient des corridors, et elles n'osaient se hasarder dans cette foule curieuse qui les envahissait. Tout à coup le consul de France, suivi d'un étranger vêtu de l'uniforme de notre marine royale, entra dans la loge de ces dames et leur dit :

« Je vous prie d'accepter mon bras, mesdames, et de me suivre chez moi, c'est-à-dire chez vous ; car ma maison est celle de tous les Français. »

Mme de Mellan et sa fille, trop émues pour approfondir tant d'incidents mystérieux, n'hésitèrent pas à suivre leur consul. La veuve prit le bras d'Albert, et Anna le bras du consul.

Aux clartés des candélabres, qui versent un grand jour sur le péristyle du théâtre, on distinguait aisément, comme en plein midi, un homme pâle et chauve, les épaules nues, entraîné par la police et hué par la foule.

« Mon Dieu ! s'écria Mme de Mellan, c'est Albert.

— Non, madame, lui dit le consul, cet homme n'est pas Albert de Kerbriant : c'est un bandit qui a ourdi contre vous et mademoiselle une trame abominable. C'est un galérien évadé du bagne de Toulon ; il est marqué sur l'épaule des lettres T. F., ainsi que vous pouvez le voir, si la foule nous permet de nous approcher de lui. »

Un vif saisissement bouleversa toutes les facultés de Mme de Mellan, et la parole lui fit défaut pour répondre.

Ce fut dans la maison du consul qu'il y eut un échange d'explications et de surprises qui devait amener cette histoire à son dénoûment naturel et légitime. Tous les droits usurpés par le faussaire furent restitués au véritable Albert de Kerbriant.

L'émotion qui suivit cette orageuse soirée ne permit pas aux deux dames d'accueillir Albert de Kerbriant comme il méritait d'être accueilli; mais le lendemain, Mme de Mellan et sa fille n'eurent pas assez d'éloges à donner à leur jeune et charmant libérateur; et ce jour même, à la table du consul de France, il fut arrêté que le mariage d'Anna et d'Albert serait célébré à l'église Saint-Louis à Toulon, et que l'amiral serait prié de signer au contrat.

FIN.

# TABLE DES MATIÈRES.

|  | Pages. |
|---|---|
| Préface................................................... | 1 |
| Les deux batailles........................................ | 3 |
|     Première bataille................................... | 6 |
|     Seconde bataille.................................... | 14 |
| Histoire d'une ville altérée............................ | 19 |
| Une chinoiserie........................................... | 25 |
| Mademoiselle Finon...................................... | 47 |
| Le Rhône. — La chronique de Gabrielle de Vergy...... | 58 |
| Un Chinois à Paris....................................... | 69 |
| Explorations de Victor Hummer........................ | 95 |
| Le club des régicides.................................... | 140 |
| Greenwich et Richmond................................ | 148 |
| Une société de tempérance............................. | 161 |
| Pierre Puget............................................... | 170 |
| Un voyage en promenade............................... | 181 |
| La fontaine d'ivoire..................................... | 214 |
| Un quart d'heure anglais............................... | 224 |
| Cardan le bigame........................................ | 236 |

FIN DE LA TABLE DES MATIÈRES.

TYPOGRAPHIE DE CH. LAHURE
Imprimeur du Sénat et de la Cour de Cassation
rue de Vaugirard, 9

Librairie de **L. Hachette et C**ie, rue Pierre-Sarrazin, **14**, à Paris

# BIBLIOTHÈQUE
# DES CHEMINS DE FER.

**FORMATS GRAND IN-16 OU IN-18 JÉSUS.**

---

**About** (Edm.) : *Germaine.* 4e édition. 1 vol. 2 fr.
— *Le roi des montagnes.* 4e édition. 1 vol. 2 fr.
— *Les mariages de Paris.* 8e édition. 1 vol. 2 fr.
— *Maître Pierre.* 3e édition. 1 vol. 2 fr.
— *Tolla.* 6e édition. 1 vol. 2 fr.
— *Trente et quarante.* 1 vol. 2 fr.
— *Voyage à travers l'Exposition universelle des Beaux-Arts.* 1 vol. 2 fr.
**Achard** (Amédée) : *Le clos Pommier.* 1 vol. 1 fr.
— *Les vocations.* 1 vol. 2 fr.
— *L'ombre de Ludovic.* 1 vol. 1 fr.
— *Madame Rose ; — Pierre de Villerglé.* 2e édition. 1 vol. 1 fr.
— *Maurice de Treuil.* 2e édit. 1 v. 2 fr.
**Andersen** : *Le livre d'images sans images.* 1 vol. 1 fr.
**Anonymes** : *Aladdin ou la Lampe merveilleuse.* 1 vol. 50 c.
— *Anecdotes du règne de Louis XVI.* 1 vol. 1 fr.
— *Anecdotes du temps de la Terreur.* 1 vol. 1 fr.
— *Anecdotes historiques et littéraires,* racontées par Brantôme, L'Estoile, Tallemant des Réaux, Saint-Simon, Grimm, etc. 1 vol. 1 fr.
— *Assassinat du maréchal d'Ancre* (relation attribuée au garde des sceaux Marillac), avec un Appendice extrait des *Mémoires* de Richelieu. 1 v. 50 c.
— *Djouder le Pêcheur,* conte traduit de l'arabe par MM. *Cherbonneau* et *Thierry.* 1 vol. 50 c.
— *La conjuration de Cinq-Mars,* récit extrait de Montglat, Fontrailles, Tallemant des Réaux, Mme de Motteville, etc. 1 vol. 50 c.
— *La jacquerie,* précédée des insurrections des Bagaudes et des Pastoureaux, d'après Mathieu Paris, Froissart, etc. 1 vol. 50 c.
— *La mine d'ivoire,* voyage dans les glaces de la mer du Nord, traduit de l'anglais. 50 c.
— *La vie et la mort de Socrate,* récit extrait de Xénophon et de Platon. 1 v. 50 c.
— *Le mariage de mon grand-père et le testament du juif,* traduits de l'anglais par *A. Pichot.* 1 vol. 1 fr.
— *Les émigrés français dans la Louisiane.* 1 vol. 1 fr.
— *Le véritable Sancho-Panza ou Choix de proverbes, dictons, etc.* 1 vol. 1 fr.
— *Pitcairn, ou la nouvelle île fortunée.* 1 vol. 50 c.
**Assollant** : *Scènes de la vie des États-Unis.* 1 vol. 2 fr.
**Auerbach** : *Contes,* traduits de l'allemand par M. *Boutteville.* 1 vol. 1 fr.
**Auger** (Ed.) : *Voyage en Californie en 1852 et 1853.* 1 vol. 1 fr.
**Aunet** (Mme Léonie d') : *Étiennette ; — Sylvère ; — Le secret d'un prêtre.* 1 volume. 1 fr.
— *Une vengeance.* 1 vol. 2 fr.
— *Un mariage en province.* 1 vol. 1 fr.
— *Voyage d'une femme au Spitzberg.* 2e édition. 1 vol. 2 fr.
**Balzac** (de) : *Eugénie Grandet.* 1 vol. 1 fr.
— *Scènes de la vie politique.* 1 vol. 50 c.
— *Ursule Mirouët.* 1 vol. 1 fr.
**Barbara** (Charles) : *L'assassinat du Pont-Rouge.* 1 vol. 2 fr.
**Bast** (Amédée de) : *Les Fresques,* contes et anecdotes. 1 vol. 1 fr.
**Belot** (Ad.) : *Marthe ; — Un cas de conscience.* 1 vol. 1 fr.
**Bernardin de Saint-Pierre** : *Paul et Virginie.* 1 vol. 1 fr.
**Bersot** : *Mesmer, ou le Magnétisme animal* avec un chapitre sur les tables tournantes. 1 volume. 1 fr.
**Boiteau** (P.) : *Les cartes à jouer et la cartomancie.* Ouvrage illustré de 40 vignettes sur bois. 1 fr.
**Brainne** (Ch.) : *La Nouvelle-Calédonie,* voyages, missions, colonisation. 1 volume. 1 fr.

**Bréhat** (Alfred de) : *Les Filles du Boër.* 1 vol. 2 fr.

**Brueys** et **Palaprat** : *L'avocat Patelin.* 1 vol. 50 c.

**Camus** (évêque de Belley) : *Palombe*, ou la femme honorable, précédée d'une étude sur Camus et le roman au XVIIe siècle, par *H. Rigault.* 1 vol. 50 c.

**Caro** (E.) : *Saint Dominique et les Dominicains.* 1 vol. 1 fr.

**Castellane** (comte de) : *Nouvelles et récits.* 1 vol. fr

**Cervantès** : *Costanza*, traduit par *L. Viardot.* 1 vol. 50 c.

**Champfleury** : *Les oies de Noël.* 1 volume. 1 fr.

**Chapus** (E.) : *Les chasses princières en France*, de 1589 à 1839. 1 vol. 1 fr.
— *Le sport à Paris.* 1 vol. 2 fr.
— *Le turf*, ou les Courses de chevaux en France et en Angleterre. 1 vol. 1 fr.

**Chateaubriand** (vicomte de) : *Atala, René, les Natchez.* 1 vol. 3 fr.
— *Le génie du christianisme.* 1 v. 3 fr.
— *Les martyrs et le dernier des Abencérages.* 1 vol. 3 fr.

**Cochut** (A.) : *Law*, son système et son époque. 1 vol. 2 fr.

**Colet** (Mme) : *Promenade en Hollande.* 1 vol. 2 fr.

**Corne** (H.) : *Le cardinal Mazarin.* 1 volume. 1 fr.
— *Le cardinal de Richelieu.* 1 vol. 1 fr.

**Delessert** (B.) : *Le guide du bonheur.* 1 vol. 1 fr.

**Demogeot** (J.) : *Les lettres et l'homme de lettres au XIXe siècle.* 1 vol. 1 fr.
— *La critique et les critiques en France au XIXe siècle.* 1 vol. 1 fr.

**Des Essarts** : *François de Médicis.* 1 vol. 2 fr.

**Didier** (Ch.) : *50 jours au désert.* 1 volume. 2 fr
— *500 lieues sur le Nil.* 1 vol. 2 fr.
— *Séjour chez le grand-chérif de la Mekke.* 1 vol. 2 fr?

**Du Bois** (Ch.) : *Nouvelles d'atelier.* 1 vol. 2 fr.

**Énault** (L.) : *Christine.* 1 vol. 1 fr.
— *La rose blanche.* 1 vol. 1 fr.
— *La vierge du Liban.* 1 vol. 2 fr.
— *Nadèje.* 1 vol. 2 fr.

**Ferry** (Gabriel) : *Costal l'Indien*, scènes de l'indépendance du Mexique. 1 vol. 3 fr.
— *Le coureur des bois*, ou les chercheurs d'or :
    Première partie. 1 vol. 3 fr.
    Deuxième partie. 1 vol. 3 fr.
— *Les Squatters* ; — *La clairière du bois des Hogues.* 1 vol. 1 fr.
— *Scènes de la vie mexicaine.* 1 v. 3 fr.
— *Scènes de la vie militaire au Mexique.* 1 vol. 1 fr.

**Figuier** (Mme Louis) : *Mos de Lavène.* 1 vol. 1 fr.

**Florian** : *Les arlequinades.* 1 vol. 50 c.

**Forbin** (comte de) : *Voyage à Siam.* 1 vol. 50 c.

**Fortune** (Robert) : *Aventures en Chine*, dans ses voyages à la recherche du thé et des fleurs ; traduit de l'anglais. 1 vol. 1 fr.

**Fraissinet** (J. L.) : *Le Japon contemporain.* 1 vol. 2 fr.

**Galbert** (de Bruges) : *Légende du bienheureux Charles le Bon.* 1 vol. 50 c.

**Gaskell** (Mme) : *Cranford*, traduit de l'anglais par Mme Louise Sw.-Belloc. 1 vol. 1 fr.

**Gautier** (Théophile) : *Caprices et zigzags.* 1 vol. 2 fr.
— *Italia.* 1 vol. 2 fr.
— *Le roman de la momie.* 1 vol. 2 fr.
— *Militona.* 1 vol. 1 fr.

**Gérard** (J.) : *Le tueur de lions.* 3e édition. 1 vol. 2 fr.

**Gerstäcker** : *Aventures d'une colonie d'émigrants en Amérique*, trad. de l'allemand par *X. Marmier.* 1 vol. 1 fr.

**Giguet** (P.) : *Campagne d'Italie*, avec une carte gravée sur acier. 1 vol. 1 fr.

**Gœthe** : *Werther*, traduit de l'allemand par *L. Enault.* 1 vol. 1 fr.

**Gogol** : *Nouvelles choisies* (1° Mémoires d'un fou ; 2° Un ménage d'autrefois ; 3° Le roi des gnomes), trad. du russe par *L. Viardot.* 1 vol. 1 fr.
— *Tarass Boulba*, traduit du russe par *L. Viardot.* 1 vol. 1 fr.

**Goudall** (Louis) : *Le martyr des Chaumelles.* 1 vol. 1 fr.

**Guillemard** : *La pêche en France.* 1 volume illustré de 50 vignettes. 2 fr.

**Guizot** (F.) : *L'amour dans le mariage*, étude historique. 6e édit. 1 vol. 1 fr.
    Les ouvrages suivants ont été revus par M. Guizot.
*Édouard III et les bourgeois de Calais*, ou les Anglais en France. 1 volume. 1 fr.
*Guillaume le Conquérant*, ou l'Angleterre sous les Normands. 1 vol. 1 fr.
*La grande Charte*, ou l'établissement du gouvernement constitutionnel en Angleterre, par *C. Rousset.* 1 v. 2 fr.

— *Origine et fondation des Etats-Unis d'Amérique*, par *P. Lorain*. 1 volume. 2 fr.

**Guizot** (G.) : *Alfred le Grand, ou l'Angleterre sous les Anglo-Saxons.* 1 volume. 2 fr.

**Hall** (capitaine Basil) : *Scènes de la vie maritime*, traduites de l'anglais par *Am. Pichot*. 1 vol. 1 fr.
— *Scènes du bord et de la terre ferme*, traduites par le même. 1 vol. 1 fr.

**Hauréau** (B.) : *Charlemagne et sa cour, portraits, jugements et anecdotes.* 1 vol. 1 fr.
— *François I<sup>er</sup> et sa cour*, portraits, jugements et anecdotes. 2<sup>e</sup> édit. 1 v. 1 fr.

**Hawthorne** : I. *Catastrophe de M. Higginbotham*. II. *La fille de Rapacini*. III. *David Swan*, contes trad. de l'anglais par *Leroy* et *Scheffter*. 1 vol. 50 c.

**Heiberg** : *Nouvelles danoises*, traduites du danois par *X. Marmier*. 1 vol. 1 fr.

**Héquet** (G.) : *Madame de Maintenon.* 1 vol. 2 fr.

**Hervé et de Lanoye** : *Voyages dans les glaces du pôle arctique*, à la recherche du passage nord-ouest, extraits des relations de sir John Ross, Edward Parry, John Franklin, Beechey, Back, Mac Clure et autres navigateurs célèbres. 1 vol. 2 fr.

**Karr** (Alph.) : *Clovis Gosselin*. 1 v. 1 fr.
— *Contes et Nouvelles*. 1 vol. 2 fr.
— *Geneviève*. 1 vol, 1 fr.
— *Hortense*. — *Feu Bressier*. 1 v. 1 fr.
— *La famille Alain*. 1 vol. 1 fr.
— *Le chemin le plus court*. 1 vol. 1 fr.

**Laboulaye** (Ed.) : *Abdallah, ou le trèfle à quatre feuilles*. 1 vol. 2 fr.
— *Souvenirs d'un voyageur* (Marina, le Jasmin de Figline, le Château de la vie, Jodocus, don Ottavio). 1 vol. 1 fr.

**La Fayette** (Mme) : *Henriette d'Angleterre, duchesse d'Orléans.* 1 vol. 1 fr.

**Lamartine** (A. de) : *Christophe Colomb* 1 vol. 1 fr.
— *Fénelon*. 1 vol. 1 fr.
— *Graziella*. 1 vol. 1 fr.
— *Gutenberg*. 1 vol. 50 c.
— *Héloïse et Abélard*. 1 vol. 50 c.
— *Le tailleur de pierres de Saint-Point*. 1 vol. 2 fr.
— *Nelson*. 1 vol. 1 fr.

**Lanoye** (de). Voyez *Hervé et de Lanoye*.

**Las Cases** (comte de) : *Souvenirs de l'empereur Napoléon I<sup>er</sup>*, extraits du Mémorial de Sainte-Hélène. 1 v. 2 fr.

**La Vallée** (J.) : *La chasse à tir en France*; illustrée de 30 vignettes par F. Grenier. 3<sup>e</sup> édition. 1 vol. 3 fr.
— *La chasse à courre en France*, illustrée de 40 vignettes par Grenier fils 1 vol. 3 fr.
— *Les récits d'un vieux chasseur*. 1 volume. 2 fr.

**Le Fèvre-Deumier** (J.) : *Études biographiques et littéraires* sur quelques célébrités étrangères : I. Le Cavalier Marino ; II. Anne Radcliffe ; III. Paracelse ; IV. Jérôme Vida. 1 vol. 1 fr.
— *OEhlenschlager, le poëte national du Danemark.* 1 vol. 1 fr.
— *Vittoria Colonna.* 1 vol. 1 fr.

**Léouzon-Leduc** : *La Baltique*. 1 v. 2 fr.
— *La Russie contemporaine*. 1 vol. 2 fr.
— *Les îles d'Aland*, avec carte et grav. 1 vol. 50 c.

**Lesage** : *Théâtre choisi contenant : Turcaret et Crispin rival de son maître.* 1 vol. 1 fr.

**Levaillant** : *Voyage dans l'intérieur de l'Afrique* (abrégé). 1 vol. 1 fr.

**Lorain** (P.). Voyez *Guizot* (F.).

**Louandre** (Ch.) : *La sorcellerie*. 1 v. 1 fr.

**Marco de Saint-Hilaire** (E.) : *Anecdotes du temps de Napoléon I<sup>er</sup>*. 1 vol. 1 fr.

**Martin** (Henri) : *Tancrède de Rohan* 1 vol. 1 fr.

**Mercey** (F. de) : *Burk l'étouffeur ; — les Frères de Stirling.* 1 vol. 1 fr.

**Merruau** (P.) : *Les convicts en Australie*, voyage dans la Nouvelle-Hollande. 1 vol. 1 fr.

**Méry** : *Contes et nouvelles.* 1 vol. 1 fr.
— *Héva.* 1 vol. 1 fr.
— *La Floride.* 1 vol. 2 fr.
— *La guerre du Nizam.* 1 vol. 2 fr.
— *Les matinées du Louvre ; — Paradoxes et rêveries.* 1 vol. 1 fr.
— *Nouvelles nouvelles.* 1 vol. 1 fr.

**Michelet** : *Jeanne d'Arc.* 1 vol. 1 fr.
— *Louis XI et Charles le Téméraire.* 1 vol. 1 fr.

**Monseignat** (C. de) : *Le Cid Campéador*, chronique extraite des anciens poëmes espagnols, des historiens arabes et des biographies modernes. 1 vol. 50 c.
— *Un chapitre de la Révolution française, ou Histoire des journaux en France de 1789 à 1799*, précédée d'une introduction historique sur les journaux chez les Romains et dans les temps modernes. 1 vol. 1 fr.

**Montague** (lady) : *Lettres choisies*, traduites de l'angl. par *P. Boiteau*. 1 v. 1 fr.

**Morin** (Fréd.) : *Saint François d'Assise et les Franciscains.* 1 vol. 1 fr.

**Mornand** (F.) : *Un peu partout.* 1 volume. 1 fr.
**Newil** ( Ch. ) : *Contes excentriques.* 2ᵉ édition. 1 vol. 1 fr.
— *Nouveaux contes excentriques.* 1 volume. 2 fr.
**Pichot** (A.) : *Les Mormons.* 1 vol. 1 fr.
**Piron** : *La métromanie.* 1 vol. 50 c.
**Poë** : *Nouvelles choisies* ( 1° le Scarabée d'or ; 2° l'Aéronaute hollandais); trad. de l'anglais par A. Pichot. 1 vol. 1 fr.
**Pouschkine** ( A.) : *La fille du capitaine,* trad. du russe par Viardot. 1 vol. 1 fr.
**Prevost** (l'abbé) : *La colonie rocheloise,* nouvelle extraite de l'Histoire de Cléveland. 1 vol. 1 fr.
**Quicherat** (Jules) : *Histoire du siége d'Orléans et des honneurs rendus à la Pucelle.* 1 vol. 50 c.
**Regnard** : *Le joueur.* 1 vol. 50 c.
**Reybaud** (Mme Ch.) : *Hélène.* 1 vol. 1 fr.
— *Faustine.* 1 vol. 1 fr.
— *La dernière Bohémienne.* 1 vol. 1 fr.
— *Le cadet de Colobrières.* 1 vol. 2 fr.
— *Le moine de Châlis.* 1 vol. 2 fr.
— *Mlle de Malepeire.* 1 vol. 1 fr.
— *Misé Brun.* 1 vol. 1 fr.
— *Sydonie.* 1 vol. 1 fr.
**Rousset** (Ch.) : Voyez Guizot (F.).
**Saint-Félix** (J. de) : *Aventures de Cagliostro.* 2ᵉ édition. 1 vol. 1 fr.
**Saint-Hermel** (de) : *Pie IX.* 1 vol. 50 c.
**Saintine** ( X.-B. ) : *Un rossignol pris au trébuchet ; le château de Génappe ; le roi des Canaries.* 1 vol. 1 fr.
— *Les trois reines.* 1 vol. 1 fr.
— *Antoine, l'ami de Robespierre.* 1 vol. 1 fr.
— *Le mutilé.* 1 vol. 1 fr.
*Les métamorphoses de la femme.* 1 volume. 2 fr.
— *Une maîtresse de Louis XIII.* 1 volume. 2 fr.
— *Chrisna.* 1 vol. 2 fr.
**Saint-Simon** ( le duc de ) : *Le Régent et la cour de France sous la minorité de Louis XV*, portraits, jugements et anecdotes extraits littéralement des *Mémoires* authentiques du duc de Saint-Simon. 2ᵉ édition. 1 vol. 2 fr.
— *Louis XIV et sa cour*, portraits, jugements et anecdotes extraits littéralement des *Mémoires* authentiques du duc de Saint-Simon. 3ᵉ édit. 1 v. 2 fr.
**Sand** (George) : *André.* 1 vol. 1 fr.
— *François le Champi.* 1 vol. 1 fr.
— *La mare au Diable.* 1 vol. 1 fr.
— *La petite Fadette.* 1 vol. 1 fr.
— *Narcisse.* 1 vol. 2 fr.
**Sarasin** : *La Conspiration de Walstein,* épisode de la guerre de Trente ans, avec un Appendice extrait des *Mémoires* de Richelieu. 1 vol. 50 c.
**Scott** (Walter) : *La fille du chirurgien,* traduite de l'anglais par L. Michelant. 1 vol. 1 fr.
**Sedaine** : *Le Philosophe sans le savoir* 1 vol. 50 c.
**Serret** (Ern.) : *Élisa Méraut.* 1 vol. 1 fr.
— *Francis et Léon.* 1 vol. 2 fr.
**Sollohoub** (comte) : *Nouvelles choisies* (1° Une aventure en chemin de fer; 2° les deux Étudiants; 3° la Nouvelle inachevée; 4° l'Ours; 5° Serge). trad. du russe par E. de Lonlay. 1 vol. 1 fr.
**Soulié** (Frédéric) : *Le lion amoureux.* 1 volume. 1 fr.
**Staal** (Mme de) : *Deux années à la Bastille.* 1 vol. 1 fr.
**Sterne** : *Voyage en France à la recherche de la santé*, traduit de l'anglais par A. Tasset. 1 vol. 50 c.
**Thackeray** : *Le diamant de famille et la Jeunesse de Pendennis*, traduits de l'anglais par A. Pichot. 1 vol. 1 fr.
**Töpffer** : *Le presbytère.* 1 vol. 3 fr.
— *Rosa et Gertrude.* 1 vol. 3 fr.
**Tresca** : *Visite à l'Exposition universelle de Paris en* 1855, publiée avec la collaboration de MM. Alcan, Baudement, Boquillon, Delbrouck aîné, Deherain, Fortin Hermann, J. Gaudry, Molinos, C. Nepveu, H. Péligot, Pronnier, Silbermann, E. Trélat, U. Trélat, Tresca, etc., etc., sous la direction de M. Tresca, inspecteur principal de l'Exposition française à Londres, ancien commissaire du classement à l'Exposition de 1855, sous-directeur du Conservatoire des arts et métiers. 1 fort volume in-16 de 800 pages, contenant des plans et des grav. 1 fr.
**Ubicini** : *La Turquie actuelle.* 1 v. 2 fr.
**Ulbach** (Louis) : *Les roués sans le savoir.* 1 vol. 2 fr.
**Viardot** ( L. ) : *Souvenirs de chasse.* 6ᵉ édition. 1 vol. 2 fr.
**Viennet** : *Fables complètes.* 1 vol. 2 fr.
**Voltaire** : *Zadig.* 1 vol. 50 c.
**Wailly** (Léon de) : *Stella et Vanessa.* 1 vol. 1 fr.
— *Angelica Kauffmann.* 2 vol. 4 fr.
**Yvan** (Dr) : *De France en Chine.* 1 volume. 1 fr.
**Zschokke** ( H. ) : *Alamontade, ou le Galérien,* traduit de l'allemand par E. de Suckau. 1 vol. 50 c.
— *Jonathan Frock,* traduit par le même. 1 vol. 50 c.

Typographie de Ch. Lahure et Cⁱᵉ, rue de Fleurus, 9.

www.ingramcontent.com/pod-product-compliance
Lightning Source LLC
Chambersburg PA
CBHW070630170426
43200CB00010B/1965